U0090705

中國學術思想研究輯刊

三五編

林慶彰主編

第16冊

方東美《易》學思想探析與溯源

楊國傑著

花木蘭文化事業有限公司

國家圖書館出版品預行編目資料

方東美《易》學思想探析與溯源／楊國傑 著 -- 初版 -- 新北市：花木蘭文化事業有限公司，2022〔民 111〕

目 4+252 面；19×26 公分

（中國學術思想研究輯刊 三五編；第 16 冊）

ISBN 978-986-518-818-4（精裝）

1.CST：方東美 2.CST：易學 3.CST：學術思想

4.CST：中國哲學

030.8 110022432

ISBN-978-986-518-818-4

中國學術思想研究輯刊

三五編 第十六冊 ISBN：978-986-518-818-4

方東美《易》學思想探析與溯源

作　　者　楊國傑

主　　編　林慶彰

總 編 輯　杜潔祥

副總編輯　楊嘉樂

編輯主任　許郁翎

編　　輯　張雅淋、潘玟靜、劉子瑄　美術編輯　陳逸婷

出　　版　花木蘭文化事業有限公司

發 行 人　高小娟

聯絡地址　235 新北市中和區中安街七二號十三樓

電話：02-2923-1455／傳真：02-2923-1452

網　　址　http://www.huamulan.tw 信箱 service@huamulans.com

印　　刷　普羅文化出版廣告事業

封面設計　劉開工作室

初　　版　2022 年 3 月

定　　價　三五編 23 冊（精裝）新台幣 62,000 元

方東美《易》學思想探析與溯源

楊國傑 著

作者簡介

楊國傑，生於台灣新竹。台灣大學哲學研究所碩士班畢業。

提　要

1949 年前後因政治情勢赴台之學人中，聞方東美名聲者眾，然較宏觀探析其思想者寡。本文以為其思想要旨乃在藉全面性對比與會通中、西、印哲學思想並建構其生生哲學之思想體系。然歷來研究，多將此一異於當代新儒家思想之特色歸因於方氏哲學宗傳之淵博，且以西方機體主義融貫中國形上思想發展而成的一套生命本體論。本文則嘗試從另一途徑——《周易》，深掘其在方東美哲學體系建構過程中扮演的角色及其內容。首先，方氏雖無討論《周易》之系統性專著，然透過對其散見各處論述之理論重構和思想溯源，本文指出《周易》於方氏思想中的根源性與核心性；續而於第二、第三章，本文將說明方氏立基在先秦原始儒家思想之《易》學觀、《周易》經傳成書性質與歷程，以及「學《易》者所以通其象、通其辭、通其理」之治《易》門徑，後論證其《易》學觀乃脫轉自清代私淑於戴震的焦循。依次於第四、第五章，經由掌握方東美對「形上學途徑」與「人文的途徑」所持的觀點，探析其「動態歷程之價值中心本體論」之主張，遂得其《易傳》哲學思想之精要，同時本文深入爬梳方氏對戴震思想重銓之理路並溯源之，後發現且證明此部分乃深受戴震影響。最後，藉由把握方氏《易》學「生生哲學」之奧義，指出《周易》思想在方東美理論體系中的關鍵性與重要性及其可能之侷限。

誌　謝

本論文之研究工作，自論文主題選定開始，經過不斷的修訂與改寫，歷時三載始完成。撰寫過程中承蒙師長們的諄諄教導與指引、同學們的切磋砥礪，方能不斷地突破瓶頸。對於過程中曾經給予幫助與鼓勵的所有師長、同學、親友們，謹在此表達誠摯的感謝之意。

此外，特別感謝李賢中老師、張永儁老師、曾春海老師、賴貴三老師，對於本論文研究所提供的協助，若無老師們的指點，本論文將無完成之可能。

最後，感謝我家人的支持、親友們的鼓勵。

目　次

第一章　緒　論

方東美（1899～1977），名珣，字東美，以字行，安徽桐城人。相較於學界對當代新儒家代表性學者的相關研究成果而言（如熊十力、牟宗三、唐君毅、錢穆、徐復觀等人），目前對方東美思想研究的關注則顯得較為稀少。就兩岸方東美研究成果觀之，首先，在研究議題的取向方面，中國學者以探討學術定位、生命本體論、以及儒家、道家、大乘佛學、美學等範疇思想的研究為主；台灣學者之重點則集中在方東美之機體主義研究、生命觀研究、哲學體系架構研究、儒道釋哲學思想研究以及與西洋哲學比較等議題的探討上。其次，方東美《易》學相關之研究相對更為少見，研究方向主要集中於闡釋方東美提出之《易》學主張，如「通其象、通其辭、通其理」的治《易》方法論、《易傳》哲學四大要義之內涵以及《周易》形上學四原理的解析等。第三，系統性地梳理與重構方東美《易》學思想，以及追溯其《易》學思想師承淵源之相關研究，兩岸目前尚無具體的成果。本論文即是企圖透過理論重構與思想溯源之研究，從不同的進路發掘方東美思想之奧義。

受到方東美高度重視的劉師培曾言：「夫學問之道，有開必先」〔註1〕，任何學術或概念都不可能無中生有、憑空發生，蓋必有其所自來之淵源。如題目所示，本論文之研究步驟依照「探析」與「溯源」兩階段展開，原因即在於方東美本人並沒有留下直接闡明其《易》學思想體系的系統性專著，同時也沒有透露出其《易》學思想之師承淵源。因此，本研究之首要工作從「探析」展開，所探討與分析的對象，乃是方東美散見於各式著作中的《易》學相

〔註1〕劉師培：《國學發微外五種．漢宋義理學異同論》，揚州：廣陵書社，2016年，頁206。

關論述，經過對其行文脈落探討與分析之後，重新建構出符合方東美文意的系統性《易》學觀點與主張，以明晰其理論架構與精神。據此，方能進一步展開有效的思想「溯源」研究工作，以確實釐清其思想淵源所在。此即本論文以〈方東美《易》學思想探析與溯源〉為題之緣由。本章以下分四節進一步闡明本論文之研究計畫。

第一節　研究動機與研究目的

一、研究動機

本文之研究動機在於探求《周易》在方東美哲學體系之建構過程中所扮演的角色與具體內容。依序可分為三個層次。首先是釐清方東美哲學體系中所包含之各種思想來源；其次是釐清《周易》哲學思想在諸多思想來源中所扮演的角色；第三是釐清方東美《周易》哲學思想之具體內容與思想淵源。

研究方東美哲學思想時遇到的第一個挑戰即是如何從諸多思想來源中掌握相互間的主次關係以及各自的要義，究其因如下。首先，關於方東美思想淵源於何處？〔註2〕方東美於〈中國哲學之通性與特點〉〔註3〕之演講中，對其思想淵源做過如下的表述：

> 我記得前十年，有一次在東西方哲學家會議上，有幾個同事同記者來問我：「你在哲學上面，持什麼樣一種見解？」我就告訴他：「很難說，說了你也不大相信！在家庭傳統上我是儒家，在性情契合上我是道家，在宗教啟發上我是佛教徒，但就後天訓練而言，我是一個西方人。」〔註4〕於是他說：「How is it possible？」那時我就

〔註2〕根據據孫智燊先生在〈大哲風貌剪影——東美先生其人及其志業〉文中所述，方東美於一九六四年夏，出席檀香山夏威夷大學舉行第四屆東西方哲學會議中，西人有好奇者，特問之曰：「閣下對於哲學上持何見解？屬何宗派？」方回答曰：「難言也。言之，君也未必能信。余在家學淵源上為儒家；在資性氣質上為道家；在宗教欣趣上為佛家；此外，在治學訓練上卻為西家。」參方東美：《中國哲學精神及其發展（下）》，台北：黎明文化，2005 年，頁 230。

〔註3〕此篇係據方東美先生於六十年十月十五日及十月二十日假臺大文學院第十七教室宣講「中國哲學精神及其發展」一課而草成，由郭文夫先生校記並註。

〔註4〕I am a Confucian by family tradition, a Taoist by temperament, and a buddhist by religious inspiration, more ever I am a westerner by training.

說「That's a fact！」。〔註 5〕

綜上可知，方東美哲學思想之理論來源，不可能是單線的，當代學者注意到方東美此一思想特質。如蔣國保在《方東美思想研究》中，特設專章探討方東美的思想淵源問題。他生動的描述方東美思想之特色：

> 綜觀方東美的學術生涯，其對古今中外思想文化的吸收，可喻為蜜蜂采花釀蜜，博採眾家，會通群說，集精純于一體；其對宇宙人生奧義的探索，可喻為蚯蚓鑿園，精研深究，詳察細辨，臻於極致方罷休；其學術風格，可喻為老鷲振翼乘風，無拘無束，自由自在，竭盡哲人之玄思與詩人之妙想。〔註 6〕

劉述先說：「東美師之學問博極古今、貫通東西、汪洋大海、廣無涯岸，宣講如天馬行空，及門無不感到難以湊泊。」〔註 7〕姜允明回憶方東美之思想特色道：

> 方東美先生是屬於「大器磅礴，才氣縱橫」類型的當代哲學家，以其對古今中外涉獵範圍之廣泛而言，既使舉目當世東西方哲學界亦屬絕無僅有。無論在他的著作、演講或課堂上，他帶有強烈生命情調的哲學智慧和文學神思，總是像洶濤波瀾，此起彼落，連綿不絕。〔註 8〕

因此，針對方東美所引用之諸多思想而言，必須分辨出何者即是他個人的觀點，何者僅是為了補充說明他提出的觀點，就是本文研究的第一個動機。

其次，從如此多元性的思想來源中，該如何抽絲剝繭以分辨主次順序，區分核心主張與參照概念之別，以正確掌握其哲學思想之精神，就成為研究方東美哲學思想之第二個挑戰。因此，本文研究動機之二，即在於釐清方東美諸多思想來源之主次關係。根據目前的研究成果觀之，主要的觀點有二：第一個觀點可以中國學者蔣國保為代表，他主張方東美哲學思想是以尼采與

〔註 5〕方東美：《方東美先生演講集》，台北：黎明文化，2005 年，頁 99～100。

〔註 6〕蔣國保、余秉頤：《方東美思想研究》，天津：天津人民出版社，2004 年，頁 77～78。

〔註 7〕劉述先：〈方東美哲學與當代新儒家思想互動可能性之探究〉，《現代新儒學之省察論集》，台北：中哲院文哲所，2004 年，頁 238。

〔註 8〕國際方東美哲學研討會執行委員會主編：《方東美先生的哲學》，台北：幼獅文化，1989 年，頁 247。

柏格森的「生命哲學」為主幹，〔註 9〕據此再融合懷德海的「機體主義」哲學、《周易》「生生哲學」與華嚴宗哲學而成之生命本體論。蔣國保爬梳方東美各式著作後認為，方東美的哲學思想淵源只能是「以現代西方的生命哲學為主幹，將生命哲學與儒家周易的『生生哲學』、佛家華嚴宗的『廣大和諧』哲學以及懷德海的『機體主義』哲學相融合的產物。」〔註 10〕蔣國保的上述觀點是基於他將方東美的哲學理論體系定位成「生命本體論」的前題之故。他認為依照方東美的學思歷程觀之，方東美早期對柏格森的生命哲學有深入的研究，並以〈柏格森生命哲學述評〉為題完成其碩士論文。返國後的主要著作也多以「生命」為題闡述其哲學主張，他說：「1931 年，方東美在中央大學《文藝叢刊》發表了〈生命情調與美感〉一文。此文標誌著他已經開始形成自己的生命哲學思想，他提出『生命，情之府也』，認為生命乃是『人生情府』。這可以說是他對於『生命』最初的界說。」〔註 11〕；接著他指出方東美 1936 年出版之《科學哲學與人生》，首次提出「生命本體」之概念，他說：

> 在《科學哲學與人生》中，已經表現出方東美正在形成的生命本體論與西方的非理性主義生命哲學的區別。方東美在該書中提出「人生的樞要是新價值」，是一種「高貴的情趣」和「意義的實現」。……這種對於生命的「美」與「善」的價值的肯定，預示著他的正在形

〔註 9〕就西方生命哲學對方東美的影響觀之，蔣國保認為方東美在多方融攝生命哲學精義的同時，也對其非理性主義的特徵進行修正。首先，就融攝一面而言，除了柏格森之外，還包含啟發柏格森的尼采、以及受柏格森啟發的懷德海之主張。他指出，尼采與柏格森是他認同生命哲學的主要思想來源：柏格森的生命哲學是方東美架構生命本體論的理論根據；尼采的「超人哲學」則被方東美視為是「生命的贊歌」，乃是實現生命價值的創造歷程。而懷德海的「機體主義」哲學則為其生命本體論之架構提供方法論的基礎。其次，就修正非理性主義的方面而言，蔣國保明確指出，方東美的生命本體論是中國現代哲學中具有特色的生命哲學，然而，值得注意的是，方東美的生命本體論卻以理性主義區別於柏格森等人的非理性主義。與柏格森以「生命本能」為基礎，視生命活動為本能與欲望的拓展不同，方東美則強調生命的精神價值與倫理價值，認為生命活動的真諦在於對真、善、美的追求，人應該將「物質的生命」提升為「精神的生命」，不斷實現人格的超昇。參見蔣國保、余秉頤：《方東美思想研究》，天津：天津人民出版社，2004 年，頁 85、115。

〔註 10〕蔣國保、余秉頤：《方東美思想研究》，天津：天津人民出版社，2004 年，頁 85。

〔註 11〕蔣國保、余秉頤：《方東美思想研究》，天津：天津人民出版社，2004 年，頁 101。

成的生命本體論，將是一種理性主義、道德主義的哲學。〔註 12〕

接著他指出：

> 方東美確認「生命」的本體意義的著作，是 1937 年 6 月出版的《中國先哲人生哲學概要》〔註 13〕。該書從「宇宙觀」、「人性論」、「生命精神」、「道德觀念」、「藝術理想」諸方面談論中國哲學，而這些談論同時也表明，方東美已經奠定了他自己的哲學理論體系——生命本體論的思想基礎。他認為：「宇宙不僅是機械物質活動的場合，而是普遍生命流行的境界。這種說法可叫做『萬物有生論』。世界上沒有一件東西真正是死的，一切現象裡邊都藏著生命。」……此類論述，表明方東美將原來他指出不能與物質現象「等視齊觀」的生命，進一步提升為本體論層次上的生命。〔註 14〕
>
> 同年他又在為中國哲學會第三屆年會提供的論文〈哲學三慧〉中，再次肯定生命是宇宙萬物的形而上的本體。他說「生命苞容萬類，綿絡大道，變通化裁，原始要終」，生命是積極性的存在，是天地萬物的根源。至此，方東美的生命本體論完成了最基本的一環：確認「生命」的本體意義。〔註 15〕

蔣國保確認了方東美的「生命」本體意義之後，繼而指出方東美在其 60 年代末之後所陸續發表的論文和專著中，則進一步闡述了人的生命精神層層超升、創進不息的理論。他說道：「這個理論，通過人的生命的創化、超升，來進一步確證作為宇宙形上本體的普遍生命的存在及其價值。這就是『即用顯體』，通過生命本體之『發用』，說明了生命本體之存在與意義。」〔註 16〕值得注意的是，蔣國保認為《周易》的「生生之德」與大乘佛學的「雙迴向」概念，乃是方東美借用來說明普遍生命的本性與創進過程之用。他說：

> 其一，他借用《周易》的名詞，用「生生之德」四個字高度概括普

〔註 12〕蔣國保、余秉頤：《方東美思想研究》，天津：天津人民出版社，2004 年，頁 102。

〔註 13〕後更名為《中國人生哲學概要》。

〔註 14〕蔣國保、余秉頤：《方東美思想研究》，天津：天津人民出版社，2004 年，頁 102。

〔註 15〕蔣國保、余秉頤：《方東美思想研究》，天津：天津人民出版社，2004 年，頁 102～103。

〔註 16〕蔣國保、余秉頤：《方東美思想研究》，天津：天津人民出版社，2004 年，頁 104。

> 遍生命的本性。……其二，他借用佛家的「雙回向」概念，將普遍生命的流衍創進過程區分為上、下兩個流向，即「上回向」和「下回向」。〔註 17〕

綜上，他認為方東美的「生命本體論」哲學體系乃是以尼采、柏格森與懷德海之「生命哲學」思想為主幹所建構而成，而方東美在其中、英文著作中〔註 18〕，根據《周易》之奧義所闡釋的中國哲學思想，則是借以補充說明其「生命本體綸」之奧義；也就是說，他認為方東美的「生命本體論」是以西方之「生命哲學」為主幹建構而成。〔註 19〕據此，蔣國保指出方東美的哲學理論特色與所謂當代新儒家之間的差異所在，就在於它所建立的獨特的「生命本體論」，他說：

> 從現代新儒學思潮發展的角度看，方東美生命本體論的建立體現了現代新儒家「重建形上學」的努力。……例如梁漱溟和熊十力一樣，提出了自己的「心性論」，馮友蘭創造了「新理學」，唐君毅、牟宗三建立了各自的以「心性」為本體的形上學體系。方東美的生命本體論也是現代新儒學思潮形成、發展過程中的產物，是中國現代哲學發展過程中的產物。所不同的是，有別於上述諸位沿著宋明道學的傳統建立「理本體論」或「心性本體論」，方東美卻創立了「生命本體論」。〔註 20〕

要言之，蔣國保將方東美哲學體系之所以迥異於當代新儒家「接著宋明講」，並且在熊十力「心本體論」與馮友蘭「理本體論」之外，獨闢蹊徑建立其「生命本體論」的原因，歸諸於方東美在求學經歷中受到西方生命哲學的深刻影響，他說：「我們可以從方東美的生命本體論中感受到，西方生命哲學潮流不

〔註 17〕蔣國保、余秉頤：《方東美思想研究》，天津：天津人民出版社，2004 年，頁 104～105。

〔註 18〕散見於方氏之中文著作《中國人生哲學概要》、〈哲學三慧〉；英文論文〈從比較哲學曠觀中國文化裡的人與自然〉、〈中國形上學中之宇宙與個人〉、〈從宗教、哲學與哲學人性論看「人的疏離」〉與英文專著《中國人生哲學》、《中國哲學精神及其發展》。

〔註 19〕此處值得注意的是，蔣國保特別指出方東美的生命本體論乃是理性主義的，異於西方柏格森的非理性主義。參看蔣國保、余秉頤：《方東美思想研究》，天津：天津人民出版社，2004 年，頁 115。

〔註 20〕蔣國保、余秉頤：《方東美思想研究》，天津：天津人民出版社，2004 年，頁 114。

僅是其重要的思想背景，而且直接影響了他的內容。」〔註 21〕第二個觀點與上述相反，可以台灣學者沈清松為代表。沈清松指出，方東美的哲學體系可直溯《易經》，以形上學和人性論為其兩大骨幹，藉以架構起方氏所謂合乎機體主義、具有旁通統貫性質的哲學體系。沈清松認為方東美的各式著作中的共同主題是「和諧」，如他引〈哲學三慧〉說：「方氏認為『中國慧體為一種充量和諧、交響和諧；慧相為爾我相待，彼是相因，兩極相應，內外相孚。慧用為創建各種同情交感之中道。』」〔註 22〕闡釋 1956 年方東美〈黑格爾哲學之當前難題與歷史背景〉一文之結語時指出：「由此可見，方東美此時已逐漸形成其所謂『廣大和諧』的思想意趣，而〈黑格爾哲學之當前難題與歷史背景〉一文之作，正顯示此一思想在西洋哲學方面之依據。」〔註 23〕又如他闡述 1957 年《中國人生哲學》(*Chinese View of Life*) 英文專著之要義說：「方氏在該書中正式提出『廣大和諧』(comprehensive harmony) 的觀念，以之為中國哲學智慧之根本意趣。」〔註 24〕以及闡述 1964 年〈中國形上學中之宇宙與個人〉說：「此儒家之所以嚮往天道生生不已，創進不息之乾元精神，以締造一廣大和諧之道德宇宙秩序者也。」〔註 25〕最後沈清松指出方東美思想體系之最後定論，即出現在 1969 年〈從宗教、哲學與哲學人性論看「人的疏離」〉論文中，他說：

> 方先生指出「人的疏離」實為西方人的發明，是立基於二元論之思考，然而中國哲學採機體主義，對人、神與世界能達至旁通統貫的理解，才是克服疏離之道。……最值得注意的，是方東美在該文中提出一個旁通和諧的人與世界關係圖像，區分人與世界之種種差別境界，最後會通於深微奧妙的無差別境界。這一圖像可謂方東美思想體系之最後定論。〔註 26〕

〔註 21〕蔣國保、余秉頤：《方東美思想研究》，天津：天津人民出版社，2004 年，頁 115。

〔註 22〕沈清松：《中國歷代思想家二十五．方東美》，台北：台灣商務，2004 年，頁 43～44。

〔註 23〕沈清松：《中國歷代思想家二十五．方東美》，台北：台灣商務，2004 年，頁 44。

〔註 24〕沈清松：《中國歷代思想家二十五．方東美》，台北：台灣商務，2004 年，頁 45。

〔註 25〕沈清松：《中國歷代思想家二十五．方東美》，台北：台灣商務，2004 年，頁 46。

〔註 26〕沈清松：《中國歷代思想家二十五．方東美》，台北：台灣商務，2004 年，頁 47。

綜上可知，沈清松認為方東美歷年著作之奧義，可以「廣大和諧」一以貫之。就形上學而言，方東美肯定存在的多重性，存在界可以透過「上迴向」的作用，逐層由物理、生物、心理之自然界上升至美感、道德、宗教之超越界以達致「成己」的目的；也可透過「下迴向」的作用，由上層向下層穿透，貫注力量，拯救現象，以達致「成物」。就人性論而言，他採取儒釋道皆主張的人性可完美之說，同樣地，人性也可依照上、下迴向的作用以成己成物。〔註 27〕因此，沈清松根據方東美親自以《生生之德》命名其論文集之故，稱方東美的哲學為「生生哲學」，並且明確指出《易經》為其思想根源，他說：

> 方東美之哲學可直溯至《易經》。《易經》的哲學要義，乃生生之德在時間中間創造流行之意趣，……《易經》鋪陳自然與人在時間中創造之歷程，誠然為一創造之哲學。方東美以「生生」（creative creativity）名其哲學，亦取其創造之要義。喻諸西哲，則柏格森之「創造進化」（évolution créatrice），懷德海之「創進」（creative advancement），差可比擬。〔註 28〕

他不但直接將方東美哲學體系之源頭歸根於《易經》，並且強調柏格森與懷德海的相關主張，乃是用以闡明「生生哲學」之要義。沈清松說：「近代以來中國哲學的根本特性，就是在綜合中西哲學，進行融合工作。」〔註 29〕根據不同的融合方向，最後形成三種不同的哲學體系，他將方東美哲學體系歸為「機體主義或兼綜的融合導向」，即無論古今中外何種學說，只要能夠發揮形上學和人性論的精義，都拿來加以綜合。沈清松據此區別於以唐君毅與牟宗三為代表的「當代新儒家的融合導向」，他闡釋此派之要義說：

> 新儒學在當代繼續發展，主要是針對清代的學風和不斷西化的趨勢，重振新儒學，是繼續宋明新儒學，特別是陸王心學的發展，重視其中的心性之學，奠立人的典範，挺立人的主體性，……在西洋哲學方面，則致力融合近代的德國觀念論，如康德哲學、費

〔註 27〕以上整理自沈清松：《中國歷代思想家二十五・方東美》，台北：台灣商務，2004 年，頁 58。

〔註 28〕沈清松：《中國歷代思想家二十五・方東美》，台北：台灣商務，2004 年，頁 60。

〔註 29〕沈清松：《中國歷代思想家二十五・方東美》，台北：台灣商務，2004 年，頁 52。

希特與黑格爾的哲學，主要強調人的主體性的先驗結構與發展動力。〔註 30〕

綜上，沈清松一方面指出方東美哲學體系是以《易經》為主幹，再融合西方之「生命哲學」，另一方面指出方東美哲學體系與當代新儒家之間的差異所在。根據上述蔣國保與沈清松兩位從不同觀點對方東美哲學體系的詮釋可知，不同的思想淵源與主次之判別，對於解讀方東美哲學思想奧義將會產生決定性的影響。因此，釐清方東美諸多思想來源中的主次關係，即是本文之第二個研究動機。

第三，根據考察方東美自述及其門弟子與同儕們的陳述之後，可以確認他的哲學體系是以《易經》為其思想根源。方東美的哲學乃是以「原始儒家」《易經》哲學做為其思想核心，他援引尼采、柏格森、懷德海之言的目的，主要是為了藉西方哲學概念以進一步補充說明《易經》所涵奧義。以下根據方東美、成中英與羅光的觀點，闡釋以《易經》為核心思想的內容，並據此區別以「生命本體論」所闡釋之觀點。方東美一方面自承是採用「形上學的途徑」（即哲學的途徑）進行中國哲學研究工作，〔註 31〕另一方面認為《易經》形上思想最能代表「原始儒家」形上學體系之兩大特色，即「肯定乾元天道之創造力」與「強調人性之內在秉彝、即價值」，此外他又分從新自然觀、人性觀、價值論與本體論四項範疇總賅《易傳》哲學要義，以此作為「原始儒家」《周易》哲學理論之核心，並且認為「孔子真正的貢獻是在《周易》這方面」〔註 32〕、「真正研究《周易》的哲學是從孔孟學派開始」〔註 33〕。綜上可知，方東美認為《周易》哲學之根源不但可上溯至中國形上學之源頭而一以貫之，同時又是以孔、孟為代表的先秦「原始儒家」思想根源。從方東美 1960 年旅美任客座教授期間所發表的演講稿〈從比較哲學曠觀中國文化裡的人與自然〉，即可進一步確認《周易》在方東美哲學思想中所扮演的主幹角色，他說：

在這裡，我將向諸位推舉《易經》這一部偉大的著作，它是中國哲學思想的源頭。……《易經》的基本原理，就在於持續的創造性。

〔註 30〕沈清松：《中國歷代思想家二十五．方東美》，台北：台灣商務，2004 年，頁 54。

〔註 31〕參見方東美：《原始儒家道家哲學》，台北：黎明文化，2005 年，頁 50。

〔註 32〕方東美：《原始儒家道家哲學》，台北：黎明文化，2005 年，頁 182。

〔註 33〕方東美：《原始儒家道家哲學》，台北：黎明文化，2005 年，頁 205。

> 乾元為萬物所自出，一切變化的過程，一切生命的發展，一切價值理想的完成和實現，創造前進都無已時。〔註 34〕

此外，成中英在〈論方東美哲學的本體架構〉中再三強調《易經》即是方東美哲學體系的核心思想，〔註 35〕並提出重要結論說：

> 方東美先生的哲學是具有完整體系的，此體系便是以《易經》思想為經，以西方、東方思想展開為緯，最後統合在《易經》的辯證邏輯之中。……另外，在方法上方先生有兩套思維邏輯，一是用靜態邏輯說明結構，一是用動態邏輯說明過程。可見方先生運用《易經》哲學來闡述了其融合動靜為一體的《易經》辯證思想，此一辯證法表現了存在與生命的創生發展、層微疊現、周遍涵泳、圓融一貫。〔註 36〕

羅光在〈方東美的哲學思想〉中說：「以《易經》為基礎的哲學，一定是生命哲學，……方東美的哲學是以《易經》為中心，生命的思想也就成為他的哲學之中心思想。」〔註 37〕

綜上所述可證，方東美的哲學體系乃是建立在《易經》哲學之上，因此，欲完整地掌握方東美闡釋中國哲學思想的奧義，即必須先掌握其《易》學思想之具體主張與淵源所在。簡言之，就方東美根據「原始儒家」思想所

〔註 34〕方東美：《生生之德．從比較哲學曠觀中國文化裡的人與自然》，台北：黎明文化，2005 年，頁 331。

〔註 35〕他說：「我認為方東美先生的哲學具有相當完整的體系，此一體系根源於中國《易經》哲學」、「其哲學以《易經》為基，以儒家為體，以道家為用，以西方哲學為法」、「方先生對本體問題有著最深切的關注，主張在哲學系統中，立下本體是最為首要的問題」、「其哲學是本體架構的哲學，而這一本體架構的哲學可以表達為《易經》的思維模式」、「關於中國哲學之智慧的論述，我認為方東美先生是以《易經》為基礎，尤其受《易經》的感應為多」、「易的哲學精神，從本體上來說，它具有一種內在的結構和邏輯，可稱為義理系統或空間邏輯；同時其又具備一種過程邏輯，可稱為變化系統或時間邏輯。在易的本體上，邏輯的辯證法、時間與空間能夠合而為一。空間邏輯是一種靜的邏輯，目標走向大、一、神、圓；時間邏輯是一種動的邏輯，目標走向化、生、明、融」、「總之，方東美先生的思想純粹屬《易經》形態的」。參國際方東美哲學研討會執行委員會主編，《方東美先生的哲學》，台北：幼獅文化，1989 年，頁 77～88。

〔註 36〕國際方東美哲學研討會執行委員會主編：《方東美先生的哲學》，台北：幼獅文化，1989 年，頁 88。

〔註 37〕國際方東美哲學研討會執行委員會主編：《方東美先生的哲學》，台北：幼獅文化，1989 年，頁 295。

提出之《周易》哲學思想觀之，其主張與《四庫全書總目提要》以「兩派六宗」〔註 38〕所概括二千多年以來之《易》學發展內容皆不契，因此，釐清方東美《易經》哲學之思想淵源，即為本研究之第三個研究動機。

二、研究目的

羅光說：「方東美心目中的人，是天人合一，參贊天地化育的人。方東美心目中的宇宙，是一個充滿創新力的宇宙。因創新而生命綿延，萬物相連為一。他最看重《易經》，《易經》的宇宙，便是他的宇宙。」〔註 39〕綜觀方東美各式著作之論述，宇宙與人始終是他關注的主題。他的哲學體系之終極關懷，即在於將人類生存的宇宙，建立成一個天人合德的廣大和諧系統。在此系統中，宇宙與人類之間如何產生圓滿的關係，即是其中最重要的議題，他說：

> 我們託足宇宙中，與天地和諧，與人人感應，與物物均調，無一處不隨順普遍生命，與之合體同流。……任何生命的衝動，都無滅絕的危險；任何生命的希望，都有滿足的可能：任何生命的理想，都有實現的必要。「保合大和，各正性（性訓生）命」，真是我們宇宙的全體氣象。〔註 40〕

以上即是方東美根據《易經》所建立「生生哲學」之要義。

根據前文所述，無論是經由蔣國保「生命本體論」觀點、沈清松「生生哲學」或者是成中英的「易學本體論」觀點闡釋之下的方東美哲學體系觀之，儘管三者對其思想淵源之主次順序有不同的理解，但是都將《易經》視為是其中的構成要素之一。故透過方東美《易》學思想的研究，即是進入方東美哲學世界之門徑。但是，根據方東美現存之各式著作觀之，欲藉此門徑進入方東美哲學世界存在有兩個主要難題。第一是方東美並沒有系統性闡釋其《易》學思想的專門著作。唯一專門涉及《周易》相關主題的專文是 1937 年發表〈易之邏輯問題〉，文中透過探討《周易》之重卦符號系統的建構邏輯，闡明《周易》所隱含的形上學原理就是「旁通之理」。其餘關於《周易》的相

〔註 38〕〔清〕紀昀總纂：《四庫全書總目提要》第四冊，臺北：臺灣商務印書館，1968 年，頁 2。

〔註 39〕國際方東美哲學研討會執行委員會主編：《方東美先生的哲學》，台北：幼獅文化，1989 年，頁 291。

〔註 40〕方東美：《中國人生哲學》，台北：黎明文化，2005 年，頁 81。

關論述，則散見於方東美各式著作之中，據以說明他所討論主題之要義所在。因為欠缺方東美親自闡釋之系統化《易》學論述之故，所以才會產生蔣國保與沈清松兩人依照各自所持觀點而做出不同詮釋的結果。第二個難題是，方東美並沒有明確地表明他的《易》學思想的師承，故無法藉由師承脈絡進一步掌握其《易》學思想之奧義。此一難題的複雜度，細審《四庫全書總目提要》之言即可明瞭：

> 《左傳》所記諸占，蓋猶太卜之遺法。漢儒言象數，去古未遠也。一變而為京焦，入於禨祥，再變而為陳邵，務窮造化，易遂不切於民用。王弼盡黜象數，說以老莊。一變而胡瑗程子，始闡明儒理，再變而李光楊萬里，又參證史事，易遂日啟其論端。此兩派六宗，已互相攻駁。〔註41〕

「兩派六宗」濃縮了從春秋至清初兩千多年以來《易》學的發展概要，其間釋《易》者無慮千百，各派學說自兩漢以迄清朝，猶自爭論不休。

本文研究目的即在於解決上述兩個難題，藉由對方東美《易》學思想的探析與溯源工作，進一步掌握方東美《易》學思想。鑑於方東美並無闡釋《周易》思想之系統性專著，因此，透過理論重構與思想溯源的研究步驟，據以掌握其《易》學思想之奧義，即為本文之研究目的。要言之，本文之研究目的有二，首先是根據方東美的文脈重構其《易》學思想，據以系統化掌握其《易》學思想之要義。根據理論建構的順序而言，又可分為《易》學觀與《易傳》哲學要義兩部分。其次則是考察其《易》學觀與《易傳》哲學思想之淵源。根據這兩項主題進行考察之工作，一方面以方東美各式著作為基礎，重新建構出一套符合作者意向的系統化《易》學觀與《易傳》哲學要義，另一方面詳細考察方東美《易》學觀與焦循之間的淵源關係，以及其《易傳》哲學要義與戴震思想上的淵源關係，透過思想師承脈絡的確認，取得更多資訊以補充說明方東美整體《易》學思想。以上即為本文之研究目的。

具體而言，若能解決上述兩項難題，則可適當地回應當代學者對方東美《易》學思想所提出之待解議題。如曾春海對方東美《易》學思想的特性與未竟之業，提出如下精闢的見解：

> 方氏的《易》哲學係以價值本體論為核心，將《易》形上學中之

〔註41〕〔清〕紀昀總纂：《四庫全書總目提要》第四冊，臺北：臺灣商務印書館，1968年，頁2。

宇宙與人的精神世界之意義和價值，闡發得博大精深。……他的《易》哲學可謂為詩化的宇宙，盡善盡美的無上人生價值理想，提供我們精神世界之富源和靈光。然而，他的《易》哲學基調和主軸安置在正面論述，境界雖令人神往，但是對立體的價值世界點化得多，卻對平面的實然世界之客觀論述分量顯得不對稱。再者，他對我們如何在經驗世界中諸般具體內容之解析以及以何種步步由實踐面克服種種困難，邁向超越性之理想的心性實踐工夫和人文精神建設的具體實踐路徑著墨較少。因此，難免令人不覺有所不足，這也是他的《易》學研究所留給我們應接續努力的課題吧。〔註 42〕

本文之研究目的即在於，一方面透過系統化重構其《易》學觀與《易傳》思想要義，期能提供更多資料以補充說明實然世界所具備之性質與潛能；另一方面透過《易》學思想之溯源，期能藉由師承關係提供系統化的理論，進一步說明實踐的工夫與路徑。

第二節　前人研究成果與文獻回顧

如論文題目所示，本文對方東美《易》學思想的研究工作包含兩個部分：第一部分的重點在於系統化重構方東美《易》學思想；第二部分則是追溯方東美《易》學思想的淵源。歷年來第一部分的研究工作已有豐碩的成果，而第二部分的思想溯源研究工作則尚無相關之研究資料。因此，本節首先將整理前人對方東美《易》學思想的研究成果，其次再說明關於思想溯源研究之相關文獻資料。第一部分的研究成果，按照其類型可分兩個方面。第一類為總論方東美學思歷程的研究成果，這部分包含專著以及論文，以下擇要介紹之；第二類為專論方東美《易》學思想的研究成果，這部分目前尚無專門著作出版，研究成果主要見於期刊論文。第二部分的文獻回顧工作，首先，最重要的是全面整理方東美遺留下來的各式著作，依照發表年代、場合、語言、主題等面向進行回顧，並且歸納出進行《易》學溯源研究時所需使用的資料；其次，是進行溯源研究時所使用的參照資料，包含了清代焦循與戴震的重要著作，以及當代學者對此二人的重要研究著作。

〔註 42〕曾春海：《中國近當代哲學史》，台北：五南書局，2018 年，頁 342。

一、前人研究成果

首先，專著部分主要有蔣國保、余秉頤合著之《方東美思想研究》〔註 43〕；李安澤《生命理境與形而上學——方東美哲學的闡釋與批評》〔註 44〕；秦平《方東美》〔註 45〕；宛小平《方東美與中西哲學》〔註 46〕。蔣、余二氏《方東美思想研究》一書，乃早期大陸研究方東美思想的開路者，書中全面性的介紹其學思歷程，並且按照不同思想主題分章系統性地闡釋，惜此書並未設專章闡釋方東美的《易》學思想。本書對方東美思想淵源進行詳細考察的結論為：「綜上所述，不難得出這樣一個結論：方東美的哲學思想從思想淵源上講，只能是以現代西方的生命哲學為主幹，將生命哲學與儒家《周易》的『生生哲學』、佛家華嚴宗的『廣大和諧』哲學以及懷德海的『機體主義』哲學相融合的產物。」〔註 47〕；李安澤之研究除了介紹其學思歷程之外，重點放在其中西思想的比較，以及各項哲學範疇與方法論的探討上，他對方東美哲學思想的定位與蔣國保相近，他說：「面對西方文化的挑戰和傳統文化的嚴重危機，他明確地反對任何全盤西化的主張，也不同意「接著（宋明儒）講」的路線，他在融會西方柏格森、懷特海生命哲學和中國傳統的易經哲學的基礎上，提出了一套獨特的生命本體哲學。生命本體哲學的建構，是他對中國傳統哲學，尤其是易經哲學創造性詮釋的理論結晶。」〔註 48〕至於秦平的研究則是按照編年方式介紹其學思歷程，宛小平則是從美學研究的角度對方東美進行評述。

其次，以專章方式收錄於相關書籍之文章，歷年來已有許多研究成果，擇其要者包含：胡偉希〈方東美：生生之德〉〔註 49〕、沈清松〈方東美〉〔註 50〕、

〔註 43〕蔣國保、余秉頤：《方東美思想研究》，天津：天津人民出版社，2004 年。

〔註 44〕李安澤：《生命理境與形而上學——方東美哲學的闡釋與批評》，北京：中國社科出版社，2007 年。

〔註 45〕秦平：《方東美》，昆明：雲南教育出版社，2008 年。

〔註 46〕宛小平：《方東美與中西哲學》，合肥：安徽大學出版社，2008 年。

〔註 47〕蔣國保、余秉頤：《方東美思想研究》，天津：天津人民出版社，2004 年，頁 85。

〔註 48〕李安澤：《生命理境與形而上學：方東美哲學的闡釋與批評》，北京：中國社科出版社，2007 年，頁 2～3。

〔註 49〕收於胡偉希：《傳統與人文：對港台新儒家的考察》，北京：中華書局，1992 年，頁 241～285。

〔註 50〕收於沈清松等著：《馮友蘭、方東美、唐君毅、牟宗三》，台北：台灣商務，1999 年，頁 37～77。

傅佩榮〈方東美〉〔註51〕、秦平〈方東美的比較哲學〉〔註52〕、劉述先〈方東美傳〉、〈方東美哲學與當代新儒家思想互動可能性之探究〉〔註53〕、〈方東美的生命哲學與文化理想〉〔註54〕、曾春海〈方東美〉〔註55〕。其中沈清松、傅佩榮、劉述先、曾春海之文，俱見關於《易經》主題的論述，是研究之重要參考資料。

第三，研討會發表論文之紀念合集，主要有二，分為楊士毅主編之《方東美先生紀念集》〔註56〕及「國際方東美哲學研討會執行委員會」主編之《方東美先生的哲學》〔註57〕。在所有二手資料之中，紀念集的重要性最高，因為紀念集所收錄論文之作者，大多是曾與方東美共事之友人以及親炙方東美講學的學生、弟子，其中許多人曾參予方東美錄音筆記檔案的整理編輯工作，在這些論文中，提供了許多不見於現存著作中的資料，這對於研究方東美思想而言，是最佳的佐證，舉其大者如：劉述先回憶從方東美學習之心得及困難之處，主要在於方東美博學與求真的治學精神建構了既龐大多元又深入專精的思想體系，他說：「東美師所表現的是一個極端複雜的矛盾統一體。……東美師對東西各家哲學，各種文化現象，不論是多麼複雜難明的理論或事象，都一定要深入其間，找到它的來龍去脈，然後用自己的話把它們整理、陳述出來。能夠做到這樣，非有一種澄澈清明的理智、綿密細緻的工夫以及超人一等的耐心是難以為功的。」〔註58〕張永儁針對方東美對於理學與道統的態度提出補充：「紛紛俗儒空談『道統』，未蒙其益反受其害，其害何在？『學弊』是也，『人弊』是也。心胸狹隘、排拒新知，附會盲從，偏陋蔽塞，方先

〔註51〕收於張永儁主編：《中國新文明的探索——當代中國思想家》，台北：正中書局，1991年，頁242～259。

〔註52〕收於郭齊勇：《現當代新儒學思潮研究》，北京：人民出版社，2017年，頁220～244。

〔註53〕收於劉述先：《現代新儒學之省察論集》，台北：中央研究院，2004年，頁211～232、233～251。

〔註54〕收於劉述先：《儒家哲學的典範重構與詮釋》，台北：萬卷樓，2010年，頁297～309。

〔註55〕收於曾春海：《中國近當代哲學史》，台北：五南出版，2018年，頁324～372。

〔註56〕楊士毅主編：《方東美先生紀念集》，台北：正中書局，1982年。

〔註57〕國際方東美哲學研討會執行委員會主編：《方東美先生的哲學》，台北：幼獅文化，1989年。

〔註58〕國際方東美哲學研討會執行委員會主編：《方東美先生的哲學》，台北：幼獅文化，1989年，頁21。

生不是說『道統無用』，而是說盲從道統，不免生心害事，不能成就廣大的人生智慧」、「方先生絕不『反理學』，相反的，他相當推崇理學，詡之為人類最高的精神成就之一」、「方先生於近代學人，頗為推崇王國維與劉師培，……他推崇的理由，是他們不拘一統，不師一說，包羅綜合，道出多元」〔註 59〕；姜允明說：「他的哲學史觀立場也一再主張要返歸先秦原始儒家和道家對生命精神賦與的一種強烈價值感。一方面肯定天道的創造力，……另一方面強調人性之內在價值」；〔註 60〕羅光說：「方東美心中的宇宙，是一個充滿創新力的宇宙。因創新而生命綿延，萬物相連為一。他最看重《易經》，《易經》的宇宙，便是他的宇宙。」〔註 61〕更難得的部分是，紀念集中收錄有二份關於方東美《易》學的論文，黃振華之〈方東美先生的易經哲學思想〉與成中英的〈論方東美哲學的本體架構〉。綜上所述，即可說明此份文獻資料對於方東美研究的重要性。

第四，方東美《易》學相關期刊論文。來自中國的部分有：王彬〈論方東美「回旋變異」的《周易》時間觀〉〔註 62〕李志鵬〈論方東美對《周易》與原始儒家關係的闡釋〉、〔註 63〕郭齊勇〈現代新儒家的易學思想論綱〉〔註 64〕、郭繼民〈以旁通融攝生命：方東美易學思想鉤沉〉〔註 65〕、台灣部分有曾春海〈方東美的易學〉〔註 66〕、傅佩榮〈廣大和諧的哲學境界〉〔註 67〕、葉海

〔註 59〕國際方東美哲學研討會執行委員會主編：《方東美先生的哲學》，台北：幼獅文化，1989 年，頁 128。

〔註 60〕國際方東美哲學研討會執行委員會主編：《方東美先生的哲學》，台北：幼獅文化，1989 年，頁 248。

〔註 61〕國際方東美哲學研討會執行委員會主編：《方東美先生的哲學》，台北：幼獅文化，1989 年，頁 291。

〔註 62〕王彬：〈論方東美「回旋變異」的《周易》時間觀〉，《周易研究》第 4 期，2016 年，頁 32～37。

〔註 63〕李志鵬：〈論方東美對《周易》與原始儒家關係的闡釋〉，《周易研究》第 2 期，2019 年，頁 57～64。

〔註 64〕郭齊勇：〈現代新儒家的《易》學思想論綱〉，《周易研究》第 4 期，2004 年，頁 3～14。

〔註 65〕郭繼民：〈以旁通融攝生命：方東美易學思想鉤沉〉，《周易研究》第 1 期，2013 年，頁 40～48。

〔註 66〕曾春海：〈方東美的易學〉，《哲學與文化》第四十二卷第十二期，2015 年 12 月，頁 3～18。

〔註 67〕傅佩榮：〈廣大和諧的哲學境界〉，《哲學與文化》第三十二卷第十一期，2005 年 11 月，頁 151～165。

煙〈中國哲學的歷程觀——以方東美的觀點為例〉〔註 68〕〈方東美的新儒家哲學〉〔註 69〕等。

第五，學位論文部分，與本論文主題相關者有張訓義等八人，詳參註腳及參考文獻。〔註 70〕

二、文獻回顧

（一）方東美著作部分

首先，關於方東美生平與學思歷程之相關研究工作，目前已有卓越的研究成果，其中以孫智燊先生的研究最具代表性，收錄在《中國哲學精神及其發展（下）》之附錄中，是研究方東美思想淵源及發展不可或缺的參考資料。其中附錄一之「著者簡介」部分，詳述其出身、求學、教學、國外講學等學經歷；〔註 71〕附錄四為孫智燊所撰之〈大哲風貌剪影——東美先生其人及其志業〉長文，可說是介紹方東美一生的方東美傳，涵蓋其家世與家學淵源、求學歷程、參加少年中國學會的相關史實、教學生涯、參加東西方哲學家會議等閱歷；〔註 72〕附錄五則為孫智燊所整理之〈東美先生著述——分類細目〉，包含了中文雜著文章十一篇、譯述兩篇、書札三篇、以及歷年著作之詳細章節內容。其中包含 1938 年之〈與熊子貞先生論佛學書〉，此封書信詳載兩人對於中國哲學所持的觀點與治學功夫上的不同意見，乃研究方東美與熊十力兩人思想異同的重要文獻。

其次，本論文研究所使用之方東美著作，係採用 2005 年由黎明文化出版之《方東美全集》共十三冊，綜觀其內容，研究者在運用文本資料進行比對

〔註 68〕葉海煙：〈中國哲學的歷程觀——以方東美的觀點為例〉，《哲學與文化》第三十卷第六期，2007 年 6 月，頁 103～115。

〔註 69〕葉海煙：〈方東美的新儒家哲學〉，《鵝湖月刊》第二十六卷第九期，頁 21～28。

〔註 70〕張訓義〈方東美藍圖機體思想研究〉；張淑玲〈方東美的生命觀與西方創化思想〉；林修德〈從方東美的「機體主義」論《莊子》「道」之兩重意涵〉；呂奐忱〈方東美《周易》思想研究〉；黃欣怡〈生生之德——方東美易學思想研究〉；李佳臻〈方東美對天台宗思想之詮釋〉；宋依陽〈論方東美哲學的儒道會通：以「機體主義」為進路〉；鄭登允〈方東美華嚴思想研究——以「法界觀」分析與融攝中西思維模式〉。詳細論文資料請參見「參考文獻」。

〔註 71〕方東美：《中國哲學精神及其發展（下）》，台北：黎明文化，2005 年，頁 222～223。

〔註 72〕方東美：《中國哲學精神及其發展（下）》，台北：黎明文化，2005 年，頁 230～253。

及論證時，有二個重點必須注意。若就各式著作之來源與形式而言，包含了：由課堂講義整理成書、由廣播演說稿匯集成書、以中文發表之論文、英文發表論文之中譯本、以中文寫作的專書、以英文寫作專書的中譯本、以大學講課錄音檔案為藍本整理而成的系列書籍、以及由演講錄音整理所成之書。研究者必須根據文本的出處，根據其行文的形式、場合、對象與目的，斟酌其中的意義。此外，方東美與其他當代中國哲學家不同之處是他並沒有以著作的方式闡述他的哲學思想，系統化地創建自己的哲學體系，清楚明確的闡述自己的哲學理論。以《易》學思想為例，他的相關論述散見於各式著作中，作為闡述主題的引證或補充說明論旨之用，扮演的是協助論證的角色，而不是論證的主角。除了〈易之邏輯問題〉一文之外，方東美並沒有以《易》學思想為專題著書，因此與研究其他哲學家的思想相較，由於缺少系統性之《易》學專著，使得研究其《易》學思想時，產生難以掌握其脈絡的困難。然而，目前不少學者認為方東美的哲學乃建立在《易經》之基礎上，因此，研究他的《易》學思想內容及思想淵源，則是研究此議題的關鍵入手處，這就需要研究者更細心的整理文本資料，留意其他看似不相關的線索才能有新的發現。若依照其著作撰寫時的目的、發表的場合、讀者屬性等條件進行分類整理，大致可歸納如下：一、大學教學所準備的課堂講義如《科學哲學與人生》〔註 73〕；二、應國民政府教育部之邀，在中央廣播電台分八次為全國青年演講中國人生哲學之廣播稿，後輯為《中國先哲人生哲學概要》（後更名為《中國人生哲學概要》）〔註 74〕一書；三、中文撰寫之論文，如〈生命情調與美感〉、〈生命悲劇二重奏〉、〈哲學三慧〉、〈易之邏輯問題〉、〈黑格爾哲學之當前難題與歷史背景〉等；四、晚年在輔仁大學哲學系的上課錄音筆記，包含《原始儒家道家哲學》、《中國大乘佛學（上、下）》、《華嚴宗哲學（上、下）》、《新儒家哲學十八講》；五、國外宣講英文論文之中譯本：〈從比較哲學曠觀中國文化裡的人與自然〉〔註 75〕、〈中國形上學中之宇宙與個人〉〔註 76〕、〈從宗教、哲學與哲學人性論看「人的疏離」〉〔註 77〕、〈從歷史透視看陽明

〔註 73〕本處指本書之前五章內容，原為方東美 1927 年於中央黨務學校（後易名為中央政校、中央政治大學）上課之講稿。

〔註 74〕後收於《中國人生哲學》一書，台北：黎明文化，2005 年。

〔註 75〕由吳怡譯成中文。

〔註 76〕由孫智燊譯成中文。

〔註 77〕由傅佩榮譯成中文。

哲學精義〉〔註 78〕；六、以英文寫成之專著中譯本，《中國人的人生觀——廣大和諧之哲學》〔註 79〕、《中國哲學精神及其發展（上、下）》〔註 80〕；七、中文演講錄音整理專書〔註 81〕；八、方東美詩文集《堅白精舍詩集》〔註 82〕。將文獻資料做這樣的分類乃是為了更精確的掌握方東美行文的本意。方東美行文會依照場合與對象而有不同的論述方式，目的是確保讀者能充分掌握他所要表達的意涵。譬如以英文寫作時，目標讀者是外國人，此時方東美會刻意運用一些西方的概念以協助讀者的理解。在英文著作《中國人的人生觀》中，他特別於前言中補充說明：「英文是否能夠貼切的表達中國哲學思想？這是值得商榷的，哲學與詩一樣——中國很多哲學思想即充滿詩意——永遠不能完美的譯成外國文字。……在某些地方，我還有意地選用了一些句子，近似柏格森、摩根、與懷德海的用語。」〔註 83〕而在對中文讀者寫作時，則會引用《紅樓夢》、《鏡花緣》等為例，以協助讀者理解所欲表達之西洋哲學內涵。

若就其學術研究重心分期而言如下：第一階段（1924～1937）：自美返中開始擔任教職至 1937 年中日戰爭止。學術重心在於向中國學生介紹西洋哲學，並藉西洋哲學作為參照進一步說明中國哲學的特色與優點，重建中國哲學的價值。依發表順序如下：1928 年《科學哲學與人生》（中央大學上課講稿）是他對科玄論戰所作的回應、1931 年〈生命情調與美感〉則首次闡釋《易經》的時空觀、1936 年〈生命悲劇二重奏〉、1937 年〈哲學三慧〉中，他用《周易》思想代表中國哲學與西方古希臘、近代歐洲的思想進行比較，分析三者的優缺點，直指西方的根源問題是二元對立，並提出三方互補的解方、同年〈易之邏輯問題〉與《中國先哲人生哲學概要》則分別探討重卦之建構邏輯與其哲學意義。第二階段（1937～1966）：本期則以第一期之研究成果為基礎，以英文形式向西方世界介紹中國哲學思想，以回應印度哲人拉德克里舒蘭博士（Dr. Sarvepalli Radhakrishnan）之友善挑戰。〔註 84〕1956 年出版

〔註 78〕由孫智燊譯成中文。

〔註 79〕由馮滬祥譯成中文。後收於《中國人生哲學》一書，台北：黎明文化，2005 年。

〔註 80〕由孫智燊譯成中文。英文原著《中國哲學精神及其發展》，台北：聯經出版，1981 年。孫智燊中譯版，台北：成均出版社，1984 年，初版。

〔註 81〕方東美：《方東美先生演講集》，台北：黎明文化，2005 年。

〔註 82〕方東美：《堅白精舍詩集》，台北：黎明文化，2005 年。

〔註 83〕方東美：《中國人生哲學》，台北：黎明文化，2005 年，頁 132。

〔註 84〕方東美：《中國哲學精神及其發展（下）》，台北：黎明文化，2005 年，頁 240。「二次大戰時（1939 年）氏奉聖雄甘地之命，率團來華訪問，晤先生於重慶

英文撰寫之《中國人的人生觀——廣大和諧之哲學》，發表中文論文〈黑格爾哲學之當前難題與歷史背景〉；二度至美國講學（1959～1961、1964～1966）以英文向西方青年介紹中國哲學思想，1960 年巡迴演講〈從比較哲學曠觀中國文化裡的人與自然〉，1964 年參加夏威夷東西方哲學家會議，發表英文論文〈中國形上學中之宇宙與個人〉向西方解說中國形上哲學。第三階段（1966～1976）：停止開設西洋哲學課程，轉開設中國哲學系列課程，同時著手將課程內容以英文撰寫《中國哲學精神及其發展（上、下）》，並發表多篇英文論文，如 1969 年夏威夷東西方哲學家會議〈從宗教、哲學、與哲學人性論看「人之疏離」〉、1972 年〈從歷史透視看陽明哲學精義〉。第四階段以中國哲學系列課程及演講之錄音檔案為藍本，整理出版成書，包含《原始儒家道家哲學》、《新儒家哲學十八講》、《中國大乘佛學（上、下）》、《華嚴宗哲學（上、下）》、《方東美先生演講集》以及《中國哲學精神及其發展（上、下）》中譯本。

（二）與焦循、戴震相關之研究

本論文將考察與論證方東美《易》學觀與焦循的淵源關係，以及《易傳》哲學思想與戴震的淵源關係。本研究內容涉及戴震之著作，主要包含《原善》、《孟子私淑錄》、《緒言》、《孟子字義疏證》、〈法象論〉、〈讀易繫辭論性〉、〈讀孟子論性〉、〈與是仲明論學書〉、〈與某書〉、〈答彭進士允初書〉、〈與姚孝廉姬傳書〉、〈題惠定宇先生授經圖〉、段玉裁〈戴東原先生年譜〉等，本研究採用《戴震集》〔註 85〕做為參考資料之版本。近代學者之重要著作則包含：胡適《戴東原的哲學》〔註 86〕、余英時《論戴震與章學誠》〔註 87〕，及張麗珠等人之著作。〔註 88〕

中大，即以對西著論介中國文化及哲學者之看法。先生以「不滿」對。拉氏旋謂：『閣下何不自著，宏佈西方，為中國哲學傳統向世界代言，以增正解，如某於印度傳統所為然？』先生笑諾之，許為同道」。另參見方東美：《原始儒家道家哲學》，台北：黎明文化，2005 年，頁 34～35。

〔註 85〕戴震：《戴震集》，台北：里仁書局，1980 年。

〔註 86〕胡適：《戴東原的哲學》，上海：商務印書館，1928 年。

〔註 87〕余英時：《論戴震與章學誠》，台北：華世出版社，1980 年。

〔註 88〕張麗珠《清代義理學新貌》、《清代新義理學——傳統與現代的交會》、《清代新義理學轉型》；村瀨裕也《戴震的哲學——唯物主義與道德價值》；李暢然《戴震《原善》表微》；許蘇民《戴震與中國文化》；楊華《由尊德性而道問學》；劉又銘《理在氣中—羅欽順、王廷相、顧炎武、戴震氣本論研究》。詳

關於焦循著作部分，本研究涉及的主要有：《易通釋》、《易章句》、《易圖略》、《易話》、《雕菰集》、《論語通釋》、《孟子正義》等書，本研究採用《焦循全集》（全 18 冊）為參考資料版本。〔註 89〕近代學者與焦循相關研究之著作則包含：何澤恆《焦循研究》〔註 90〕、賴貴三《焦循雕菰樓易學研究》〔註 91〕、陳居淵《焦循儒學思想與易學研究》〔註 92〕，及牟宗三等人之著作（參見註腳）〔註 93〕。

與本研究所涉學術議題相關之近代學者重要著作則包含：錢穆《中國近三百年學術史》〔註 94〕、梁啟超《中國近三百年學術史》〔註 95〕與《清代學術概論》〔註 96〕、侯外盧《中國思想通史・第五卷》〔註 97〕，及朱伯崑等人之著作。〔註 98〕

第三節　研究範圍與研究方法

一、研究範圍

要言之，本論文以方東美根據「原始儒家」思想為範疇，採用「形上學途徑」為方法，以「人文的途徑」進行哲學思考之下，將隱含在《周易》這部

細出版資料請參閱本文之「參考文獻」。

〔註 89〕〔清〕焦循著，劉建臻整理：《焦循全集》，揚州：廣陵書社，2016 年。

〔註 90〕何澤恆：《焦循研究》，台北：大安出版社，1990 年。

〔註 91〕賴貴三：《焦循雕菰樓易學研究》，臺北：里仁書局，1994 年。

〔註 92〕陳居淵：《焦循儒學思想與易學研究》，濟南：齊魯書社，2000 年。

〔註 93〕牟宗三《周易的自然哲學與道德函義》；李鏡池《周易通義》；尚秉和《周易尚氏學》；高亨《周易大傳今注》；陳居淵《焦循阮元評傳》；程石泉《雕菰樓易義》；劉建臻《焦循評傳》、《焦循學術論略》；賴貴三：《易學思想與時代易學論文集》、《台海兩岸焦循文獻考察與學術研究》；戴君仁《談易》。詳細出版資料請參閱本文之「參考文獻」。

〔註 94〕錢穆：《中國近三百年學術史》，台北：台灣商務，1990 年。

〔註 95〕梁啟超：《中國近三百年學術史》，台北：中華書局 1958 年。

〔註 96〕梁啟超：《清代學術概論》，臺北：台灣商務，1966 年。

〔註 97〕侯外盧：《中國思想通史》第五卷，北京：人民出版社，1960 年。

〔註 98〕朱伯崑《易學哲學史》；王國維《觀堂集林》；王茂、蔣國保、余秉頤、陶清著《清代哲學》；汪學群《清代思想史論》、《清初易學》、《清代中期易學》；屈萬里《先秦漢魏易例述評》、《讀易三種》；林忠軍《清代易學史（上、下）》；胡樸安《周易古史觀》；高懷民《先秦易學史》、《兩漢易學史》；郭齊勇《現當代新儒學思潮研究》；劉師培《國學發微：外五種》、《劉師培講經學》；戴璉璋《易傳之形成及其思想》。詳細出版資料請參閱本文之「參考文獻」。

以象、辭格式為內容之歷史文獻中的形上原理，以及寓於《易傳》哲學解釋之中的形上本體論，予以創造性詮釋後的見解作為研究範圍。因此，方東美提出之「原始儒家」、「形上學途徑」、「人文的途徑」、象與辭隱含的原理、《易傳》形上本體論的奧義等，即是核心的研究範圍。具體而言，內容可分從三個層面詳述之。

首先，若就方東美《易》學思想之建構脈絡觀之，可分為兩部分，其一是作為他建構《易》學體系之前提的《易》學觀部分，研究範圍包含了他對於《周易》之性質與成書過程所持的觀點、以及研究的門徑；其二則是他根據《易》學觀為基礎提出的《易傳》哲學要義，研究範圍包含他分從四個哲學範疇對《易傳》本體論所做的闡釋，以及由孔門後學們所補充的一套哲學人性論。

其次，若就進行系統化理論重構部分觀之，研究範圍包含下列資料：就《易》學研究角度而言，方東美《易》學相關論述如下，1937 年〈易之邏輯問題〉，探討六十四重卦符號系統之建構邏輯；1937 年〈哲學三慧〉，分析希臘、歐洲與中國之智慧時，以《易經》思想代表中國哲學，並提出「中國哲學六大原理」，即生之理、愛之理、化育之理、原始統會之理、中和之理、旁通之理；〔註 99〕同年之《中國先哲人生哲學概要》分從宇宙觀、人性論、生命精神與道德觀念等範疇闡釋中國哲學；1956 年出版英文專著《中國人生哲學》，以前述六大原理解說中國先哲的宇宙觀要義；1964 年〈中國形上學中之宇宙與個人〉，論及儒家形上學的兩大特色，即肯定天道之創造力與強調人性之內在價值，同時根據《周易》之時間概念提出三大形上原則，即「旁通之理」、「性之理（或生之理）」、「化育之理」，並歸納出四項《易傳》哲學要義，即主張「萬有含生論」之新自然觀、提倡「性善論」之人性觀、形成一套「價值總論」、形成一套「價值中心觀」的本體論；1977 年《中國哲學精神及其發展》完稿，其第三章以〈原始儒家——第二期創化宇宙中人性之偉大〉為題，闡釋原始儒家之《周易》思想，相關要旨則透過課堂講學與演講進一步加以闡釋，最後錄音檔案整理成《原始儒家道家哲學》與《方東美先生演講集》二書。

第三，若就《易》學思想溯源研究部分觀之，研究範圍則包含了被方東美稱之為「物理派自然主義」的戴震哲學思想、方東美讚譽為「《易經》艱晦

〔註 99〕方東美：《生生之德．哲學三慧》，台北：黎明文化，2005 年，頁 201～204。

難明，得焦釋，其義幾全通」的焦循《易》學思想、以及作為戴焦兩人思想背景的清代哲學史。

二、研究方法

本論文採用「範疇整理法」與「對比法」進行研究工作。前者用於重新建構方東美之《易》學觀與《易傳》哲學要義之工作方面；後者則用於對比方東美與戴震、焦循間的思想淵源關係。詳述如下。

首先，就「範疇整理法」之運用而言，即是以方東美詮釋《周易》思想時所提出之各種觀點、主張做為基本觀念，即「範疇」，再進一步將「範疇」予以歸類，並按照方東美的行文脈絡予以系統化整合，透過提綱挈領的方式將方東美《易》學觀與《易傳》哲學之內部理論予以呈現。李賢中在《墨學——理論與方法》指出：「所謂範疇是指墨學中的基本觀念，而非所有觀念。」〔註100〕並引陳問梅的闡釋為例進一步說明「範疇整理法」之要義，他說：

> 如陳問梅說：「墨學中的十個觀念都有原文，可說是相當完全的，……對於這十個觀念的有關篇章，分別地加以了解，了解到每一觀念的全貌。於是再進而加以分類組合，即可分別列為四組：天志與鬼神、尚賢與尚同、兼愛與非攻，各為一組；另則非命、非樂、節葬、節用，合為一組。」他就是以這種範疇歸類的方式整理墨學，而寫就其《墨學之系統申述》。……基本上，許多學者在鋪陳其論著結構時，也多有這種類似的範疇整理型態。〔註101〕

方東美提出學易者所以通其象、通其辭、通其理的《周易》研究方法，就是將基本觀念分別納入象、辭、理三個範疇加以掌握，最後再依序進行研究，他說：「對於周易三種研究的路徑，並不是單獨的，而是一氣貫串下來，先要通象、才通辭、然後才通理。」〔註102〕又如方東美也是透過範疇歸納，解釋《易傳》哲學要義的產生過程，他說：

> 孔子及其門弟子多人遂集體發起一項哲學思想上之革命運動，沿承《易》卦之符號系統，而賦予種種人文主義之詮釋。欲畢其功，終

〔註100〕李賢中：《墨學——理論與方法》，台北：揚智，2003年，頁30。
〔註101〕李賢中：《墨學——理論與方法》，台北：揚智，2003年，頁30～31。
〔註102〕方東美：《原始儒家道家哲學》，台北：黎明文化，2005年，頁189。

> 其成，孔子必須將《易經》原有之陳事文句化作一套說理文句。此項化賦體為比興之鉅任，即由孔子及其青年高弟兼同道商瞿雙雙共同肩起。嗣後，《易書》此部原屬紀史之作，遂一變而為一套發揮易理之系統化哲學矣。〔註 103〕

且其以四項哲學範疇闡釋《易傳》形上本體論之具體內容，「主張「萬有含生論」之新自然觀、提倡「性善論」之人性觀、形成一套「價值總論」、形成一套「價值中心觀」之本體論。」〔註 104〕本文即依此方法進行系統性理論重構。

其次，就「對比法」之運用言，此法是以系統化之理論中的觀念與範疇作為比較的標準，據此標準比對相關觀念之間的異同以追溯其思想之歷史淵源。沈清松曾言對比法之要旨為：「在將數個研究對象予以排比對照……顯示出這些對象彼此間的統一性和差異性……歷史在結構上是由對比所構成，在發展上則是由對比所推動。」〔註 105〕對比法在本論文中的操作，是對方東美《易》學觀與《易傳》哲學要義之歷史地溯源——即以前述具「範疇整理法」所重構之系統性理論為設準，逐一比對方東美理論架構中的觀念範疇與焦循與戴震之間的異同，據以確認彼此之間的思想淵源關係。

第四節　研究步驟與章節安排

一、研究步驟

本論文之研究步驟如下。首先，將方東美之《易》學思想按照其理論建構之邏輯關係分為兩個部分，即作為理論之立場的《易》學觀與作為理論主張的《易傳》哲學要義兩部分，依序進行研究。其次，先使用「範疇整理法」進行《易》學觀的探析工作，以建立系統性的理論架構做為進一步思想溯源的設準，再運用「對比法」，考察方東美的《易》學觀與焦循之間的思想淵源關係。第三，先使用「範疇整理法」進行《易傳》哲學要義的系統性理論重構，再用「對比法」論證方東美的《易傳》哲學思想與戴震之間的淵源關係。

〔註 103〕方東美：《中國哲學精神及其發展（上）》，台北：黎明文化，2005 年，頁 214。

〔註 104〕方東美：《生生之德．中國形上學中之宇宙與個人》，台北：黎明文化，2005 年，頁 355。

〔註 105〕沈清松：《現代哲學論衡》，台北：黎明書局，1998 年，頁 3。

最後，根據前述研究成果，總結方東美的《易》學思想之特色與侷限，一方面指出方東美站在「原始儒家」立場論《易》的理論盲點，另一方面根據 1938 年〈與熊子貞先生論佛學書〉為本，藉由兩人對於中國哲學所持的觀點與治學功夫上的論辯，簡述兩人產生不同哲學觀點的主要原因即在於「尊德性」與「道問學」，同時也是源自於宋明儒與清儒思想間的差異。

二、章節安排

本論文共分六章。第一章「緒論」，首先綜論本研究之動機與目的、繼而整理前人研究成果與相關文獻、接著闡明研究範圍與研究方法、最後透過章節安排以說明研究步驟。

第二章「方東美《易》學觀探析」。本章要旨在於闡明方東美依據「原始儒家」思想，對於《周易》成書之性質與過程所提出的觀點。依照「原始儒家思想」、「六經皆史」與「通其象、通其辭、通其理」三個範疇，分三節整理其《易》學觀內容。第一節闡述方東美以「原始儒家思想」為範疇所闡釋的《易》學觀點。第二節闡釋方東美對《周易》成書的性質與內容所持的觀點，包含「六經皆史的《易》學觀」、「《周易》哲學之建構原理」、「《周易》記載格式與創作手法」。第三節、闡釋方東美提出之「通其象、通其辭、通其理」的《周易》研究方法。首先探討「輪轉而無窮」的《周易》時間觀念；其次再根據象、辭、理之步驟，依序闡釋他的《易》學觀點。

第三章「方東美《易》學觀溯源」。本章依「通其象、通其辭、通其理」的順序，分三個範疇依序考察其《易》學觀與清代焦循《易》學思想之淵源關係。第一節、從三個方面論證方東美「通其象」範疇之觀點乃源自焦循。依序為，「《周易》重卦符號系統淵源於古代婚姻制度」、「《周易》重卦符號系統之建構在『旁通之理』」以及評論漢儒重卦建構原理之邏輯謬誤，包含「荀爽之謬誤」與「虞翻之謬誤」。第二節、從兩個方面論證「通其辭」範疇的觀點源自於焦循，一為「卦爻辭蘊涵的奧義——辭也者，各指其所之」，其二為「卦爻辭創作的方法——言在於此，意寄於彼」。第三節、分從三個層次考察方東美之「通其理」範疇之思想淵源，包含「《十翼》哲學之思想根源與發展歷程」、「《十翼》哲學之形上原理與理論建構」與「《十翼》哲學之實踐理論與修養功夫」。

第四章「方東美《易傳》哲學思想探析」之要旨在於根據方東美的相關

論述以重構符合其意向之《易傳》哲學思想。方東美認為《易傳》哲學思想，乃是肇始於孔子追問隱含在《周易》卦爻符號系統與卦爻辭文字系統中的形上學原理；繼而從「人文的途徑」予以解釋之後才完成。第一節分從「超越形上學」、「內在形上學」與「機體主義觀點」三個層面考察方東美對中國形上學精神所做的詮釋。第二節首先考察方東美提出之「人文的途徑」要義，以確實掌握儒家人文主義詮釋的精神與內容；其次考察方東美透過「人文的途徑」對《周易》形上學原理所做的解釋。第三節分從形上本體論、動態歷程與四項哲學範疇之角度，闡明「動態歷程之價值中心本體論」之要旨。

第五章「方東美《易傳》哲學思想溯源」。分四節依序考察方東美提出之四項哲學要義並論證其思想淵源自戴震。依序為一、主張「萬有含生論」之新自然觀；二、提倡「性善論」之人性觀；三、形成一套「價值總論」；(四)形成一套「價值中心觀」之本體論。

第六章「結論」。根據本文之考察結果，首先，分從方東美《周易》研究之治學方法與為學宗旨兩個層面，總結方東美《易》學思想之特色；其次指出方東美《易》學思想之侷限所在；最後，以方東美〈與熊子貞先生論佛學書〉為核心，考察方東美與熊十力哲學思想差異的原因，對方東美《易》學思想進行貞定。

第二章　方東美《易》學觀探析

本章根據方東美散見於其各式著作中之《易》學主張為基礎，運用範疇整理法以重新建構符合其文意的系統性《易》學觀點。在正式進行方東美《易》學觀探析工作之前，首先必須先掌握方東美研究中國哲學所持之哲學觀點作為研究基礎。他自述寫作《中國哲學精神及其發展》一書的目的，乃是為了闡明進行中國哲學研究應該具有的正確態度，他認為研究不同時代哲學思想的首要工作，必須先釐清其思想傳承與時代背景。他說：

> 我這部書是就思想傳承、時代背景而作的，以儒家為例，由先秦、兩漢、魏晉直下宋明清。在先秦時代產生的許多哲學思想體系，應當就其時代精神去了解；兩漢時，由於國家、社會、典章制度都改變了，思想有新的發展，此時的儒家已經大異於先秦的儒家。……《周易》原自乾坤二卦，王弼卻由復卦說起，就是不再由哲學上的 Ontology（本體論）立論，不由乾坤推展到萬有，改用 Me-ontology（超本體論）的方式，由無推展到萬有，這是透過道家的解釋對儒家完全誤解。〔註 1〕後代許多人由於文字的困難不能克服，講儒家

〔註 1〕方東美說：「譬如王弼，……他的《周易》注不首『乾』、『坤』，或『艮』，而是照道家的立場，從『復』卦說起。王弼的系統以『復』卦為起點，然後再追溯到『乾坤』。」參見方東美：《原始儒家道家哲學》，台北：黎明文化，2005 年，頁 175。他強調《周易》為原始儒家創造精神之源頭，《易傳》哲學要義乃一套「動態歷程之價值中心本體論」，萬物一切皆由乾元而出，稟乾元生生之德不斷地創進。他認為王弼採取道家「無」的觀點解釋《周易》，已經與原始儒家首重乾元創造精神的觀點不同。簡言之，他是以「創造力」作為貞定的標準，上引文即明確表示他認為以「復卦」為首的王弼，已經與先秦《周易》、《歸藏》與《連山》不同。

> 由宋儒說起，……事實上，宋明是十世紀以後的儒家，已經受六朝佛學、禪宗、新道家、道教等思想所影響，如果說宋明理學可以代表原始儒家，也是一種誤解。〔註2〕

他明確指出漢代以後的儒家思想，隨著思想傳承的變遷與時代背景的發展，已經大異於先秦儒家之思想精神，方東美以「原始儒家」指稱先秦儒家思想，其精神是以孔、孟、荀思想為核心，以區別漢代之後的儒家思想。他特別從形上學本體論的角度，指出王弼《周易》研究之本體論思想完全異於「原始儒家」的《周易》本體論精神，此一觀點具體展現出他採用形上學途徑研究中國哲學之立場，他說：「我們採用形上學的途徑，也就是哲學的途徑，……若就中國哲學的發展看來，卻最適合歷史的真情實況，所以我將採取形上學的途徑。」〔註3〕對於《周易》哲學研究而言，方東美是從「原始儒家」立場出發，以形上學為途徑，由哲學上的本體論立論。他進一步以「超越的形上學」闡明儒家精神之形上學特質，明確指出儒家精神不會只停留在精神層面的探索，更重要的是必須到真實世界、現實人生中去將精神理想予以「踐形」。〔註4〕他說：「在中國，要成立任何哲學思想體系，總要把形而上、形而下貫穿起來，銜接起來，……儒家中人不管道德上成就多高，還必須『踐形』，把價值理想在現實世界、現實人生中完全實現。」〔註5〕即就「原始儒家」精神觀之，人類從生存的現實世界中，不斷追求精神理想提升之後，還必須將其在現實世界中實現，他說：「把一套『超越形上學』轉變為內在於人類精神、人類生活的『內在形上學』，我所謂的形上學的途徑就是採取此種觀點。」〔註6〕方東美自述他在宗教、科學與人文這三個哲學思考的途徑中，選擇了「人文主義途徑」的原因，就是基於中國哲學思想中蘊涵著積健為雄的

〔註2〕方東美：《原始儒家道家哲學》，台北：黎明文化，2005年，頁39。

〔註3〕方東美：《原始儒家道家哲學》，台北：黎明文化，2005年，頁50。

〔註4〕「踐形」語出《孟子・盡心》：「形色，天性也。惟聖人然後可以踐形。」方東美將「踐形」之義發揮為：「儒家在精神文化、道德、藝術、哲學思想上面，可以把他的精神提到很高，高到一個程度，可以通透到達天，通極于天。但是儒家的思想，這麼一個超越的精神，一定還要回過頭來，貫注在現實世界上面，用儒家哲學上的一個專門名詞叫作『踐形』，把一切高尚的文化理想，轉移過來，在現實的人間世、現實的物質存在上面要能夠兑現。所以，從中國人看起來，沒有理由看不起物質世界。」即是強調儒家實踐性格的一面。參見方東美：《方東美先生演講集》，台北：黎明文化，2005年，頁50。

〔註5〕方東美：《原始儒家道家哲學》，台北：黎明文化，2005年，頁52。

〔註6〕方東美：《原始儒家道家哲學》，台北：黎明文化，2005年，頁53。

人文主義精神。他說：「中國的人文主義，乃是精巧而純正的哲學系統，它明確宣稱『人』乃是宇宙間各種活動的創造者及參與者，其生命氣象頂天立地，足以浩然與宇宙同流，進而參贊化育，止於至善。」〔註 7〕據此，他藉《周易》哲學的核心概念「旁通」，認為中國哲學異於其他哲學的特色就在於建立一個旁通的系統，他說：「中國哲學一向不用二分法以形成對立矛盾，卻總是要透視一切境界，求裡面廣大的縱之而通、橫之而通，藉《周易》的名詞，就是要造成一個『旁通的系統』。」〔註 8〕在他看來，中國哲學家的精神與思想模式即是形成這種特色的關鍵因素。他將中國哲學家之於思想體系建立的角色，比擬為建築師之於大廈，他說：「任何建築無論它在美的理想上如何超越，所用的材料總是地面上的泥沙、木材、鋼筋、水泥等物質條件，將這些材料置於建築的形式中，便立刻由雜亂進入對稱和諧，成為一完整的建築。」〔註 9〕他認為中國哲學總是在現實世界中，從整體的角度出發，在現實世界中追求整體的和諧秩序，於是他進一步闡明這種特性，他說：「在中國，不但要使超越形上學由理想階段搬到現實世界與人生社會中來完成實現，同時更要放大眼光，透視宇宙的全體、人類生命的方面，形成一種價值與別種價值相互之聯繫。」〔註 10〕因此，方東美特別指出，對於以「時際人」〔註 11〕身分自居的「原始儒家」而言，時間具有重要的意義，他說：「儒家因為他要把握現實，他要透過時間的肯定去安排生命的意義與價值、安排生命的活動，才對於時間採取創造的觀念」〔註 12〕、「因為儒家，把它根本的立論安排在《周易》這一部書上面。《周易》從大生之德的乾元、廣生之德的坤元，這兩個符號把它顯現出來，成為創造的程序、孕育的程序，都是要在時間上面綿延出來。所以儒家，我在這個地方，給他取一個名字，叫做「時際人」……儒家要是不把他

〔註 7〕方東美：《中國人生哲學》，台北：黎明文化，2005 年，頁 141。

〔註 8〕方東美：《原始儒家道家哲學》，台北：黎明文化，2005 年，頁 57。

〔註 9〕方東美：《原始儒家道家哲學》，台北：黎明文化，2005 年，頁 57。

〔註 10〕方東美：《原始儒家道家哲學》，台北：黎明文化，2005 年，頁 58。

〔註 11〕方東美指出，孟子稱讚孔子為「聖之時者」，然儘管《周易》多卦中屢言及「時之義大矣哉」，但是卻沒有闡述什麼是「時」。他認為《周易》運用了《管子》中「輪轉而無窮」的時間觀念，其意義就在於窮變通久的變化中，也就是一個創造的進程，淘汰過去的缺點而把過去的優點集中在現在，再據以展開創造過程，使現在變為未來，如此就保持一種時間的持續性，歷史的持續性，然後才可以講創造。參見方東美：《原始儒家道家哲學》，台北：黎明文化，2005 年，頁 211～216。

〔註 12〕方東美：《方東美先生演講集》，台北：黎明文化，2005 年，頁 137。

的生命在時間的過程中展開來創造的程序與孕育的程序，就無以表現儒家的智慧」〔註 13〕。綜上，即為方東美研究中國哲學時所持之觀點，要言之，即是從「原始儒家」之精神出發，以形上學本體論為方法，以人文主義為途徑。就「原始儒家」精神而言，則是發揮《周易》的創造精神，在時間之流中，透過持續不斷地創造與孕育的程序，「踐形」生命本體的價值。也就是說，方東美明確指出《周易》乃是「原始儒家」創造精神的源頭與形上思想的核心。

方東美曾經簡要地闡明他的《易》學觀，他說：「《周易》這一部書，最初不是哲學，而是歷史的重要文獻。真正哲學的開始，就是要追問這個重卦是根據什麼的原理。」〔註 14〕也就是說，他認為重卦的性質乃是重要的歷史文獻，而《周易》哲學乃是追問隱含在歷史文獻的所以然之理，因此，他進一步闡釋他對《周易》哲學的觀點，他說：

> 《周易》這部書，就符號和卦爻辭的系統說，是從遠古到成周時代的歷史產品；後來到春秋時代經過孔子，與弟子加以系統地研究，給這些歷史資料一個哲學的解釋，然後才有真正的哲學。……周易的符號系統只是歷史的記載，即使有哲學意義，也只是含藏其中而已。……《周易》這部歷史的書變為哲學的書，代表儒家、代表孔子的精神。〔註 15〕

首先，他指出《周易》經文的性質乃是一部歷史文獻，包含六十四卦重卦符號系統、與繫於其上的卦爻辭文字系統兩部分，分別記載了遠古時代至成周時期的史實，然而歷史記載本身的性質中並沒有哲學意義，即使有也是含藏於其中，因此，這兩種隨著歷史發展而產生之不同記載格式所呈現的歷史內容，不能當作是表達深刻思想的哲學論述。所以方東美認為，不能直接從記載格式的表層意義中探求《周易》之哲學思想。其次，他強調，《周易》這部歷史文獻性質的書籍，一變而成為具有深刻思想之哲學意義書籍，關鍵就在於從哲學的角度出發，去追問由符號與文字格式所記載之史實中所隱含的形上原理，然後提出合理的哲學解釋，以說明史實所呈現的現象之後的所以然之理。第三，他認為《周易》成為哲學書籍，是經過孔子及其門弟子們系統性研究的成果，即根據以「時際人」身分為代表的「原始儒家」之創造精神，對

〔註 13〕方東美：《方東美先生演講集》，台北：黎明文化，2005 年，頁 141。
〔註 14〕方東美：《方東美先生演講集》，台北：黎明文化，2005 年，頁 191。
〔註 15〕方東美：《原始儒家道家哲學》，台北：黎明文化，2005 年，頁 180。

《周易》以不同格式與創作手法記載之史實進行哲學解釋的成果。

因此，方東美《易》學觀之核心主題有三，第一是，掌握以「時際人」身份為代表的「原始儒家」之《易》學精神與觀點；第二是，正確地瞭解作為歷史文獻的《周易》所具有之性質與內容；第三是，以「通其象、通其辭、通其理」為《周易》研究步驟與方法。要言之，以「時際人」身分自居、以生命價值之踐形為使命的「原始儒家」，是《周易》哲學的追問者、解釋者與踐形者，其精神與觀點，決定了追問的角度、解釋的方式與踐形的內容；被視為歷史文獻的《周易》則是哲學家所追問與解釋的對象，其性質決定了追問原理的主題，其內容影響了解釋史實的方式；「通其象、通其辭、通其理」之一貫研究步驟代表了《周易》哲學研究的步驟與方法，其步驟決定了在不同歷史發展階段中所追問之對象、解釋之內容與踐形之結果，其方法則決定了如何正確地追問、解釋與踐形《周易》這一部由不同記載格式與創作手法構成之歷史文獻中的哲學智慧。以下分三節重構方東美的《易》學觀點。〔註 16〕

第一節　「原始儒家」的《周易》精神與觀點

就「原始儒家」的精神而言，方東美將孔子、孟子、荀子稱為「原始儒家」，其目的就在於用「原始儒家」之稱謂來代表孔孟荀的思想精神，據以區別已經雜入陰陽家、雜家思想之漢儒、以及受過道家、佛家思想影響的宋儒思想內容。方東美從「原始儒家」之觀點出發，主張《周易》哲學研究所使用的資料，必須以「原始儒家」研究《周易》哲學所使用的相關典籍為研究範疇，就是基於漢代之後的《易》學發展，其內容與精神已經異於「原始儒家」，因此必須依據「原始儒家」的觀點解釋《周易》經傳內容，才能完整地掌握「原始儒家」的精神。若欲正確解釋《周易》經傳的內容，必須掌握不同歷史發展階段之史實、明辨歷史紀實與哲學意義之間的差別，同時必須瞭解不同記載格式之建構邏輯與創作手法，才能正確掌握《周易》經傳中符號系統與文字系統的奧義。

〔註 16〕本文之目的主要是探求方東美《易》學觀之內容以及淵源，據以重構其《易》學觀以作為其《易》學思想之前提，最後再根據此前提為基礎，進一步考察他提出之《易》學主張。因此，四庫全書以「兩派六宗」所統括之中國《易》學發展概要，或者如朱伯崑所著《易學哲學史》之詳論內容，即不在本文討論的範圍之內。

方東美認為《尚書‧洪範》的永恆世界與《周易》的創造精神，是「原始儒家」思想上的兩大淵源。他對「原始儒家」的《易》學精神，曾經做出詳細的闡述，他說：

> 真正的哲學是要學易者所以通其理，通其理的這個「理」長得很了。這個理就是中國的古代從宗教的文化展開來成為一個倫理的理性光明文化，再展開來成為哲學的光明文化。……儒家的孔子卻是從洪範篇啟示的宗教上面的永恆領域，當作精神上面的祕密世界，一切精神的潛能都儲藏在那一個永恆世界，作為一個本體的寶庫，含藏了一切創造的力量，現在透過人類，把創造的力量發洩出來，馬上把永恆世界，投到時間之流。在時間之流的裡面，人把握過去，發揮現在的能力，然後創造未來。所以在《周易》有所謂「天地之大德曰生」。……要把那一個儲藏的力量發洩出來，透過人的創造才能，才可以把宇宙的祕密藉人的偉大力量，把它揭示出來。由此可見，《周易》的系統，不是復古的系統，而是完全從時間上面開創。……這就是清代的漢學家惠棟要說《周易》的根本義寄託在《中庸》「惟天下至誠為能盡其性」那一段。孟子，他雖說他不談易，其實孟子可以說是深於易，所謂「充實之謂美，充實而有光輝之謂大，大而化之之謂聖，聖而不可知之之謂神」，這樣形成一個偉大的人格，從儒家看起來就叫做「君子」。所以「夫君子所過者化，所存者神，上下與天地同流」。〔註 17〕

他指出，「原始儒家」的《易》學精神是孔子先在〈洪範〉篇中發掘出一切精神的潛能與創造的力量，繼而透過人類的創造才能，發揮含藏在本體中的一切創造的力量，把精神上的秘密世界與潛能，投入時間之流中，透過創造不已的過程，揭示宇宙的祕密。所有精神理想與創造力的潛能都是來自於永恆的本體寶庫，創造的方式則是「透過人的創造才能」，創造的歷程則是在時間之流中「把握過去，發揮現在的能力，然後創造未來」，創造的結果是將人格透過《中庸》「盡其性」的修養方式而昇華至《孟子》「上下與天地同流」的聖人偉大人格境界。其中最值得注意的是，方東美指出時間之流即是「原始儒家」創造的歷程所在，人類追問過去史實中之精神與創造之根源，合理地解釋為現在的哲學智慧，透過踐形以昇華成聖人般的偉大人格。這就是「原始

〔註 17〕方東美：《方東美先生演講集》，台北：黎明文化，2005 年，頁 244～245。

儒家」的《易》學精神。因此，方東美乃根據「原始儒家」精神提出其《易》學觀點。

首先，他主張進行《周易》研究的時候，對於中國千年以來所累積的「兩派六宗」各式《周易》著作，必須慎重揀選相關書籍與資料，因此他主張必須以最原始的《周易》經、傳作為基礎研究資料的觀點。根據歷史發展的史實以及語言文字演變的脈絡，運用正確的資料，掌握正確的史實，採取正確的訓詁，以做出正確的解釋。其次，方東美主張《周易》的創造精神乃是「原始儒家」思想最重要的源頭，他不斷強調漢代董仲舒獨尊儒術後的《周易》思想已經失去原本的創造精神。因此，探討「原始儒家」《周易》哲學思想之具體內容，就必須考察「原始儒家」發揮《周易》創造精神，所提出之主張與觀點。方東美指出《周易》哲學理論系統之建構歷程乃是建立在持續不斷的「追問」、「解釋」與「踐形」的歷程上。首先自形上學角度「追問」歷史文獻記載中隱含的「旁通原理」，繼而以人文主義將旁通「解釋」為一套以「大人」之人格境界為典範的「動態歷程之價值中心本體論」，最後透過價值創造將「大人」之人格境界「踐形」為一套以「聖人」為昇華目標的「哲學人性論」。即一方面追問《周易》之形上原理，解釋為超越的精神理想；另一方面也發揚《周易》之實踐原理，將超越的精神理想，在真實世界、現實人生中實踐。這種把個人生命、一切生命都投入時間之流中、真實世界上，進行價值創造的思想主張，即根源於《周易》的創造精神。故他說：「《易經》這一部偉大的著作，它是中國哲學思想的源頭。……《易經》的基本原理，就在於持續的創造性。乾元為萬物所自出，一切變化的過程，一切生命的發展，一切價值理想的完成和實現，創造前進都無已時。」〔註 18〕第三，根據上古儒家發展之史實，他認為儒家發展與演變的歷程中，成周時代的周公與春秋時代的孔子乃是兩個十分關鍵的發展階段。第一階段是「易之興」的殷周之際，周公發揮《周易》形上原理所蘊涵之高度智慧，將超越的精神理想與現實的價值實踐合而為一，在現實世界、時間之流中，將超越的精神理想，透過真實人生的「踐形」，創造人文化成之偉大成就；第二階段則始於孔子而成於孟子，方東美認為生值春秋末世的孔子，因襲了周公的《周易》傳統，再追問周代人文化成之偉大成就背後的成因為何，於是將周代高度道德文化的歷史實錄，從

〔註 18〕方東美：《生生之德．從比較哲學曠觀中國文化裡的人與自然》，台北：黎明文化，2005 年，頁 331。

人文主義角度予以轉化為一套「新易理的革命哲學」〔註19〕，即《十翼》。根據「原始儒家」《周易》之創造精神，當超越的精神理想建立的時刻，也就是現實的價值實踐之時，於是孔門後學緊接著再發展出一套化形上原理為人生實踐的「哲學人性論」，經過子思與孟子的接續發揚，終於將「原始儒家」《周易》哲學之理論建設完備。以下分述方東美的觀點。

一、以《周易》經、傳為根源

方東美的《周易》哲學研究是從「原始儒家」的立場出發，他主張進行《周易》哲學研究所使用的原始資料，必須以形成於孔子之前的《周易》上、下經與由孔子與其門弟子們創作的《十翼》作為根本的研究對象。因為在他看來，漢代至清代的《周易》相關著作，皆把各時代的思想附會在《周易》之上，與「原始儒家」之純粹《周易》哲學思想已經有所不同，而其中最關鍵之處即在於漢儒之後的《周易》著作，已經失去「原始儒家」最重視的創造精神。他直指造成創造精神消失的原因，主要乃肇始於漢代董仲舒所獨尊的僵化儒術所致，董仲舒只重視《尚書．洪範》因襲、保守一面的思想，而把整個《周易》創造精神撇開了。他說：

> 《周易》的思想從戰國以後就變成一種支離破碎的思想，所以漢代的董仲舒馬上起來，不接受《周易》的系統，而回到《尚書》的系統上，說「道之大原出於天，天不變，道亦不變」，講永恆，抬出一個歷史上的威權，認為永恆不變，其實我看這種說法從漢代起一直到今天，是眼睛只向永恆一方面看，不曉得人類的生活是不斷地革新、創造，人類的社會組織不斷地擴大和變遷。〔註20〕

他強調必須重新回歸「原始儒家」《周易》思想內容，以《周易》經傳之內容作為研究的原始資料，才能掌握「原始儒家」《周易》哲學的要義。就發生順序而言，《周易》研究的路徑，首先是從六十四重卦符號系統之建構邏輯的研究出發；其次再研究卦爻辭文字系統中的章句問題，最後研究蘊含在《十翼》之中的形上學原理。因此，他強調必須明晰歷代《周易》相關著作之內容與性質。他說：「有許多關於《周易》的書籍流傳到後代，沒有哲學價值，是因為它本來是歷史資料，典章制度的紀錄，有哲學意義也不過是隱含的而已，

〔註19〕方東美：《中國哲學精神及其發展（上）》，台北：黎明文化，2005年，頁214。
〔註20〕方東美：《原始儒家道家哲學》，台北：黎明文化，2005年，頁202。

某些事實有哲學含意，而整個看來，卻沒有直接的哲學意義。」〔註 21〕

在方東美的《易》學觀中，他認為《易經》的哲學價值與意義在孔子、商瞿作《十翼》後，情況就不同了，也就是說，《周易》哲學之形成是孔子及門弟子們，根據由歷史演變而成之《周易》符號與文字系統中所隱含的哲學意義為基礎，賦予這些歷史資料以哲學的解釋而成，不應該將後代的說法附會到前代事實之上。因此，方東美認為研究《周易》的哲學問題時，必須慎重的選擇相關的資料與書籍，他不僅指出必須明確地區分《周易》之歷史典籍研究與哲學價值研究之間的差別；同時更強調必須明辨歷代附會到《周易》之上的各時代流行思想。他說：「在中國方面，我們對於已有的有關《周易》的著作，可以說是從漢以後直到清代，幾乎每一個時代都把它當時的思想附會在《周易》上。」〔註 22〕例如漢人將原本是氣象學或天文學資料的卦氣、曆法，甚至於道教的筮術、奇門遁甲等都附會於《周易》之上；魏王弼把漢人的附會掃除之後，到了唐末五代北宋，又把於古無徵的「河圖洛書」當作新的筮術附會之，變成先天之學、先天《易》，支配元、明代。他強調：「對於《周易》的書籍要慎重選擇，只把它當作一個資料，再由真正受過哲學訓練的人，透過真正哲學的眼光，來考慮《周易》上的重要問題。」〔註 23〕

綜上所述，他主張「原始儒家」《周易》哲學之建構過程，並非成於一代或一人之手，乃是歷史演變的結晶。他說：「根據《周易》的傳統，主要的部分是孔門弟子，不僅僅因襲了庖羲氏到文王這一個階段的成就。而主要的思想貢獻是孔門集體創作的貢獻，這是孔門哲學的根本經典。」〔註 24〕因此《周易》哲學研究必須自整體性角度、發展性觀點展開，以掌握其發展脈絡與核心要義。

二、以《周易》「創造」精神為核心的「原始儒家」思想

（一）「原始儒家」之形上學原理

方東美自述他是從形上學出發、以人文主義的角度展開中國哲學的研究。〔註 25〕他將《尚書・洪範》與《周易》視為先秦「原始儒家」思想淵源

〔註 21〕方東美：《原始儒家道家哲學》，台北：黎明文化，2005 年，頁 177。
〔註 22〕方東美：《原始儒家道家哲學》，台北：黎明文化，2005 年，頁 170。
〔註 23〕方東美：《原始儒家道家哲學》，台北：黎明文化，2005 年，頁 171。
〔註 24〕方東美：《方東美先生演講集》，台北：黎明文化，2005 年，頁 197。
〔註 25〕他曾道：「通中國哲學之道，蓋亦多方矣！然余於是書，則獨採形上學途徑，欲

的兩大重要文獻，相對於《尚書・洪範》之「九疇」代表了儒家思想中因襲與保守的一面，他指出《周易》則代表了「原始儒家」思想中創造的一面，同時，創造精神能夠突破因襲保守的一面持續地創進，他說：「儒家的思想是有因襲、保守的一方面。但是這個因襲的這一方面不能夠掩飾、也不能夠湮滅其重大的創造精神。」〔註 26〕他認為「原始儒家」的思想並沒有停留在箕子傳述《洪範・九疇》的宗教神權時代中，反而隨著時代的變遷而不斷的創新發展，其中關鍵因素即是來自於《周易》的創造精神。因此他說：「《易經》這一部偉大的著作，它是中國哲學思想的源頭。……《易經》的基本原理，就在於持續的創造性。乾元為萬物所自出，一切變化的過程，一切生命的發展，一切價值理想的完成和實現，創造前進都無已時。」〔註 27〕

就《周易》哲學的研究而言，方東美認為《周易》是「原始儒家」創造精神的源頭，《周易》具體展現了儒家形上學體系之兩大特色：「第一、肯定乾元天道之創造力；第二、強調人性之內在秉彝、即價值。」〔註 28〕他在〈中國形上學中之宇宙與個人〉對此二項特色之含義有詳盡的闡述，他說：

> 儒家形上學具有兩大特色：第一、肯定天道之創造力充塞宇宙、流衍變化，萬物由之而出。(《易》曰：「大哉乾元！萬物資始，乃統天。」)；第二、強調人性之內在價值翕含闢弘、發揚光大，妙與宇宙秩序合德無間。(《易》曰：「大人者，與天地合其德，與日月合其明，與四時合其序，與鬼神合其吉凶，先天而天弗違，後天而奉天時。」簡言之，是謂「天人合德」。)〔註 29〕

簡言之，方東美認為「原始儒家」之創造思想即源自於這二大形上學特色。

以直探主腦及其真精神之所在。」參方東美：《中國哲學精神及其發展（上）・獻詞》，台北：黎明文化，2005 年，頁 76；此外，他在《生生之德・從宗教、哲學與哲學人性論看「人的疏離」》指出他採用「人本主義的途徑——經由創生不已的生命事蹟」作為研究哲學的途徑，並且具體闡述其要義：「人本主義主張人在大宇長宙的萬象運化中，能夠不因其事功，便因其健行而與至高上天相埒相抗，進而參贊化育、靜觀自得。」參方東美：《生生之德・從宗教、哲學與哲學人性論看「人的疏離」》，台北：黎明文化，2005 年，頁 409。

〔註 26〕方東美：《方東美先生演講集》，台北：黎明文化，2005 年，頁 172。

〔註 27〕方東美：《生生之德・從比較哲學曠觀中國文化裡的人與自然》，台北：黎明文化，2005 年，頁 331。

〔註 28〕方東美：《中國哲學精神及其發展（上）》，台北：黎明文化，2005 年，頁 194。

〔註 29〕方東美：《生生之德・中國形上學中之宇宙與個人》，台北：黎明文化，2005 年，頁 354。

「原始儒家」發揮《周易》創造精神，以「乾元」作為宇宙中唯一的創造力來源，也就是所有價值來源；以「大人」之「天人合德」境界，作為人格昇華的精神理想。但是，方東美強調「原始儒家」並不滿足於此一精神理想境界之追求，更在乎「踐形」的實踐。「原始儒家」達到天人合德的境界後，並不會停留在精神理想境界，而是進一步發揮生命的創造力，將精神理想境界在現實世界、真實人生中予以實踐。也就是以「大人」之人格境界為典範，在處處旁通統貫的世界內、時時創進化育的時間中，發揮人的創造力，漸次地昇華至「聖人」之「上下與天地同流」的人格境界。這才是以《周易》創造力為思想根源的「原始儒家」真精神。

（二）「原始儒家」《周易》哲學思想之建構歷程

方東美在《中國哲學精神及其發展（上）‧導論》中，對「原始儒家」《周易》哲學之建構歷程，有一段精闢的闡釋。以下分三部分依序闡明其要義。

首先，方東美主張《周易》乃是一部歷史文獻，作為此部歷史文獻所記載的內容而言，他認為六十四重卦符號系統，從起源與結構來看，可以從中國的氏族、宗法社會來解釋它。他表示：

> 《易經》此部顛撲不破之歷史文獻，其中含有一套圖騰社會層層演進之格式間架，由圖騰而氏族，由氏族而民族（家族之家族），更漸次擴展，成為社會政治之體制。舉凡此類史實，均可藉卦爻抽象意符之錯綜組合與推演，而測想之。〔註 30〕

也就是說，他認為《周易》研究的第一項工作即是追問六十四重卦系統之建構原理為何，他從歷史發展格式的角度出發，對其進行合理的解釋，主張這套符號系統所記載的歷史內容乃是具體反映了當時的社會政治實況之觀點。

其次，他指出孔子接受了周公的《周易》傳統之後，進一步追問形成周代高度道德文化之背後精神為何，並且從人文主義角度予以合理化解釋，他說：

> 《易》之一書，主要乃是一部遠古之歷史文獻。藉觀象設卦，而描繪人倫社會生活與自然情態者也。哲學思想之勃興，乃屬後起，唯

〔註 30〕方東美：《中國哲學精神及其發展（上）》，台北：黎明文化，2005 年，頁 86～87。

待對此原以記史為主之象徵意符系統，逐步賦予各種不同層次之解釋，諸如常識之解釋，物理之解釋，與人文之解釋等。要之，凡此一切，終於衍成：（一）萬有含生論之新自然觀；（二）性善論之人性觀（倡藉道德努力以實現美善等價值理想）；（三）價值總論；最後形成（四）價值中心本體論，肯定萬有平等生存之理由。〔註31〕

方東美認為，在「原始儒家」《周易》哲學理論建構歷程中，作為哲學解釋的對象是《周易》經文中的卦爻符號系統與卦爻辭文字系統；其性質為歷史文獻；其記載內容乃是描述當時之人倫社會生活與自然情態。而《周易》哲學思想的產生，始於「原始儒家」針對發生在前的歷史實錄（即卦爻符號系統與卦爻辭文字系統），從人文主義角度予以解釋之成果，於是形成了以《十翼》為代表的「原始儒家」《周易》形上學原理，即方東美以「原始儒家」之宇宙觀與人性觀為基礎所形成的兩項理論。方東美於後文中則將之稱為「動態歷程之價值中心本體論」〔註32〕。至此，「形上的精神理想」層面之原理即建構完成。

第三，他接著闡釋代表「現實的價值實踐」層面之「哲學人性論」的建構歷程，他說：

在《易經》純哲理之核心部分，孔子及其門弟子後學等，以余所謂之「時際人」身分，將一切思議想像所及者，概投注於時間變易之鑄模中，而一一貞定之，於以洞見吾人宅身所在之宇宙天地處處布濩大生機，表現為大生廣生之創造力，是謂「生生之德」。面對此種瀰貫全宇宙天地之創造宏力，人類即應當下自覺誠明在躬，油然而生參贊化育之感矣。於茲可見：人性崇高論由創建初期之原始儒家顯揚之、肯定之，且由之引伸而出一套極高明而啟人嚮往無窮之哲學人性論，保證人性之內在價值與尊嚴。〔註33〕

方東美指出，以「時際人」身分自居的「原始儒家」，將自身投入時間之流中進行種種創造活動之後，深深體會到吾人生存的宇宙天地中，處處瀰漫著無窮的「生生之德」，因此喚醒吾人之創造精神，起而效之，參贊天地之化育。

〔註31〕方東美：《中國哲學精神及其發展（上）》，台北：黎明文化，2005年，頁87。
〔註32〕方東美：《中國哲學精神及其發展（上）》，台北：黎明文化，2005年，頁223。
〔註33〕方東美：《中國哲學精神及其發展（上）》，台北：黎明文化，2005年，頁87。

「原始儒家」據此發揮前述《周易》「形上的精神理想」以建立「人性崇高論」，再啟動「現實的價值實踐」以建立「哲學人性論」，使吾人據以將人格境界昇華，進而完成自我實現。

此外，值得注意的是，根據上述《周易》哲學建構歷程觀之，無論是「形上精神理想」的追問與解釋或者是「現實價值實踐」的「踐形」，對於作為「時際人」的「原始儒家」而言，都必須發揮其自身創造力，在處處旁通統貫的場域、時時創造化育的時間之流中去完成。也就是說，時間乃是《周易》創造精神得以實現的關鍵因素，因此，方東美進一步闡述了時間本質的要義，他說：

> 蓋時間之為物，語其本質，則在於變易；語其法式，則後先遞承、賡續不絕；語其效能，則綿綿不盡，垂諸久遠而蘄向無窮。時序變化，呈律動性；推移轉進，趨於無限；倏生忽滅，盈虛消長，斯乃時間在創化歷程之中綿綿不絕之賡續性也。時間創進不息，生生不已，挾萬物而一體俱化，復又「統之有宗，會之有元」，是為宇宙化育過程中之理性秩序。〔註 34〕

時間的本質是變易，在變易中有其律動性；時間的條理在推移，在推移中趨於無限；時間的效能在於生生不息，在生生不息中邁向無窮。萬物在創進不息的時間之流中，受到相同的對待，就此觀之，時間就是宇宙化育過程中之理性秩序。方東美據此進一步闡述永恆之要義：

> 時間之動態展現序列，在於當下頃刻剎那之間滅故生新，相權之下，得可償失，故曰：時間之變易乃是趨於永恆之一步驟耳。永恆者，綿綿悠久、亙古長存，逝者未去而繼者已至，為永恆故。性體實有，連綿無已；發用顯體，達乎永恆。職是之故，在時間動力學之規範關係中，《易經》哲學賦予宇宙天地以準衡，使吾人得以據之而領悟瀰貫天地之道及其秩序。〔註 35〕

方東美在大宇長宙中，觀察綿綿不絕、創進不息的時間之流，領悟出瀰貫天地之道及其秩序。綜上所述，身處大宇長宙中的萬物，無一不依循時間動力

〔註 34〕方東美：《生生之德・中國形上學中之宇宙與個人》，台北：黎明文化，2005 年，頁 356～357。

〔註 35〕方東美：《生生之德・中國形上學中之宇宙與個人》，台北：黎明文化，2005 年，頁 357。

學的規範而行。就個體生命角度觀之，萬物無時無刻不在變化之中；就萬物整體之間的角度觀之，則萬物在宇宙化育歷程之中皆依循同樣的理性秩序；就大宇長宙生生不息的角度觀之，逝者未去而繼者已至，即唯一亙古長存之永恆也。因此，方東美認為蘊涵在時間之中的形上原理，不僅在萬物化育歷程中提供了理性秩序，同時也是瀰貫天地之道與秩序。因此，他說：「作為『時間人』典型代表之儒家，自不免要將一切事物——舉凡自然之生命、個人之發展、社會之演變、價值之體現，乃至『踐形』、『盡性』、『參贊化育』……等等——一律投注於『時間』鑄模之中以貞定之，而呈現其真實存在。」〔註 36〕也就是說，對於「原始儒家」而言，宇宙間無論是何種創造，何種理想追求、何種價值實踐，無一例外，都必須在宇宙的「時間鑄模」中、「化育歷程的理性秩序」中、以及「瀰貫天地之道」中，去實踐、去貞定。方東美運用中國格言「窮則變、變則通、通則久」〔註 37〕來說明前述時間的本質、法式、效能，這也就是蘊涵在時間形上原理中的理性秩序。最後方東美從時間概念中歸納出三大形上學原則，據以作為《周易》哲學背後的所以然之理。在〈中國形上學中之宇宙與個人〉他指出，基於上述之時間概念，可得三大形上學原則。即，一、旁通之理；二、性之理（或「生生之理」）；三、化育之理。〔註 38〕

綜上所述，首先，方東美先從歷史文獻及史實的考察著手，追問歷史實錄之中隱含的所以然之理，再透過人文主義的解釋以探求其中的形上原理，最後得出「動態歷程之價值中心本體論」。其次，方東美緊接著又說明「原始儒家」達到「超越的精神理想」境界後，並不滿足於此，而是立即著手於規劃如何將此精神理想在現實世界實踐，因此發展出「哲學人性論」。方東美認為，無論是本體論的建構或哲學人性論的實踐，都需要透過時間鑄模予以貞定，才能呈現出它的真實存在。也就是說必須經過時間概念中「窮、變、通、久」之理性秩序，方能完成；最後，方東美以「旁通之理」、「性之理」、「化育之理」概括《周易》哲學中的形上學原理。以上即是方東美對「原始儒家」《周易》哲學之建構歷程與理論內容的觀點。

〔註 36〕方東美：《生生之德．中國形上學中之宇宙與個人》，台北：黎明文化，2005 年，頁 355。

〔註 37〕方東美：《中國哲學精神及其發展（上）》，台北：黎明文化，2005 年，頁 216。

〔註 38〕方東美：《生生之德．中國形上學中之宇宙與個人》，台北：黎明文化，2005 年，頁 356～357。

（三）「原始儒家」《周易》哲學思想之發展階段

方東美認為「原始儒家」《周易》哲學之發展歷程，經過二個關鍵發展階段，三位關鍵人物，始建構完成。在第一階段，就其發展之具體成果言，周公將古代神秘宗教文化演進為倫理的理性光明文化；就其發展的歷程言，則是周公「追問」《周易》重卦所依據的原理，繼而「解釋」為一套道德理性，最後「踐形」為周代人文化成之偉大歷史成就；整體而論，成周時期，周公身處殷周之際大變革時代的憂患中，面對因宗教的衰退，而處於失序混亂狀態下的社會實況，於是發揮《周易》哲學奧義，將古代神秘宗教逐漸轉變成清明的道德理性，「把原來盲目的道德變作人類有意識思想中產生出來的道德標準」〔註 39〕，透過典章制度的建立與禮樂教化的施行，創造了周代人文化成的偉大成就。方東美闡述了周公人文化成之要義，他說：

> 考諸史籍，可知殷周更迭，實為一變動改革之大時代，歷經長期戰亂之後，始久享太平者。當是時也，前期靜態之殷文化，乃逐漸為郁郁乎動健而富於創造性之周文化所取代。……當時之祭祀宗教與習俗道德，皆蛻變革新，代之而起者，厥為一種開明性之宗教與一種自覺性之道德：前者將神聖權力予以人文主義之理性化，化為光明之理性；後者則秉常守彝，或恪遵合理化之普遍道德原則，擺脫刻板化之狹隘習俗制裁。就當時人際之間以及階級之間關係接觸之頻繁與創造力之蓬勃活潑而觀之，郁郁乎文周之世，不愧創造力自由發揮、人人競爽爭秀之偉大時代。〔註 40〕

就第二階段的成果言，孔子從周代的倫理的理性光明文化中，再展開來成為哲學的光明文化；就其歷程言則是繼承了周公《周易》思想的孔子，一方面「追問」形成周代高度道德文化的所以然之理，繼而以人文主義「解釋」為一套「動態歷程之價值中心本體論」；最後則是深於《易》的孟子，將《十翼》形上本體論之「大人」理想人格境界，「踐形」為真實世界中「上下與天地同流」之「聖人」；整體而論，《十翼》所蘊含的哲學思想，是孔子及門弟子以人文主義途徑作為方法，從形上學層次出發，以《周易》符號系統與周公人文化成之史實為對象，不斷追問「周代這種高度的道德文化，是甚麼樣的精神形成的」，最後建立系統性哲學理論予以合理的解釋，方東美稱之為「動

〔註 39〕方東美：《原始儒家道家哲學》，台北：黎明文化，2005 年，頁 186。

〔註 40〕方東美：《中國哲學精神及其發展（上）》，台北：黎明文化，2005 年，頁 213。

態歷程之價值中心觀本體論」。《十翼》之形上本體論是以「大人」作為本體發展的極致典範，也就是天人合德。因此，「原始儒家」哲學人性論的典範就是將「大人」的精神理想在人間實踐，在現實世界、真實人生中透過「踐形」，將人格昇華成「聖人」境界，即為「原始儒家」因襲《周易》創造精神在價值實踐方面的展現。他將這兩個關鍵發展階段之意義，闡述如下：

> 儒家在上古的演變，成周為一關鍵，春秋時代又是一關鍵，因為這兩個時代有傳統的儒家如周公，可以說是政治哲學家，正如柏拉圖所夢想的「哲學家皇帝」，到春秋時代，孔子未把握政權，只做一個純粹的哲學家，而這兩個哲學家都能把握歷史，把歷史上一切秘密展開在時間之流中，這才是原始儒家的精神。〔註 41〕

他指出「原始儒家」在成周時期與春秋時期經歷過兩次關鍵性的演變，分別經由政治哲學家的周公與純粹哲學家的孔子之努力，發揮《周易》的高度智慧，創造出人文化成的偉大成就。也就是說，「原始儒家」在上古時代的發展歷程中，與時偕行地從因襲之中不斷地進行創造。就具體創造之成果觀之，周公身處殷周之際宗教衰微的大變革時代，在憂患中運用清明的道德理性，將原始宗教價值轉化成道德價值，創造出倫理道德的新文化型態，方東美說：「儒家傳受了洪範篇殷以來的思想，經過周公給它道德化。」〔註 42〕因此在周公攝政、制禮作樂之後，便與時偕行地從因襲裡面不斷創新。孔子生值末世，面對禮樂崩壞、道德理性式微的社會現況，加上他又沒有確實掌握政權，其心之憂甚於周公，於是致力將因襲與傳承而來的《周易》思想發揮為系統化的《周易》哲學。方東美對孔子的動機與目的作了詳細的描述，他指出：

> 孔子與其門弟子，皆生值末世，適當周代高尚之文化理想劇衰，真風告逝之際，惟其如是，故益感當務首要莫過從哲學上昌明精神之超昇與道德之峻偉，以臻於人生更高尚之理想境界。〔註 43〕

以上即為「原始儒家」《周易》哲學在成周與春秋二個關鍵階段的發展歷程與成果。就周公與孔子兩人《周易》思想傳承關係而言，方東美進一步提出孔子因襲周公的《易》學觀點。他說：「大哲學家如孔子，他要有傳承，一定要

〔註 41〕方東美：《原始儒家道家哲學》，台北：黎明文化，2005 年，頁 181。
〔註 42〕方東美：《方東美先生演講集》，台北：黎明文化，2005 年，頁 189。
〔註 43〕方東美：《中國哲學精神及其發展（上）》，台北：黎明文化，2005 年，頁 214。

有憑藉，所以在《論語》中，孔子說：『周監於二代，郁郁乎文哉！吾從周。』『信而好古。』」〔註 44〕其中最重要的部分則是傳承了周公的《周易》思想，他說：

> 《周易》本來不屬於尚書洪範篇的系統，但是傳古代《周易》的周公是一個樞紐，孔子接受了周公的傳統，就連帶追問，像周代這種高度的道德文化，是甚麼樣的精神形成的？〔註 45〕

因此，方東美不但認為孔子的《周易》思想是淵源自周公，同時還進一步指出周公所創之人文化成偉大成就對孔子思想發展的影響，即孔子透過「追問」周代高度道德文化的成因，進而透過合理地「解釋」，創造出《十翼》的哲學思想。他說：「創造就是把道德與宗教的生活再賦予它一個哲學的意義。那麼，儒家的哲學體系，就從因襲裡面創造出來。這創造的精神就表現在《周易》。」〔註 46〕若就哲學發展的角度觀之，儒家《周易》哲學的發展即是因襲上古之傳統，隨著歷史發展，把握時代精神之後，運用清明的理性，與時偕行的展開人文化成的價值創造。

方東美認為，周公不但繼承了古代《周易》的傳統，同時作為政治哲學家，如「哲學家皇帝」一般，能夠將超越的精神理想化為現實的價值實踐，此即是周代高度道德文化形成的原因。相對於周公，孔子無法效法周公將精神理想在現實世界中實踐為人文化成的成果，因此作為純粹哲學家之首要任務，即是運用因襲自周公的《周易》傳統，將周公人文化成之成就解釋為一套系統性的《周易》形上本體論，再經由孔門後學的努力，由孟子完成「踐形」的理論。方東美強調儒家的人格精神即表現於「聖者氣象」，他說：「聖者氣象主要是把生命投到現實世界的現實的人類裡面去。」〔註 47〕而孔子後學中，孟子、荀子將此一精神徹底地落實為人文世界中的實踐。他說：

> 儒家開創的精神可以叫做六藝精神。……儒家的倫理都是流露著政治、藝術、文學的思想，乃至於社會的典章制度所構成的這一種社會的、政治的、和歷史的世界。而在這個世界裡面所成就的主要價值，是就家庭、社會、國家的制度裡面所流行的人類創造出來的價

〔註 44〕方東美：《方東美先生演講集》，台北：黎明文化，2005 年，頁 221～222。
〔註 45〕方東美：《原始儒家道家哲學》，台北：黎明文化，2005 年，頁 206。
〔註 46〕方東美：《方東美先生演講集》，台北：黎明文化，2005 年，頁 189。
〔註 47〕方東美：《方東美先生演講集》，台北：黎明文化，2005 年，頁 135。

> 值，這就是人文世界！這就是孔子的後代七十門弟子以及在這裡面的像孟子、荀子，乃至於像戰國以後的儒家所代表的精神。〔註 48〕

綜上可知，方東美認為周公、孔子、孟子對《周易》哲學發展做出了不同層面的貢獻，共同架構起「原始儒家」的「新易理之革命哲學」。

方東美說：「儒家身分是個『時間人』，所以孔子在後來稱之為『聖之時者』，在《周易》中也屢言『時之義大矣哉』，也就是儒家處於任何時代，都要把握時代的精神，把一切人類活動投入時間之流中，看它如何發展演變。」〔註 49〕如前述，作為「時際人」身分的「原始儒家」，從《周易》哲學的時間變易本質中，探得宇宙化育過程中之理性秩序，並且據此理性秩序作為宇宙、人生之準衡。他說：「《易經》哲學賦予宇宙天地以準衡，使吾人得以據之而領悟瀰貫天地之道及其秩序。」〔註 50〕就消極面而言，透過哲學之理性化過程將天地自然秩序化為人間道德秩序，據宇宙之理性作為人生之準衡；就積極面而言，據此，作為「時際人」的儒家，才能在時間之流中把生命的精神、意義與價值徹底的發揮。也就是說，方東美認為「原始儒家」的創造精神，並不僅僅停留在揭示時間蘊涵之奧秘而已，而是要再進一步透過生命價值之具體創造以成己成物，在現實世界裡面發揮具體的行動，將超越的精神理想在現實世界、真實人生中「踐形」。因此，方東美強調儒家的精神兼顧了精神超越的一面及物質實踐的一面。相較於大乘佛學思想側重於先知的性格、道家側重詩人的性格，他指出作為「時際人」的儒家較側重於，「聖賢性格」。他說：

> 儒家則不然，「志於道，據於德，依於仁，游於藝。」一方面有高遠理想，但又不能懸空停在價值世界的理想中，同時還要「踐形」，要把高尚理想拿到現實世界來實現，以成就「正德，利用，厚生」，在人類社會中滿全人類生活，才能成就其仁性，所以較側重聖賢性格。〔註 51〕

因此，作為「時際人」的儒家，生存於充滿了創造力之宇宙中，依循宇宙化育過程中的理性秩序原理，進而發為人間道德理性秩序的具體法則。於是孔子

〔註 48〕方東美：《方東美先生演講集》，台北：黎明文化，2005 年，頁 94～95。
〔註 49〕方東美：《原始儒家道家哲學》，台北：黎明文化，2005 年，頁 180～181。
〔註 50〕方東美：《生生之德‧中國形上學中之宇宙與個人》，台北：黎明文化，2005 年，頁 356。
〔註 51〕方東美：《原始儒家道家哲學》，台北：黎明文化，2005 年，頁 77。

後學立刻踵事增華，發展出一套「哲學人性論」，據以將《十翼》之「大人」人格境界落實於現實世界的真實人生之中。他提出「孟子深於易」的主張，認為孟子根據《十翼》形上原理，不但力倡「夫君子所過者化，所存者神，上下與天地同流」以具體描述聖人之人格理想境界；同時又高揚「可欲之謂善；有諸己之謂信；充實之謂美；充實而有光輝之謂大；大而化之之謂聖；聖而不可知之之謂神」之人格修養步驟與方法，做為偉大人格的實踐工夫理論。前者乃是強調君子根據乾元之創造精神，將天道之理性秩序徹底落實為人道秩序，故其人格生命之精神乃能夠與天地同流；後者乃是根據《易經》「生生之德」的奧義，指出個人應如何透過創進不已的價值創造，由君子開始漸次發展為大人、聖賢、最後昇華成聖人的偉大人格境界。至此，「原始儒家」的《周易》哲學思想遂建構完畢。

第二節　《周易》成書的性質與內容

如前述，方東美認為《周易》哲學乃是「原始儒家」對作為歷史文獻之《周易》重卦符號系統與卦爻辭文字系統，予以哲學解釋的成果。方東美對作為被解釋對象的《周易》之性質與內容，曾提出許多獨創性的觀點予以說明，以下依序闡述之。

一、六經皆史的《易》學觀

對於《周易》成書的內容與性質，方東美採取清代章學誠「六經皆史」〔註 52〕的觀點，他說：「對於《周易》，我們要分開來看，從卦爻的系統，乃至於卦爻辭的文字系統看，我們可以採取章學誠的說法『六經皆史』，《周易》也是史。」〔註 53〕但是，他並沒有停留在這個觀點上而忽視《周易》所蘊含的哲學意義。他進一步從歷史文獻的觀點出發，一方面闡述《周易》成書的內容與性質，另一方面指出《周易》哲學意義之形上原理乃是經由研究《周易》歷史文獻之記載內容而來，而其終極目的則在於解釋宇宙秩序。他說：

> 《易經》一書，是一部體大思精而又顛撲不破的歷史文獻，其中含有：(1) 一套歷史發展的格式。其構造雖極複雜，但層次卻有條不

〔註 52〕「六經皆史」之命題乃出自章學誠《文史通義》〈易教上〉：「六經皆史也。古人不著書，古人未嘗離事而言理，六經皆先王之政典也。」

〔註 53〕方東美：《方東美先生演講集》，台北：黎明文化，2005 年，頁 239。

> 紊；(2) 一套完整的卦爻符號系統。其推演步驟悉依邏輯謹嚴法則；(3) 一套文辭的組合。憑藉其語法交錯連綿的應用，可以發掘卦爻間彼此意義之銜接貫串處。此三者乃是一種「時間論」之序曲或導論，從而引申出一套形上學原理，藉以解釋宇宙秩序。〔註54〕

《周易》就性質而言是歷史文獻。就其內容而言，他除了闡釋《周易》三種不同內容所具之特質外，並特別指出其中具有一套複雜卻有序的歷史發展格式，作為追問重卦符號系統所根據的源頭。根據這三項內容的特質觀之，他指出此三者是一種「時間論」的序曲，也就是說，這三項內容屬於不同的歷史發展階段的產物，三者之間的關係即是在時間之流的不同發展歷程之關係。他站在「原始儒家」「時際人」的立場上，將上述三項內容「一律投注於時間鑄模之中以貞定之，而呈現其真實存在。」〔註55〕進而從中引伸出一套解釋宇宙秩序的形上學原理。綜上而論，方東美認為《周易》哲學乃是以上述三項歷史文獻之記載內容為根據，從形上學的角度引伸而成，目的在於解釋宇宙秩序。

首先，就作為歷史文獻的《周易》性質而言，方東美認為《周易》具有「體大思精」與「顛撲不破」的特色。「體大思精」說明《周易》記載之史實，不僅記載範圍無所遺漏，同時記載內容又深刻詳盡，即〈繫辭傳〉所言：「範圍天地之化而不過，曲成萬物而不遺」；「顛撲不破」則是指記載之史實，不僅描述實體實事的靜態現象，同時又隱含歷久不衰的動態法則。故方東美將其視為「時間論」的序曲或導論，根據歷史發展歷程的觀點，不僅記載了宇宙萬物的存在，同時傳達出宇宙萬物之間動態的存在秩序，進而可以從中引申出一套形上學原理，也就是《周易》哲學。即，方東美認為，在《周易》作為歷史文獻的記載性質中，隱含有一套形上學原理。

其次，就作為歷史文獻的《周易》內容而言，在方東美指出的三項內容中，最值得注意的是他列為《周易》內容之首，以非具象記載形式所提出之內容，即一項隱含在符號與文字形式記載中的所謂「一套歷史發展格式」。這套被方東美描述為「構造雖極複雜，但層次卻有條不紊」的歷史發展格式，

〔註54〕方東美：《生生之德・中國形上學中之宇宙與個人》，台北：黎明文化，2005年，頁354。

〔註55〕方東美：《生生之德・中國形上學中之宇宙與個人》，台北：黎明文化，2005年，頁355。

廣義而言其理論根據源自方東美所持之「六經皆史」觀點。就狹義而言，這套歷史發展格式之要義就存在於另外兩項具象的記載內容之中，即在於方東美對符號與文字記載內容的解釋之中，也就是說「一套歷史發展格式」乃是卦爻符號系統所解釋的對象；而卦爻符號系統則是卦爻辭文字系統所解釋的對象。方東美將符號形式記載之《周易》內容解釋為「一套完整的卦爻符號系統。其推演步驟悉依邏輯謹嚴法則」，就靜態言，他把六十四卦視為一個整體，而非單獨存在的個體，六十四卦、三百八十四爻共同構成一套完整的卦爻符號系統，也就是說，方東美是從整體性、系統性的角度解釋卦、爻的組成結構；就動態言，他認為六十四卦、三百八十四爻之間存在著動態發展關係，這種關係源自於卦爻符號系統建構過程中的推演步驟，同時其步驟乃是依循著嚴謹的邏輯法則。另一方面，他將文字形式記載之《周易》內容解釋為「一套文辭的組合。憑藉其語法交錯連綿的應用，可以發掘卦爻間彼此意義之銜接貫串處」，就符號記載形式而言，其動態關係存在於邏輯法則之間，而文字記載形式的動態關係就呈現於卦爻間文義之銜接貫串處，同時其語法乃是應用交錯連綿的創作手法。綜上可知，方東美主要是採取動態的觀點，對符號與文字記載這兩項內容進行解釋，因此，就《周易》記載內容而言，《周易》所引申之形上學原理，乃是一套用於解釋宇宙萬物之間動態秩序的哲學。

二、《周易》哲學之建構原理——創造性的追問與解釋歷史文獻

方東美認為，「原始儒家」將原本作為歷史文獻的《周易》，從中引申出一套解釋宇宙動態秩序的《周易》哲學，其建構原理在於對歷史文獻的《周易》進行創造性的追問與解釋。如前述，方東美認為孔子一方面繼承了周公的《周易》傳統，另一方面深入追問周代的高度道德文化形成的精神所在，最後經過人文主義的解釋，完成《十翼》這一部「『新易理』之革命哲學」〔註 56〕。

他在〈易之邏輯問題〉中說：「學易的人應知道，作易者在未畫卦以前，他的思想寄託於何種意象世界。」〔註 57〕並且直接指出《周易》哲學乃肇始於追問重卦所根據的原理，他說：「《周易》這一部書，最初不是哲學，而是歷

〔註 56〕方東美：《中國哲學精神及其發展（上）》，台北：黎明文化，2005 年，頁 214。
〔註 57〕方東美：《生生之德．易之邏輯問題》，台北：黎明文化，2005 年，頁 36。

史的重要文獻。真正哲學的開始，就是要追問這個重卦是根據什麼的原理」〔註 58〕；又說：「周易這部書，就符號和卦爻辭的系統說，是從遠古到成周時代的歷史產品；後來到春秋時代經過孔子，與弟子加以系統地研究，給這些歷史資料一個哲學的解釋，然後才有真正的哲學。」〔註 59〕

由上可知，方東美認為，《周易》哲學的發端，始於追問歷史紀實背後所以然的成因，最後成於合理的解釋。綜觀《周易》內容中呈現的各種解釋，方東美乃認為《周易》哲學乃是長期發展而來，經過歷代思想家的接續解釋而形成。故，孔子因襲周公之成就，於是追問其所以然之理，最後藉由《十翼》對周公人文化成之偉大成就進行解釋。同理，周公、文王、伏羲亦各有其追問所以然之理的對象與創造性解釋的結論，其成果就構成了前述《周易》之三項內容。因此，羲、文、周、孔四聖作《易》之旨乃一脈相傳，即是焦循《易圖略》所言：「然文王之《彖辭》，即伏羲六十四卦之注，而非如學究之所為注也。周公之爻辭，即文王《彖辭》之箋。孔子之《十翼》，即《彖辭》、爻辭之義疏，而非如經生之所為義疏也。」〔註 60〕方東美強調「原始儒家」與其後各時代儒家的差別就在於創造精神，包含了精神理想方面與價值實踐方面的創造。故，孔子後學們將《十翼》精神理想之實踐予以理論化，也是先追問《十翼》之形上學本體論——「動態歷程之價值中心本體論」——所描述的「大人」理想境界如何才能達成，繼而，再發展成一套「哲學人性論」，合理的解釋如何使君子昇華成「上下與天地同流」的「聖人」，使「原始儒家」的《周易》思想成為系統化的哲學思想。

綜上所述，方東美指出《周易》哲學研究乃是經由持續不斷地創造性追問與解釋歷史文獻之過程而產生出來的。《周易》哲學並不是經由探究每一個字、一段話、一個史實，然後再加以組合而成，而是從整體角度上去追問其形上原理並給予合理的解釋。故，六十四卦的成卦邏輯比每一卦的意涵重要；卦爻辭整體的結構與章句蘊含之奧義，比解釋單一字句之表層文意重要；形上原理如何具體落實在現實人生以驗其成效，比理論建構重要。因此對於「原始儒家」《周易》哲學研究而言，全面且合理的解釋方法是十分重要

〔註 58〕方東美：《方東美先生演講集》，台北：黎明文化，2005 年，頁 191。

〔註 59〕方東美：《原始儒家道家哲學》，台北：黎明文化，2005 年，頁 180。

〔註 60〕焦循：《易圖略卷六．原翼第六》。收錄於〔清〕焦循著，劉建臻整理：《焦循全集》（卷三），揚州：廣陵書社，2016 年，頁 1086。

的。方東美認為在進行創造性解釋的時候必須釐清下列三項關係：首先是歷史文獻之於哲學意義的關係、其次是符號象徵之於文字意蘊的關係、最後是形上理想之於價值實踐的關係。此三項就是《周易》哲學體系的完成，所經歷的種種解釋的過程。擇其要，究其因，第一項是追問卦爻符號系統的形上原理，即從邏輯法則中探索史實中隱含的哲理。第二項是解釋卦爻辭文字系統中蘊涵的奧義，即從《周易》創作手法中，將符號文字中所隱含的哲理抽繹出來。第三項則是將《十翼》所描述的「大人」人格境界在真實世界中付諸實踐，即生命本體透過價值之創造將隱含在《十翼》中的形上本體論奧義在真實人生中予以「踐形」。

三、《周易》記載格式與創作手法

如前述，《周易》哲學的形成，是「追問」與「解釋」歷史文獻的成果，首先，透過「追問」以釐清歷史記載資料的內容；其次，再藉由「解釋」以呈現所載史實的來龍去脈與其背後的所以然之理。方東美指出：「中國系統的哲學是在春秋時代產生，戰國時代才發展。」〔註 61〕他又根據〈繫辭傳〉的觀點，主張「《易經》原文，殆始於殷周之際，時當公元前十一～二世紀。」〔註 62〕因此，他認為《周易》經文之卦爻符號系統與卦爻辭文字系統，乃是一部歷史文獻，即使有哲學意義也是隱含於其中。他強調研究《周易》哲學的時候，「必須明瞭《周易》的哲學和《周易》的歷史記載是兩回事。歷史記載在前，哲學產生在後」〔註 63〕也就是說，若要真正了解《周易》哲學之奧義，必須先根據歷史紀實探賾索隱，確實掌握史實，再去探求符號系統與文字系統背後所具有的所以然之理。因此，《周易》哲學研究工作，就要從掌握其不同之記載格式特質與創作手法入手，即必須先深入了解卦爻符號系統建構的邏輯問題，繼而研究卦爻辭文字系統中的章句問題，最後再參酌史實，探討其中的哲學智慧與重要原理。

（一）卦爻符號系統的建構邏輯

首先，他認為卦爻符號系統之記載格式，呈現出文字記載之前的人文活動紀實。如前述，他說：「《易》之一書，主要乃是一部遠古之歷史文獻。藉觀

〔註 61〕方東美：《方東美先生演講集》，台北：黎明文化，2005 年，頁 184。
〔註 62〕方東美：《中國哲學精神及其發展（上）》，台北：黎明文化，2005 年，頁 213。
〔註 63〕方東美：《原始儒家道家哲學》，台北：黎明文化，2005 年，頁 180。

象設卦，而描繪人倫社會生活與自然情態者也。」〔註 64〕方東美依據章學誠「六經皆史」的觀點，認為《周易》本來的性質是一部顛撲不破之歷史文獻，蘊含一套層疊相狀之歷史發展架構格式。在這樣的歷史觀點下，方東美認為《乾》《坤》原始兩卦乃是「圖騰」社會中的符號，《乾》《坤》結合而產生六子，後續再發展為「異姓婚姻」制度，並逐漸形成以血緣關係為基礎的氏族社會、宗法社會與國家。〔註 65〕因此，他認為全部六十四卦之錯綜交織系統，不僅可象徵社會及政治之組織結構，同時也可以代表全宇宙秩序。他根據史實進一步拈出五大主要概念：

1. 異姓為婚之婚姻關係，如陸賈、班固、譙周諸氏所提示者，悉據〈易繫辭大傳〉。
2. 社會自然發展之組織架構，依次為家、閭里、比遂、宗族、鄉黨、縣州、邦國、王畿，俱載諸《周禮》及《禮記》。
3. 化血緣關係為普遍生命一脈周流、旁通統貫之系統，悉涵諸葬禮制度。
4. 明乎理性秩序，初則表現於人倫社會關係，繼則表現於外在自然界之物競天擇，終則表現於宇宙萬般生命之互涉相涵，是呈大化流行、上下與天地同流之全幅生物氣象。
5. 結穴所在：萬物旁通統貫原理——「一以貫之」。〔註 66〕

方東美認為「八卦」的演進乃是依據上述歷史發展格式而來。藉由《乾》《坤》生六子後「八卦而小成」，透過血緣的交流與擴大，社會逐漸由圖騰社會變成氏族聯盟。因此，他說：「《周易》的卦不是偶然產生的，是根據中國民族的歷史演變出來，是中國人以血液婚姻的組織擴大成就一個統一的國家。」〔註 67〕此即方東美對於重卦符號系統所提出之獨特見解，藉由上述之

〔註 64〕方東美：《中國哲學精神及其發展（上）》，台北：黎明文化，2005 年，頁 87。

〔註 65〕整理自方東美：《中國哲學精神及其發展（上）》，台北：黎明文化，2005 年，頁 194～195。方東美說：「所謂層疊格式者，蓋指其於歷史發展過程中係漸次累進式而言。諸如：（甲）一套圖騰社會之架構格式；（乙）一套血緣社會之架構格式；（丙）一套部落社會之架構格式，即氏族——家族之家族——聯盟；（丁）依封建制度形成統一之王國；（戊）王國漸失其統，終於導致中央政府解體，是為春秋時期；（己）聯合統一，名存實亡，進入戰國時期；（庚）六國兼併、統於一大帝國之下，秦後是也。」

〔註 66〕方東美：《中國哲學精神及其發展（上）》，台北：黎明文化，2005 年，頁 196。

〔註 67〕方東美：《原始儒家道家哲學》，台北：黎明文化，2005 年，頁 201。

歷史發展格式，說明重卦符號系統的建構原理，即在於「旁通原理」。方東美認為歷代《易》學家詮釋重卦符號系統之建構邏輯，皆犯了邏輯上之謬誤，於是他從陰與陽兩個原始意象中，引申出六種邏輯運作方法，再自〈繫辭傳〉中得出一組五大假定作為設準，經過十八個不同變化步驟，演示重卦系統之邏輯結構。〔註68〕他說：「六十四卦即可據之悉依演繹法而步步有效推出矣。最後結果，復可確然證立『旁通原理』為無訛，足見全部重卦系統，乃本質上相涉互涵，兩兩相孚者。」〔註69〕

（二）卦爻辭文字系統中的章句問題

方東美不但認為重卦符號系統乃是依照「旁通原理」建構而成，同時指出「旁通原理」也是隱含在《周易》卦爻辭以文字格式記載史實中的所以然之理。他說：「《大易》一書，不惟其符號系統充份可解，即其文義理貫亦大有脈絡可尋。依旁通之理，凡各辭句（或繫辭、或爻辭），無論陳事說理，其意義均富有彼是相需、錯綜交織之重要蘊涵。」〔註70〕也就是說，他認為《周易》文字系統的記載格式，乃是追問符號系統「旁通原理」奧義之後，運用文字格式所做出的合理解釋，《周易》的卦爻辭，應當是「縱之而通，橫之而通」，無所不通，形成一個旁通系統。如前述他將文字格式記載之《周易》內容解釋為「一套文辭的組合。憑藉其語法交錯連綿的應用，可以發掘卦爻間彼此意義之銜接貫串處」，因此，若要合理解釋文字格式記載中隱含的「旁通原理」，就必須徹底了解文字格式使用的創作手法，關鍵之處就在於交錯連綿的語法。

方東美指出，要合理解釋《周易》文字記載格式中的「旁通原理」，必須先掌握中國語言文字發展的歷程與變遷。就發展歷程而言，他說：「爻辭裡的斷章零句，都是描寫事實，或表達淺顯意象的。中國古代的文字數量不夠，這在殷人的卜辭可以看出。因為文字根本不夠，所以不能表達複雜抽象的思想。」〔註71〕文字發展初期，有限的文字的數量只能傳達淺顯意象，而無法表達深刻的思想，於是限制了文字格式的創作手法；就發展變遷而言，他說：「文字總是隨它的形音在時地的變遷而產生不同的意義，是有多重意義

〔註68〕詳參方東美：《中國哲學精神及其發展（上）》，台北：黎明文化，2005年，頁200～210。

〔註69〕方東美：《中國哲學精神及其發展（上）》，台北：黎明文化，2005年，頁200。

〔註70〕方東美：《中國哲學精神及其發展（上）》，台北：黎明文化，2005年，頁211。

〔註71〕方東美：《方東美先生演講集》，台北：黎明文化，2005年，頁193。

的。」〔註72〕中國語言文字的形音義，會隨著歷史的演進與地域的隔閡，而產生不同的字形、聲韻與含義，於是阻礙了對文字格式記載的合理解釋。所以他主張：「《易經》、古稱《易書》，主要原是一部紀史之書，含人生與自然，初無若何高深之哲學意義，即有，亦為量甚微。」〔註73〕卦爻辭的文字記載如同符號系統一樣，主要乃是敷陳其事的歷史實錄、紀史之言，而他所謂「為量甚微」的哲學意義，也就是隱含在文字格式之中的「旁通原理」。從《周易》哲學意義研究的層面觀之，方東美認為，卦爻辭文字系統與符號系統一樣，都無法從表面上看出其哲學意義，必須予以合理的解釋，他說：「要了解《周易》這一部書，……一定要對於這一套符號與文字系統加以合理的解釋。如不解釋它，它的意義就顯不出來。」〔註74〕所以方東美主張，必須先深刻瞭解文字格式記載的本質，繼而確實地掌握其創作手法與形、音、義之演進原則，最後才能提出合理地解釋。因此，他進一步指出：「想瞭解《周易》，就要先了解卦爻辭所以成立的經過，和它中間的意義的連鎖，就是把文字句法弄清楚，此書才可讀。」〔註75〕

根據上述觀點，方東美主張《易經》與《詩經》在創作手法上具有相同之處，即可以透過「賦、比、興」的創作手法作為解讀《周易》卦爻辭之創作意圖與哲學意涵的工具。他說：「賦體的易，是歷史家研究的資料，……哲學家所研究的資料是比興。」〔註76〕即《周易》之文字記載格式，主要是以「賦體」為創作手法的紀史陳事，而隱含其中的「旁通之理」，則必須藉由象徵性的「比興體」創作手法，掌握「言在於此，意寄於彼」的語法結構予以合理的解釋。方東美認為真正意義玄妙的哲學，即存在於透過「興體」創作手法對《周易》進行解釋的《十翼》之中。

（三）《十翼》之成書與性質

首先，方東美認為《十翼》創作之背景與動機，乃是生值禮樂崩壞之末世的孔子及其門弟子，試圖恢復郁郁乎文周的高尚文化理想，於是仿效文、周二王於殷周之際的憂患之世中，藉「易之興」以興邦建國的智慧，將周代

〔註72〕方東美：《原始儒家道家哲學》，台北：黎明文化，2005年，頁174。
〔註73〕方東美：《中國哲學精神及其發展（上）》，台北：黎明文化，2005年，頁211。
〔註74〕方東美：《方東美先生演講集》，台北：黎明文化，2005年，頁193。
〔註75〕方東美：《原始儒家道家哲學》，台北：黎明文化，2005年，頁203。
〔註76〕方東美：《方東美先生演講集》，台北：黎明文化，2005年，頁242。

人文化成之偉大成就視為典範，據以發揮為一套系統化哲學。他說：「孔子與其門弟子，皆生值末世，……故益感當務首要莫過從哲學上昌明精神之超昇與道德之峻偉，以臻於人生更高尚之理想境界。」〔註 77〕

其次，方東美指出：「在漢以前，符號和卦爻辭的系統屬於古代的《易經》，而《十翼》則是孔子和商瞿一學派的成就。這兩部分直到漢代是分開的，稱《周易》古本，「經」和「傳」分開，所謂「傳」只是注解、說明經文的意義。本來這是兩套書。」〔註 78〕即《十翼》的性質本是為了說明經文的意義，但是方東美認為孔子除了注解經文之外，還在《十翼》之中運用「比興體」對經文進行哲學上的解釋，將《周易》由歷史文獻轉變為哲學典籍。他說：「《周易》這部書，就符號和卦爻辭的系統說，是從遠古到成周時代的歷史產品；後來到春秋時代經過孔子，與弟子加以系統地研究，給這些歷史資料一個哲學的解釋，然後才有真正的哲學。」〔註 79〕簡言之，他站在哲學意義與價值的角度，認為《周易》這部歷史之書是經由孔子發揮「原始儒家」創造精神之後，才轉變為哲學之書。

第三，方東美認為「原始儒家」本質中的「踐形」精神，不會只滿足於精神理想上的理論成就，而必須將一切超越的精神理想，落實在現實世界、真實人生中。因此方東美提出「孟子深於易」的觀點，認為《周易》哲學的研究工作，最後成於深於《易》的孟子。他認為《十翼》乃是所有「原始儒家」典籍的形上原理，包含《論語》、《大學》、《中庸》、《孟子》，都是闡發「哲學人性論」之具體內容與步驟，旨在將《十翼》蘊涵之超越的精神理想，徹底地落實為現實的價值實踐。因此，就廣義而言，系統化的《周易》哲學，包含了《十翼》之形上本體論以及孔門後學們接續創作完成的價值實踐理論。故他說：「孔子真正的貢獻是在《周易》這方面」〔註 80〕；又說：「真正研究《周易》的哲學是從孔孟學派開始」。〔註 81〕

（四）《周易》經傳之間的傳承關係

就《周易》經與傳之間的傳承關係，方東美認為《十翼》乃是追問《周

〔註 77〕方東美：《中國哲學精神及其發展（上）》，台北：黎明文化，2005 年，頁 214。
〔註 78〕方東美：《原始儒家道家哲學》，台北：黎明文化，2005 年，頁 175。
〔註 79〕方東美：《原始儒家道家哲學》，台北：黎明文化，2005 年，頁 180。
〔註 80〕方東美：《原始儒家道家哲學》，台北：黎明文化，2005 年，頁 182。
〔註 81〕方東美：《原始儒家道家哲學》，台北：黎明文化，2005 年，頁 205。

易》經文隱含的所以然之理，並且再將追問所得做出合理的解釋。方東美主張必須根據《史記》所記載之孔子治《易》歷程為分界，將《周易》這部書的內容與性質分開來講。首先是所謂的古本《周易》，在孔子、春秋時代以前，原來《周易》這部書的內容：「一是符號系統，第二是語言文字的系統，分為簡單的名稱，說明這一卦簡單扼要的意義，再對於每一卦構成的單位，作分別的說明，稱為爻辭。這在古本《周易》中就是這兩種。」〔註 82〕即是由乾、坤到八卦而小成的八卦，再加上重卦後的五十六卦，合成六十四卦所形成的符號系統；以及在符號系統之外以普通文字所寫，對每一卦之符號給予名稱、並對每一卦附上簡單扼要的語句稱為「卦辭」或「彖辭」、再針對每一卦之陰、陽爻符號加上歷史或理論的敘述，稱為「爻辭」，方東美認為在孔子之前的《周易》只有如此。其次則是《十翼》的易傳部分，方東美認為這是孔子及其門弟子們對《周易》精心研究的成果。他主張在漢代以前，符號系統和卦爻辭的系統屬於古代的《易經》，而《十翼》則是孔子和商瞿這一學派的成就，這兩部分直到漢代之前是分開的，簡稱《周易》古本，「經」與「傳」分開，所謂「傳」只是注解，說明經文的意義，即使如〈彖傳〉、〈象傳〉分上、下經之序依卦解釋卦、爻辭之意義，但仍是以解釋整體卦辭、爻辭的觀點而單獨成書。

他特別指出當漢代費直把〈文言傳〉安排在《乾》《坤》兩卦之後、把〈彖傳〉拆分附在各卦之後、〈象傳〉拆分附在各爻之後，《周易》經文與傳文之間存在的不同性質就開始被忽略，從此以後，經、傳這兩種原本肇始於不同歷史背景、紀載格式、創作動機與目的所形成的基礎資料，即被漢代以後《易》學家混合使用於研究六十四卦之單卦意義。此即方東美指出歷代以時代思想附會在《周易》之實例之一，經傳合一只能代表漢代費直對《周易》的詮釋觀點，而這種研究觀點並不符合「原始儒家」《周易》研究的傳統。同時他認為從漢代費直開始到魏晉時代的王弼，經與傳遂成為一貫的系統，使得後代學者以所處時代的著述思維為前提，產生了這部書必然是成於一人之手的認知，忽略了《周易》乃是一部古代流傳下來之典籍的事實，是歷史發展下的產物。方東美主張：「符號和卦爻辭的系統在古代也不是成於一代或一人之手，而是歷史演變的一個結晶，在文王、周公時已形成，而《十翼》在當時還沒有，那是從孔子起，孔孟學派貢獻出來的。」〔註 83〕也就是說，方東美

〔註 82〕方東美：《原始儒家道家哲學》，台北：黎明文化，2005 年，頁 171～172。
〔註 83〕方東美：《原始儒家道家哲學》，台北：黎明文化，2005 年，頁 176。

認為經由《周易》經傳之形成歷史背景與發展歷程觀之，它從整體上反映出上古時代人文化成的動態發展歷程與歷史紀實，而非僅僅侷限從部分的、靜態的角度去詮釋六十四卦。此即他不斷指出漢代之後治《易》方法之謬誤，他說：「向來易學家多把六十四卦認作既成事實，但是我們稍一思量，應問這六十四卦究竟根據怎樣的步驟畫出來的呢？」〔註 84〕也就是說，原本代表「原始儒家」創造精神、構成「原始儒家」立論基礎之一的《周易》形上思想，就被忽略了。替而代之者，即是各個時代附會其上的思想。

（五）《周易》並非只是卜筮之書

此外，方東美強調不能將《周易》僅僅當作是卜筮之書。他說

> 我認為要通易經，我們不能像朱子把易當作卜筮之書。朱子這一種說法把易經看成很簡單，流弊也非常之大。……到了重卦一開始，就不完全是卜筮之書，而是哲理之書，等到彖爻辭以及十翼各部分組織形成了之後，就完全超越了卜筮的階段，變作純哲學智慧的表現。〔註 85〕

方東美認為：「從周代起，中國文化是早熟的文化，早就以一種普遍的理性考慮人生的原始要終。」〔註 86〕也就是說，文王、周公創造的人文化成偉大成就，是建立在清明的道德理性之上，而非神祕宗教。故《周易》卦爻辭文字系統並非只是卜筮的作用而已，而是蘊涵了清明的道德理性的形上思想，才能成為周代人文化成之偉大成就的背後原理。《周易》蘊含的這種經由人文主義理性化所產生的道德理性，即成為所有儒家典籍所依據的最高形上原理。因此他強調：「《周易》這部書，從它符號系統的建立，文字的說明，直到哲學智慧。其中有許許多多活的道理。等到人們智慧衰落的時候，對於外界事情控制不住了，才以它為秘密，再找些筮草龜甲來卜筮。」〔註 87〕最後，透過方東美闡發荀子「善為易者不占」之要義，可以明確的瞭解方東美認為《周易》乃是一部高揚理性智慧的著作，而非卜筮之書，他說：「因為易是一部嚴肅的哲學著作，固然其中有筮數，而這個筮數是因為人類思想用盡了，才卜筮的。如果能把握深刻廣大的理性，事事都從理性作考慮，而不走卜筮這條迷信之

〔註 84〕方東美：《生生之德．易之邏輯問題》，台北：黎明文化，2005 年，頁 36～37。
〔註 85〕方東美：《方東美先生演講集》，台北：黎明文化，2005 年，頁 197。
〔註 86〕方東美：《原始儒家道家哲學》，台北：黎明文化，2005 年，頁 178。
〔註 87〕方東美：《原始儒家道家哲學》，台北：黎明文化，2005 年，頁 203。

路，就可以了解荀子所說『善為易者不占』的道理。」〔註 88〕

第三節 「通其象、通其辭、通其理」的《周易》研究方法

綜上所述，方東美《易》學觀的要點，首先是從「原始儒家」的立場出發，以哲學的眼光來考慮《周易》上的重要哲學問題；其次是從歷史的動態發展觀點，發掘出《周易》這部歷史文獻中所蘊含的奧義。他極力主張將漢代以後歷朝歷代附會在《周易》上面的各式時代思想去除，而研究《周易》的典籍，首先是以《周易》六十四卦爻符號系統及卦爻辭文字系統所代表的中國上古歷史發展結晶為基礎，其次再參以孔子及門弟子們系統化之研究成果的《十翼》。也就是說，他的《易》學觀是站在先秦「原始儒家」的立場上，探求《周易》的哲學價值與意義，對於漢代以後歷朝所附會在《周易》之上的時代思想，一律視為非「原始儒家」的《周易》哲學思想，因此，《四庫全書總目提要》以「兩派六宗」所濃縮之中國《易》學發展史概要，在他看來皆已經異於「原始儒家」《周易》哲學之要義。他認為自漢代以後的《周易》研究之所以會產生這麼多不同性質、特色、內容及流派的學說，主要乃肇因於歷代各家都試圖通過不同的方法以解釋《周易》符號系統與文字系統之間的邏輯性關係。方東美對此點曾提出精闢的看法，他說：

> 《易經》和甲骨文的情形一樣，目前所遺留給吾人者，符號而已矣。許多人都在那兒推敲它的意義，所用的方法各有不同，一種方法不能通，再用別種方法，有些人便把許多人的方法聚在一起求通，於是矛盾互見，徒勞無功。……專從上、下篇經文去求解，覺得某卦何以應繫某辭，某爻何以應繫某辭，愈看愈不知其所以然。〔註 89〕

因此，方東美主張《周易》哲學研究的方法必須從「原始儒家」的立場出發，從作為歷史文獻的《周易》中，探求蘊涵其中的哲學奧義。如前所述，《周易》哲學乃始於孔子對於《周易》歷史記載所做的哲學解釋，以「比興體」的創作手法，化「賦體」所陳述之史實為「比興體」所表述之哲理。若溯其源，他認

〔註 88〕方東美：《原始儒家道家哲學》，台北：黎明文化，2005 年，頁 188。
〔註 89〕方東美：《生生之德．易之邏輯問題》，台北：黎明文化，2005 年，頁 36。

為「真正哲學開始，就是要追問這個重卦是根據什麼原理」〔註90〕。由此出發，依序追問與解釋以不同格式記載之《周易》史實的意義，一方面掌握《周易》三項不同記載內容各自的要義，另一方面還要從歷史發展的角度掌握三者之間的演變關係。即針對「一套構造複雜卻層次有條不紊的歷史發展格式」、「一套推演步驟悉依邏輯謹嚴法則完整的卦爻符號系統」以及「一套文辭的組合。憑藉其語法交錯連綿的應用，可以發掘卦爻間彼此意義之銜接貫串處」這三項內容，依序追問與解釋這三者各自的要義與相互間發展的關係。簡言之，他認為一套歷史發展格式發生在先，之後才有追問及解釋歷史發展格式的卦爻符號系統，繼而才有追問與解釋卦爻符號系統的一套文辭組合。以「賦體」創作之象與辭，即是孔子及門弟子們追問與進行哲學解釋的對象，並將解釋的成果記載於「比興體」創作的《十翼》之中。方東美以上述化歷史紀實為哲學說理之《周易》哲學形成歷程為根據，進一步發揮清代焦循「學《易》者，所以通其辭」之治《易》方法，提出研究《周易》可以採用三個路徑依序探求的主張。即「學《易》者所以通其象」、「學《易》者所以通其辭」、「學《易》者所以通其理」，從時間與歷史的持續性之中去探求《周易》的哲學奧義。他認為必須把《周易》經、傳中的象、辭與理視為是《周易》經傳在不同發展階段中所產生的歷史事實，因此必須按照「通其象、通其辭、通其理」之歷史發展順序，漸次地進行研究。他說：

> 對於《周易》三種研究的路徑，並不是單獨的，而是一氣貫串下來，先要通象，才通辭，然後才通理。〔註91〕

方東美是從「原始儒家」立場出發，根據時間的變易本質為觀點，展開其《周易》哲學的研究工作。所以，就其《周易》哲學研究的步驟與方法而言，他是以《周易》的時間觀念為根據，再依序追問與解釋《易》象與《易》辭蘊涵的哲學奧義，最後寓其哲理於《十翼》之中。本節將首先闡明他對於《周易》時間觀念的觀點，其次再根據他提出「通其象、通其辭、通其理」的步驟，依序闡釋他的《易》學觀點。

一、《周易》「輪轉而無窮」的時間觀念

方東美認為《周易》哲學的研究工作，必須確實掌握在時間進程中的創

〔註90〕方東美：《方東美先生演講集》，台北：黎明文化，2005年，頁191。
〔註91〕方東美：《原始儒家道家哲學》，台北：黎明文化，2005年，頁189。

造精神。如前述，他認為以「時際人」身分為核心的「原始儒家」，從變易這項時間的核心本質中，對《周易》哲學提出最偉大的見解即是創造的精神。「原始儒家」主張一切的創造都必須在時間鑄模中呈現，他認為在《周易》中所沒有清楚闡明的時間觀念，可以藉由《管子》一書之「輪轉而無窮」概念予以說明。他說：

> 如果要真正瞭解《周易》中「時之義大矣哉」，要真正瞭解它的時間觀念，在《周易》本身找不到適當的說明，反而在《管子》當中可以發覺一個描寫時間的重要原則：「輪轉而無窮」。這代表春秋時代對於時間的觀念，這個觀念在《周易》中雖然沒有明說，但是卻在《周易》中運用了。〔註 92〕

他認為「輪轉而無窮」即是《周易》「時之義大矣哉」所隱含的時間的意義，具體展現在以「時際人」身分為代表的「原始儒家」精神上，他進一步闡釋其中之奧義，他說：

> 講時間的意義，第一層就要講變化，……只有所謂「變易」的方式才是一個創造的進程，它的立足點是現在，但要把過去的缺點淘汰，使得過去的優點集中在現在，然後以這個現在為一個跳板，再依據一種持續的創造過程，把現在轉變成為未來，如此就保持一種時間的持續性，一種歷史的持續性，然後才可以講創造。……它的好處是人在任何時間的段落都能夠含攝過去的要素，才不會成為一個貧乏的人，而是成為一個充實的人。……因此從時間的持續性及歷史的持續性，才有辦法講文化演變中價值的保持和發揚光大。〔註 93〕

他認為「原始儒家」的創造精神即是從時間與歷史的持續性之中產生，而《周易》又是「原始儒家」創造精神的源頭，因此他提出通象、通辭、通理三者一貫的《周易》哲學研究步驟，通象為通辭的前提，由通象而通辭則為通理的基礎。即「通其理」的理，並不是憑空而來的，而是從象與辭所記載的史實以及其中隱含的奧義中得出，因此他說：「通其理的這個『理』長得很了。這個理就是中國的古代從宗教的文化展開來成為一個倫理的理性光明文化，再展開來成為哲學的光明文化。」〔註 94〕方東美提出之《周易》研究步驟即是依

〔註 92〕方東美：《原始儒家道家哲學》，台北：黎明文化，2005 年，頁 211～212。
〔註 93〕方東美：《原始儒家道家哲學》，台北：黎明文化，2005 年，頁 216。
〔註 94〕方東美：《方東美先生演講集》，台北：黎明文化，2005 年，頁 244。

此步驟而展開。如前節所述，即是從象與辭所隱含之「旁通原理」中，抽繹出形上學角度的「旁通原理」——「動態歷程之價值中心本體論」。

二、「通其象、通其辭、通其理」的研究步驟與方法

方東美進一步說明《周易》研究三種步驟之內容，他說：

> 學易分三個步驟，第一是要了解六十四卦符號系統的出發點、構成步驟，和完成的結果，就這點來說，是「學易者，所以通其象」。第二方面是「學易者，所以通其辭」。因為六十四卦的符號系統之外，有六十四卦的卦辭，每卦有六爻爻辭，想瞭解《周易》，就要先了解卦爻辭所以成立的經過，和它中間的意義的連鎖，就是把文字句法弄清楚，此書才可讀，這兩部分是處理《周易》最原始的符號資料和次原始的文字紀錄。把這兩部分當作基礎，再進而作哲學的研究。這個研究可以從《十翼》出發，而這《十翼》是春秋時代才有的，是孔子和他的門弟子，包括商瞿的貢獻。〔註95〕

如前節所述，《周易》哲學的產生主要是孔子對這一部歷史文獻賦予人文主義解釋之成果。依序而言，「通其象」與「通其辭」這二個步驟主要是處理兩個產生於不同時代、以不同記載格式記錄的歷史內容，乃「通其理」步驟之前期資料處理工作。以《周易》卦爻符號系統與卦爻辭文字系統為研究對象，即是研究前述之「一套推演步驟悉依邏輯謹嚴法則完整的卦爻符號系統」以及「一套憑藉交錯連綿的語法應用，以發掘卦爻間彼此意義之銜接貫串處的文辭組合」。因此，研究的重點就在於卦爻符號系統中之建構邏輯問題與《周易》卦爻辭的章句問題。「通其理」則是從《十翼》出發，研究的是孔子及門弟子們因襲了由伏羲到文王、周公所創造的歷史成就，並加以發揮成具有普遍價值的形上學原理，即對歷史文獻的追問與解釋的問題。

「通其象」之原始資料研究工作，重心在於從歷史發展格式中探求重卦的原理，不但是了解「通其辭」文字系統蘊涵奧義之源頭，也是「通其理」形上本體論之根據。整體而言，方東美強調「通其象」的首要問題是《易經》六十四卦何以排列次序如此？又是根據怎樣的原則與步驟畫出來的，他主張：「蓋必有某種明晰之邏輯系統結構，六十四卦始克如是其錯綜交織，而呈現

〔註95〕方東美：《原始儒家道家哲學》，台北：黎明文化，2005年，頁203。

絜然秩序排列，形成一套謹嚴之符號系統。」〔註 96〕這個問題弄清楚後才能解決「通其辭」的問題，即「繫於某卦之繫辭，何以僅有該某類文句，而非其他？凡陳事或說理文句（爻辭），何以當應某爻？此外，其意義關係為何？如何建立於各辭句之間，組成全書文句？」〔註 97〕如前述，他認為象與辭乃是從遠古到成周時代的歷史產品，經過孔子與門弟子賦予這些歷史資料以哲學的解釋後，才有真正的哲學，故「通其理」步驟的研究內容包含二部分，首要工作是針對《十翼》進行研究，包含《十翼》之創作背景、動機、目的、所依據的原始資料等；其次是針對孔子後學發揮《十翼》要義為實踐理論的「哲學人性論」，這部分的內容主要包含《論語》、《中庸》與《孟子》。以下依序考察方東美在三個不同研究步驟中所提出的《易》學觀點。

（一）學易者所以通其象

方東美認為《周易》哲學研究之開端始於探究六十四卦重卦符號系統之建構原理。在其唯一論《易》專文〈易之邏輯問題〉中，開篇即引用焦循《易話》之主張「學易者必先知伏羲未作八卦之前是何世界」。〔註 98〕明確指出《周易》研究的首要問題之所在；同時他又指出：「真正哲學的開始，就是要追問這個重卦是根據什麼原理」〔註 99〕，即《周易》哲學研究之開端就在於從哲學的角度追問與解釋重卦建構原理。因此，他一方面直陳歷代《易》學家的盲點，另一方面明確提出《周易》研究之方向，他說：「向來易學家多把六十四卦認作既成事實，但是我們稍一思量，應問這六十四卦究竟是根據怎樣的步驟畫出來的呢？」〔註 100〕所以，他主張《周易》重卦建構原理的研究工作不僅是最優先的步驟，同時也是最重要的步驟，因為整個《周易》研究乃奠基於此，《周易》成書所留下的諸項疑惑的解答也繫乎此。他指出在孔子之時就已經存在難可了知的「研《易》者三惑」：「（一）一套完整之象徵意符系統，名六十四卦，其排列早已絜然成序者。（二）一組基本文字，或辭或句，繫於各卦，謂之「繫辭」，表面上似若揭示該卦卦義者。（三）一套陳事或

〔註 96〕方東美：《中國哲學精神及其發展（上）》，台北：黎明文化，2005 年，頁 197。
〔註 97〕方東美：《中國哲學精神及其發展（上）》，台北：黎明文化，2005 年，頁 196～197。
〔註 98〕方東美：《生生之德．易之邏輯問題》，台北：黎明文化，2005 年，頁 36。
〔註 99〕方東美：《方東美先生演講集》，台北：黎明文化，2005 年，頁 191。
〔註 100〕方東美：《生生之德．易之邏輯問題》，台北：黎明文化，2005 年，頁 36～37。

說理文句，綴成「爻辭」，以應卦中各爻，並示其間之種種錯綜變化關係者。」〔註 101〕他認為要徹底解答這三項《周易》核心內容所留下的千古難解、眾說紛紜之疑惑的關鍵，就必須先正確地「通其象」，以此為基礎才能準確的「通其辭」。對方東美而言，「研《易》者三惑」就是《周易》研究的基礎對象，其中的核心關鍵即是探求這一套錯綜交織、井然有序之嚴謹符號系統之建構原理，他認為必定隱含有某種明晰之邏輯於卦爻符號系統之中。根據他提出的觀點，探求重卦建構邏輯與原理的方法有二個重點，首先，必須掌握「學易者必先知伏羲未作八卦之前是何世界」的奧義，一方面要掌握八卦未成之前的社會實態，也就是方東美前述之「一套歷史發展格式」；二方面則要掌握畫卦者的創作目的。其次則是「應問這六十四卦究竟是根據怎樣的步驟畫出來的」，即要徹底掌握畫卦者建構這套符號系統之步驟與結構，也就是掌握卦爻符號系統的建構邏輯。

方東美認為六十四卦是依循何種方法而成卦的問題，其中涵蓋了歷史與哲學二個範疇。就歷史事實之層面而言，他先追問這套歷史發展格式是如何形成的，在歷史發展中又展現了何種程度之人文化成具體史實，據此，他由人類發展史角度觀之，提出《周易》卦爻符號系統乃淵源於古代婚姻制度的觀點。就哲學思想發展而言，他指出研究六十四卦的建構過程必須先追問作《易》者在未畫卦以前，他的思想寄託於何種意象世界，是從何種動機出發，又經過何種合理嚴謹之邏輯步驟才建構完成。方東美透過六種邏輯運作（歧出、疊現、相索、觸類一、觸類二、引申），再自〈繫辭傳〉得出五大假定作為設準，自創一套重卦演繹法，並有效推出六十四卦以證立「旁通原理」就是重卦建構邏輯的根本原理。〔註 102〕他主張六十四卦的核心精神全主「旁通」，即六十四卦之符號系統呈現的乃是一部旁通統貫之系統。〔註 103〕據此，方東美從哲學角度上提出三項重要《易》學觀點。第一，經過他的考察，他主張《周易》卦爻符號系統乃是建構在「旁通原理」之上的觀點。第二，他指出建構六十四卦爻符號系統的目的，並非只為了提供一套記載靜態史實的圖示而已。方東美認為卦爻符號系統嚴謹的建構邏輯，透過錯綜交織的「旁通原

〔註 101〕方東美：《中國哲學精神及其發展（上）》，台北：黎明文化，2005 年，頁 196。

〔註 102〕詳細之演繹步驟及說明詳參方東美：《生生之德．易之邏輯問題》，頁 56～64；《中國哲學精神及其發展（上）》，頁 200～210。

〔註 103〕方東美：《方東美先生演講集》，台北：黎明文化，2005 年，頁 242。

理」，藉以指示出適當合宜的旁通行動之法，才是建構這套卦爻符號系統的目的。他將卦爻符號系統比擬成馬將牌或象棋，指出其中必定蘊涵有一套牌譜或棋譜，指示其中的行動法則，他說：「余意《易》卦好比是馬將牌，若是我們只有個別的牌名而無系統的牌譜，那末，馬將牌無法玩味，譬如下象棋，若是我們不知道車馬砲兵如何走法，各人隨心之所欲，胡亂佈陣，則無勝負可言，如何能引起人的興趣呢？如此便也失去了娛樂的價值。」〔註 104〕也就是說，卦爻符號系統不只記載了旁通統貫的靜態史實，更重要的是隱含了旁通統貫動態的行動法則。第三、他詳細指出漢儒所建構出之《周易》重卦原理中所犯的種種邏輯謬誤，據以論證漢儒對《周易》精神的掌握，已經失去「原始儒家」《周易》哲學的本義。

（二）學易者所以通其辭

方東美在「通其辭」步驟中所持的《易》學觀，在下文中闡述最為詳細，他說：

> 想要瞭解《周易》，就要先了解卦爻辭所以成立的經過，和它中間的意義的連鎖，就是要把文字句法弄清楚，此書才可讀。〔註 105〕

方東美從分析中國語言文字的特性及演變過程入手，作為其「通其辭」的研究門徑。他根據中國上古時代語言文字形、音、義之發展與演變過程為基礎，深入研究《周易》文字系統之章句問題，全面考察其中蘊涵之奧義。也就是說，方東美「通其辭」的方法與步驟乃是先從文字學之聲韻、訓詁以及語言發展等角度展開，先正確地掌握文辭的意涵，再進一步掌握文字系統文義脈絡中隱含的奧義。以下分從「卦爻辭所以成立的經過」、「卦爻辭中間的意義連鎖」、「卦爻辭之文字句法」三方面闡述方東美「通其辭」的觀點。

1. 卦爻辭所以成立的經過

首先，卦爻辭文字系統的出現，代表歷史文明發展從符號記載階段進入到文字記載階段。《周易》之記載格式隨著中國語言文字的演變，由《易》象階段演變為《易》象結合《易》辭之階段，在文字記載時代就針對六十四卦、三百八十四爻各自加上文字格式的記載。在「通其辭」步驟中，方東美強調以文字格式記載之《周易》卦爻辭內容，無非是記錄史實、描繪人生與自然

〔註 104〕方東美：《生生之德．易之邏輯問題》，台北：黎明文化，2005 年，頁 36。
〔註 105〕方東美：《原始儒家道家哲學》，台北：黎明文化，2005 年，頁 203。

之情態者，因此他主張：「《易經》、古稱《易書》，主要原是一部紀史之書，含人生與自然，初無若何高深之哲學意義，即有，亦為量甚微。」〔註106〕就卦爻辭的文字記載而言，如同符號系統一樣，主要乃是敷陳其事的歷史實錄、紀史之言，而他所謂「為量甚微」的哲學意義，也就是前節所述的「旁通之理」，他認為在卦爻辭創作之時代，有限的文字尚不足以表達出複雜的思想，因此卦爻辭才以此種形式呈現。他說：「爻辭裡的斷章零句，都是描寫事實，或表達淺顯易象的。中國古代的文字數量不夠，這在殷人的卜辭可以看出。因為文字根本不夠，所以不能表達複雜抽象的思想。」〔註107〕也就是說，從符號發展到文字記載時期之後，相較於符號而言，文字雖然能夠記載更多的內容，但是受限於文字草創之初有限的文字數量，文字記載也只能描寫事實或表達淺顯意象。因此，若從《周易》哲學意義研究的層面觀之，方東美認為，卦爻辭文字系統與符號系統一樣，都無法從表面上看出其哲學意義。是故他說：「要瞭藉《周易》這一部書，……一定要對於這一套符號與文字系統加以合理的解釋。如不解釋它，它的意義就顯不出來。」〔註108〕即《周易》之符號與文字系統對於探求《周易》哲學奧義而言，乃是關鍵的原始資料。其次，就卦爻辭成立之歷史時代背景而言，方東美根據〈繫辭傳〉子曰：「易之興也，其唯中古乎？」指出，卦爻辭乃始於殷周之際的大變革時代，他說：「《易經》原文，殆始於殷周之際。時當公元前十一～二世紀。」〔註109〕他認為文王、周公發揮《周易》創造精神以興邦建國，將宗教開明化、道德理性化，建立郁郁乎文周盛世，使周王國成為真正道德實體與禮樂教化之領域，人與人之間互動頻繁，創造力蓬勃發展，無一地不旁通統貫、無一刻不發育創造。〔註110〕而《周易》卦爻辭所載之史實即是此一大變革階段中的歷史實錄。就卦爻辭成立之歷史時代背景之觀點言，要言之，方東美認為卦爻辭文字系統即是描繪文王、周公運用《周易》卦爻符號系統蘊涵之「旁通原理」所創造之人文化成偉大成就。就具體內容而言，其一是，當殷周之際，文王、周公發揮《易經》創造精神，建立郁郁乎動健的周文化以取代靜態之殷文化；

〔註106〕方東美：《中國哲學精神及其發展（上）》，台北：黎明文化，2005年，頁211。
〔註107〕方東美：《方東美先生演講集》，台北：黎明文化，2005年，頁193。
〔註108〕方東美：《方東美先生演講集》，台北：黎明文化，2005年，頁193。
〔註109〕參照方東美：《中國哲學精神及其發展（上）》，台北：黎明文化，2005年，頁213。
〔註110〕方東美：《中國哲學精神及其發展（上）》，台北：黎明文化，2005年，頁213。

其二是，運用光明的理性與普遍道德原則作為基礎，在現實世界上成就一個人類生命的道德秩序，在成周時代形成了倫理道德文化。〔註111〕其三是，這種基於清明道德理性的文化，釋放了個人的創造力、增進了群體間的互動性。這就是孔子所嚮往，並且建立系統化哲學予以發揚的人文化成偉大成就，也就是《周易》形上「旁通原理」在現實世界的具體實踐。

故就卦爻辭成立的角度觀之，「通其辭」研究工作的重點，一是關於文字系統記載形式的章句解讀問題，二是文字系統所記載史實的人文主義解釋問題。前者為表達之形式問題，後者為表達之意義問題，唯有合二者而通之，方能掌握文字系統所以成立的經過。方東美的門弟子程石泉曾以「聲符」一辭說明卦爻辭之義，頗能發揮方東美論卦爻辭所以成立經過之要義，他說：

> 六十四卦之卦辭爻辭乃最原始之「聲符」，彖、象、文言等十翼之文，乃對原始之「聲符」所作之激賞與詮釋者是也。何以六十四卦之卦辭與爻辭為「聲符」？因為卦辭（包括卦名）爻辭之形成，先出於作易者心中有某項意義，須要表之以語言，再形諸於書寫之文字。此項意義不限於對某些事物之認知，個人之知、情、意、欲凡發諸心者皆是意義，皆須要語言文字表而達之。〔註112〕

即，語言文字的表達形式，與作《易》辭者所處之時代背景，俱為「通其辭」之兩項重要線索。

2. 卦爻辭中間的意義連鎖

前節方東美已闡明文字系統之奧義乃繫乎符號系統的建構邏輯之上。〔註113〕他認為依「旁通原理」觀之，文字系統中所有辭句，無論是陳事或者說理，其文理皆有脈絡可循，均蘊涵了彼是相需、錯綜交織之重要意義，也就是說「旁通原理」不僅是貫穿符號系統之法則，同時也是貫穿文字系統文義理貫之脈絡，簡言之，就是「卦爻辭中間的意義連鎖」。然而這個意義連鎖之具體內容為何，以及其創作之形式與解讀之方法為何，則是「通其辭」階段必須深入探究的議題。他指出：「焦氏循依據旁通求通易辭，義據精深，頗可採取。」〔註114〕綜觀方東美於其各式著作中之相關主張可知，他認為意義

〔註111〕詳參方東美：《原始儒家道家哲學》，台北：黎明文化，2005年，頁206。

〔註112〕程石泉：《易辭新詮》，台北：文景書局，1995年，頁22。

〔註113〕詳參方東美：《中國哲學精神及其發展（上）》，台北：黎明文化，2005年，頁196～197。

〔註114〕方東美：《生生之德．易之邏輯問題》，台北：黎明文化，2005年，頁56。

連鎖的奧義就在於焦循對「辭也者，各指其所之」與「此卦之意，寄於彼卦之辭」這二句話之闡釋中。

在他以英文撰寫、著眼於向西方讀者介紹中國哲學精神及發展之晚年鉅著《中國哲學精神及其發展》一書中，高度讚揚焦循所著《易學三書》對闡發《周易》奧義的貢獻，認為在歷代治《易》學者之中，焦循之成就超邁前古，他說：

> 《易經》艱晦難明，得焦釋，其義幾全通，而成為一部可解、可讀之儒家哲學經典文獻矣。〔註115〕

他明確指出焦循《易學三書》中所闡明「學易者所以通其辭」的主張與觀點，使得儒家《周易》哲學奧義大顯、焦循發明的「旁通」原理，最能夠完整展現先秦原始儒家《周易》哲學思想的核心要義。也就是說，方東美認為焦循《易學三書》所釋之卦爻辭要義，最完整地闡明「卦爻辭中間的意義連鎖」奧義。方東美指出焦循之創見就在於他發揮〈文言傳〉「旁通」概念，並據以闡明〈繫辭傳〉:「辭也者，各指其所之」的核心要義就在於「此卦之意，繫於彼卦之辭」。方東美說:「他認為《易》的卦爻辭，應當是『縱之而通、橫之而通』、無所不通，形成一個旁通系統。」〔註116〕進而方東美闡釋「辭也者，各指其所之」要義，他說:「繫辭爻辭之中，無一字一句可以孤立得解。一切字句，文義密接連鎖，脈絡條貫旁通，故須依彼是相待、互涉交涵原理而作如是之會解。」〔註117〕故，方東美認為《周易》的文字系統中確實存在著密切的意義連鎖，而這個意義的連鎖就存在於焦循《易學三書》對「六爻發揮旁通情也」、「辭也者，各指其所之」、「此卦之意，繫於彼卦之辭」的詳細闡釋中。故，他認為《周易》的卦爻辭，應當是一個「縱之而通，橫之而通」，無所不通的旁通系統。

3. 卦爻辭之文字句法

首先，方東美認為《周易》卦爻辭之文字句法充滿了象徵意義，乃是將一般文字用作為表達象徵新意之符號。他從語言文字發展的角度，詳細闡述了中國語言在運用上所產生之自然語意變遷。方東美指出:「《易經》，雖以一般日常使用之語言文字書成，實表現一套象徵語言之專門系統。」〔註118〕他

〔註115〕方東美:《中國哲學精神及其發展（上）》，台北：黎明文化，2005 年，頁 200。
〔註116〕方東美：《方東美先生演講集》，台北：黎明文化，2005 年，頁 192。
〔註117〕方東美:《中國哲學精神及其發展（上）》，台北：黎明文化，2005 年，頁 212。
〔註118〕方東美:《中國哲學精神及其發展（上）》，台北：黎明文化，2005 年，頁 212。

認為就文字發展初期之實情而言，由符號進而發展出早期的文字，起初文字數量必定有限，難以充分表達豐富的情感與深刻的思想，因此，如何運用有限的文字，在陳事之外，設法表達出豐富的情感與深刻的思想，就成了在文字記載時期中進行創作的必然發展趨向。他根據中國語言文字在用法上之自然語義變遷的現象，進一步指出以普通常識文字書成之《周易》文字系統乃是一套象徵語言之專門系統。他說：

> 一切事實陳述，如日常語言所表達者，無非紀錄史實而描繪人生與自然情態者也。……蓋上古淳樸，文字有限，事實陳述語言，沿用既久，勢必承受若干意義轉變，由敘事而兼說理，演成說理文字，饒具新意，遂用作表達象徵新義之符號矣。原初描述人生自然紀史之言，乃一變而用作象徵表達哲學智慧之工具。〔註 119〕

綜上所言，關於文字句法的章句問題，方東美提出了幾項觀點。第一，他認為中國文字之形、音、義隨著時間的變遷、地理上的隔閡，必然於不同的時、地中產生不同的意義，所以即使看起來是事實陳述之文字，也不可斷然以後世之觀點予以片面解釋。第二，上古時代大量使用「假借」之象徵方法，據以解決因為文字數量不足所造成之無法表達豐富情感與深刻思想的問題，藉由象徵之法使得文字的運用更為靈活。第三，他認為語言文字從普通一般用法，進而發展至專門象徵用法，即是將一般常識文字予以符號化，於是紀史之言經過象徵手法的運用之後，遂成為表達哲學智慧的工具。也就是說，象徵手法的運用，從一字到一辭，甚至於是整段文句，均可作為表達哲學原理的符號化工具。

其次，他發揮《詩經》運用賦、比、興作為創作手法的史實，提出以「易三體：賦、比、興」作為「通其辭」步驟與方法之著名主張。基於前述中國語言文字變遷的闡述，方東美認為同為六經之一的《易經》與《詩經》一樣，皆運用了象徵性的創作手法以突破文字之侷限，《詩經》以賦、比、興之創作手法表達出豐富的情感；《易經》則以「易三體」蘊涵深刻的哲理。他指出，「賦體」，乃敷陳其事，《詩》用於敘述史詩，以敷陳事實；《易》則用作事實描述之語言。「比體」，乃比物見意，《詩》常見諸寓言，以掩映意趣；《易》則用作譬喻象徵之語言。「興體」，興會淋漓，化為象徵妙用，而「言在於此，意寄於

〔註 119〕方東美：《中國哲學精神及其發展（上）》，台北：黎明文化，2005 年，頁 211～212。

彼」，《詩》風行於抒情詩詞，用以美化創造之幻想；《易》則用作創造幻想之語言。他闡述「易三體」要義：

> 我認為爻辭都是敷陳其事的歷史實錄，極成易之賦體。……比物見意的比體，這才是符號文字擴大的運用，……拿這一件東西，當作一個符號，象徵許許多多不同的事項，這才是「比」。然後在詩中，主要的是抒情詩，表面說的是風花雪月，但骨子裡都不是「風花雪月」。假使讀比興體的詩，或者讀楚辭，以為美人香草只是代表美人香草，那麼詩的意境就未免太狹窄，因此興體的詩是「言在於此，意寄於彼」。〔註 120〕

方東美認為《周易》文字系統中，以「賦體」的創作手法，展現自然紀史之內容，於是就有了常識性與科學性等等之解釋；以「比、興體」的創作手法，寓說理於陳事之中，則顯露出人文主義解釋的深刻思想。他強調，唯有透過「比興體」的解釋方式，才能一窺《周易》文字系統中蘊含的深刻哲學思想，其中，他特別重視「興體」的象徵化妙用，認為它最能充分地發揮並彰顯出深刻的意義。他說：「興又更自由了，拿一個文字的符號，或者是一種符號，像圖畫、音樂、詩歌，拿一種物質的符號、文字符號，當作一種工具，海闊天空地表達創造的幻想，興會淋漓地表現『言在於此，意寄於彼。』」〔註 121〕因此，研究《易經》的步驟就如同研究《詩經》一樣，分別從賦、比、興，三個創作手法研究《周易》文字系統之奧義。他認為「賦體」的《易》是歷史學家研究的資料，哲學家研究的是「比興體」的《易》。此外，他進一步指出：「在周易十翼中的彖、象傳，尤其是文言傳、繫辭大傳這一類的著作，都不是賦體，也不僅僅是比體。主要的是興體，……拿尋常的文字，當作一個符號，象徵各種不同的事物，來烘托深微奧妙的意象境界。因此，乾坤的彖傳、象傳、文言傳，以及繫辭大傳，這才是真正意義玄妙的哲學。」〔註 122〕也就是說，存在於《十翼》中之《周易》玄妙哲學奧義，也不能僅僅用「賦體」的創作手法，透過表面之文字意義去「通其辭」，而是要運用「比體」，尤其是「興體」的創作手法，才能穿透這些以尋常文字構成的符號，一窺蘊涵其中的哲學意義。此處，方東美明確的提出，《周易》之文字系統包含了卦爻辭與《十翼》，

〔註 120〕方東美：《方東美先生演講集》，台北：黎明文化，2005 年，頁 193～194。
〔註 121〕方東美：《方東美先生演講集》，台北：黎明文化，2005 年，頁 242。
〔註 122〕方東美：《方東美先生演講集》，台北：黎明文化，2005 年，頁 194。

若要掌握其中所蘊涵之哲理，就必須將所有文字都當作是象徵的符號進行研究，才能穿透在於此之言，進而獲得寄於彼之意。

（三）學易者所以通其理

如前述，方東美強調以「興體」創作之《十翼》才是真正意義玄妙的哲學，因此他主張「原始儒家」之《周易》哲學研究可以從《十翼》出發。他認為《十翼》乃是孔子及門弟子們集體創作的成果，透過追問周代高度道德理性文化產生的原理，進一步從形上學層次、人文主義途徑，闡發隱含在《周易》象辭中之奧義。也就是說，《十翼》創作思想根源乃是建構在重卦符號系統與卦爻辭文字系統所蘊含的「旁通原理」上。對於《十翼》創作的來龍去脈，方東美有詳盡的闡述，他說：

> 孔子與其門弟子，皆生值末世，適當周代高尚之文化理想劇衰，真風告逝之際，惟其如是，故益感當務首要莫過從哲學上昌明精神之超昇與道德之峻偉，以臻於人生更高尚之理想境界。職是之故，孔子及其門弟子多人遂集體發起一項哲學思想上之革命運動，沿承《易》卦之符號系統，而賦予種種人文主義之詮釋。欲畢其功，終其成，孔子必須將《易經》原有之陳事文句化作一套說理文句。此項化賦體為比興之鉅任，即由孔子及其青年高弟兼同道商瞿雙雙共同肩起。嗣後，《易書》此部原屬紀史之作，遂一變而為一套發揮易理之系統化哲學矣。〔註 123〕

首先，就《十翼》創作之背景與動機而言，乃是生值禮樂崩壞之末世的孔子及其門弟子，試圖恢復郁郁乎文周的高尚文化理想，於是仿效文、周二王於殷周之際的憂患之世中，藉「易之興」以興邦建國的智慧，將周代人文化成之偉大成就視為典範，據以發揮為一套系統化哲學。其次，就《十翼》之創作手法而言，《十翼》是將《周易》「賦體」之陳事文句化作一套「比興體」的說理文句，而最後的結果則是將原屬紀史之作的《易書》變為一套發揮《易》理之系統化哲學。也就是說，《十翼》哲學之內容乃是透過人文主義的角度去解釋「旁通原理」，最後將解釋所得之形上學原理，寓於以「比興體」為創作手法的《十翼》中。第三，就《十翼》創作的目的而言，孔子《十翼》之作旨在恢復周代人文化成之高度道德理性文明。方東美認為「原始儒家」

〔註 123〕方東美：《中國哲學精神及其發展（上）》，台北：黎明文化，2005 年，頁 214。

之踐形精神，並不會只滿足於精神上的思想理論成就，而必須將一切高尚的文化理想，落實在現實世界、真實人生中。因此孔門後學們立即將《十翼》之「動態歷程之價值中心本體論」，發展成為一套「哲學人性論」，將《十翼》哲學之超越精神理想踐形於現實世界、真實人生之中。

因此，方東美主張讀通《易經》這部難懂天書的路徑，先要通象、才通辭、然後才通理，一氣貫串下來。讀通《易》象的邏輯問題與《易》辭的章句問題後，進而將《周易》視為一部哲學的書看待，瞭解其中的哲學智慧與重要原理，他說：「把這三步工作做到之後，才是真正瞭解《周易》。」〔註 124〕又說：「把這兩部分當做基礎，再進而作哲學的研究。這個研究可以從十翼出發。」〔註 125〕如前節所述，也就是根據蘊涵在卦爻建構邏輯與卦爻辭文字章句中之「旁通原理」為基礎，再以孔孟學派運用「興體」創作的《十翼》作為哲學研究對象，將源自於象與辭的「旁通原理」，發展成為一套原始儒家之「根本本體論原理」〔註 126〕，據以展現「原始儒家」之全部剛健活潑、創造進取之真精神。此一本體論原理即為方東美將「旁通原理」中的「動態歷程觀的本體論」與「價值總論」整合而成的「動態歷程之價值中心本體論」。然而方東美認為，作為「時際人」典型代表的儒家，必須透過價值創造的方式，透過「踐形」以完成自我實現，徹底的將《周易》之本體論在現實世界、真實人生中予以實踐。因此，在方東美看來「通其理」雖然是從「興體」創作之《十翼》出發，藉「言在於此、意寄於彼」的方式，從《周易》文字系統中抽繹出周代人文化成偉大成就之所以建立的形上原理；但是，若欲畢其功，還必須依賴孔子後學們，將這部詮釋人文化成偉大成就之「『新易理』之革命哲學」〔註 127〕，建構「哲學人性論」之基本理論，在現實世界、真實人生中，把人文化成之理想付諸實踐。

〔註 124〕方東美：《原始儒家道家哲學》，台北：黎明文化，2005 年，頁 187。

〔註 125〕方東美：《原始儒家道家哲學》，台北：黎明文化，2005 年，頁 203。

〔註 126〕「於卦象表示變異歷程之中，人居天地之間，涵有一種天地相孚應之動態關係。此項假定，首發於《易緯・乾鑿度》，……旨在昌明孔子〈文言傳〉所陳之根本本體論原理，即『旁通之理』也。」參見方東美：《中國哲學精神及其發展（上）》，台北：黎明文化，2005 年，頁 197～198。

〔註 127〕「《易書》此部原屬紀史之作，遂一變而為一套發揮易理之系統化哲學矣。據司馬談、司馬遷父子之考證，此部『新易理』之革命哲學，啟自孔子本人，復經商瞿子木及其他後學諸賢之踵事增華，傳承發揮。」引自方東美：《中國哲學精神及其發展（上）》，台北：黎明文化，2005 年，頁 214。

方東美認為先秦原始儒家之重要典籍中，如《論語》、《禮記》(〈大學〉、〈中庸〉)與《孟子》等書，提出了完整且具體的實踐工夫理論，闡述人類個人應該秉持乾元所賦予的創造力，經由持續不斷的自我實現歷程，成己成物，昇華成盡善盡美的偉大人格之修養方法。而《十翼》之「新易理」乃是所有實踐工夫理論背後的所以然之理。因此，在方東美看來，「學易者所以通其理」乃是一個以「天人合德」為目標的理性化發展歷程，萬物依循宇宙自然客觀秩序，時時發育創造、處處旁通統貫，個人人格之諸涵德也能「充其類、盡其性」得到充分發展，最後君子秉持乾元之創造精神「與天地精神同流」，透過持續不斷的價值創造，將人格精神昇華至聖人之境，即孟子所說的「大而化之之謂聖；聖而不可知之之謂神。」據此，方東美提出「孟子深於易」〔註 128〕的主張，他說：「真正瞭解周易最徹底的是孟子。周易是從孔子傳到子思的家學，孟子則從子思領受了周易的精神，然後從一切生命的觀點、價值的理想、哲學的樞紐，安排於人的尊嚴上。」〔註 129〕因此，他認為「通其理」的研究工作雖然是從《十翼》的形上學原理出發，但是還必須將以「一貫忠恕」論「仁」的《論語》、以「絜矩之道」論「恕」的《大學》、闡釋《周易》微言大意的《中庸》以及孟子、荀子所建立的「哲學人性論」基本理論，都納入「原始儒家」的《周易》哲學思想體系中。他認為孟子徹底掌握了由乾元之創造力量所代表的《周易》哲學智慧，以「浩然之氣」把人格的影響力量發洩在整個宇宙中，並且指出人格昇華的修養功夫與次第，因此他主張孟子也是深於《易》的。

綜上所述，方東美在「學易者所以通其理」步驟中提出的《易》學觀點，依照發展順序可分為三個層面。第一，追問《十翼》之思想根源；第二，解釋《十翼》之動態歷程之價值中心本體論；第三，踐形《十翼》之哲學人性論。

本章以上探析之內容，即為方東美核心《易》學觀，乃是研究其《周易》哲學思想的基礎。下一章，將依循「通其象」、「通其辭」、「通其理」的架構，依序論證他所提出之《易》學觀，乃是淵源自焦循之《易》學主張。

〔註 128〕「孟子可以說是深於易。」參見方東美：《方東美先生演講集》，台北：黎明文化，2005 年，頁 245。

〔註 129〕方東美：《原始儒家道家哲學》，台北：黎明文化，2005 年，頁 209。

第三章　方東美《易》學觀溯源

方東美曾自述其研究《周易》哲學的步驟與方法，乃是發揮焦循「學易者所以通其辭」之治《易》主張而成，隱然已經透露其《易》學觀與焦循《易》學思想之間的深刻淵源。如前述，方東美是從形上學方法、人文主義途徑展開其哲學研究工作，他站在原始儒家的立場研究《周易》哲學，展現原始儒家思想中創造與動態發展的一面。就《易》學史的角度觀之，焦循治《易》門徑與思想，不受限於象數派與義理派的研究方式，跳脫出四庫全書概括的「兩派六宗」範疇，進而從《周易》異象同辭現象出發以求通《周易》象、辭之間的關係，獨闢蹊徑完成其「非列國、非漢、非晉、唐、非宋，發千古未發之蘊，言四聖人所同然之言」〔註1〕的《易》學體系。他從動態發展觀點將漢儒提出的「旁通」體例賦予新義，一方面論證存在於《周易》六十四重卦、三百八十四爻之間的運動法則，另一方面針對運動的方式進行價值評價；並提出「成己成物」之旁通統貫概念以及「與時偕行」的創造化育法則，作為人生行為指南；焦循將《周易》視為一個動態與整體之系統，最後得出「《易》之繫辭，全主旁通」〔註2〕的結論。由上觀之，方東美與焦循的治《易》觀點與方法，明顯地與歷代學者專注於一卦、一爻之靜態觀點與方法不同，二人皆把《周易》研究的焦點專注在先秦時代孔孟學派所建立的原始儒家《周易》哲學思想。

〔註1〕英和：〈江都焦氏雕菰樓易學序〉。收錄於〔清〕焦循著，劉建臻整理：《焦循全集》(卷一)，揚州：廣陵書社，2016年，頁4～5。

〔註2〕焦循：《易圖略卷一．旁通圖第一》。收錄於〔清〕焦循著，劉建臻整理：《焦循全集》(卷三)，揚州：廣陵書社，2016年，頁980。

就方東美的治《易》觀點而言，他認為研究《周易》不僅僅只是依照不同記載格式之發展而分為三個不同階段，更應該就思想史發展的層面，從整體的角度，一氣貫串的將「象」、「辭」與「理」三者看待成是一脈相承的哲學發展過程。若依中國語言文字變遷的角度言，這三者不僅代表文字發明前、文字草創時期、文字廣泛運用時期之不同文明發展階段所記載的史實；依《易》學發展觀之，也代表了以伏羲、文王與周公、孔子等人為代表之一脈相承的哲學思想創造成果；從文獻資料之記載格式與創作手法觀之，則包含了使用「賦體」進行陳事之六十四卦畫符號系統與卦爻辭文字系統，以及孔孟學派運用說理的「比興體」對「賦體」史實所做的人文主義解釋成果，包含了《十翼》創作的「動態歷程之價值中心本體論」，與孔門後學為了「踐形」而發展出之各種「哲學人性論」學說與著作。以下分從象、辭、理三個步驟，依序考察方東美對此三個部分所提出之重要《易》學觀點，並論證方東美與焦循《易》學思想之間的淵源關係。

第一節 「學易者所以通其象」之思想溯源

如前述，方東美指出作為一部歷史文獻的《易經》，內容包含了一套構造複雜，層次有條不紊的「歷史發展格式」；一套依嚴謹邏輯步驟推演的「卦爻符號系統」；一套藉語法應用以發掘卦爻間意義貫串之「文辭組合」。〔註 3〕他特別強調必須嚴加區別《周易》哲學與《周易》的歷史記載的不同，他認為哲學的產生是源自於人類持續追問已發生史實的所以然之理，並且予以合理解釋的成果。從歷史文獻的角度觀之，上述《周易》之三項內容乃是發展歷程之不同階段史實，即「歷史發展格式」發生在先，「卦爻符號系統」繼之而生，「文辭組合」是在「卦爻符號系統」建構完成後才產生。如此觀之，一套依嚴謹邏輯步驟推演的「卦爻符號系統」，在《周易》中就扮演了承上啟下的關鍵角色，不但是掌握「歷史發展格式」的線索，又是了解「文辭組合」之所以建立的根據。因此，他認為由六十四卦畫所組成之《周易》卦爻符號系統所蘊含之奧義，即是《周易》哲學研究之源頭。不僅由卦爻辭組成的文字系統是對卦爻符號系統的說明，同時孔子《十翼》之作也是對卦爻符號系

〔註 3〕參方東美：《生生之德‧中國形上學中之宇宙與個人》，台北：黎明文化，2005年，頁 354。

統予以人文主義解釋的結果，哲學意義就隱含在歷史資料與典章制度的不同歷史記載格式之中，他說：「它本來是歷史資料，典章制度的紀錄，有哲學意義也不過是隱含的而已，某些事實有哲學含義，而整個看來，卻沒有直接的哲學意義。」〔註 4〕隱含在不同歷史記載格式之後的「理」，就是源自於重卦建構邏輯所根據原理。根據前章所述，這個「理」就是「旁通原理」，故「旁通原理」不但是「通其象」階段的核心要義，同時也是「通其辭」與「通其理」階段的理論根據。方東美自歷史發展紀實、重卦之建構原理、重卦與卦爻辭之間的關係三個不同層面，依序闡釋符號系統與文字系統所反映的歷史實錄、建構的原理、以及它在《周易》哲學發展歷程中的關鍵角色。此外，他進一步從一致性與合理性的角度，論證歷代《易》學家論《周易》重卦之建構邏輯皆產生邏輯上之謬誤，以致於無法忠實地呈現原始儒家《周易》哲學要義。

要言之，方東美「通其象」階段提出之諸項《易》學觀可歸納為二項主題，一方面是闡釋《周易》符號系統之建構原理為核心的觀點；二方面則是評論漢儒重卦建構原理之邏輯謬誤的觀點。前項主題包含了「《周易》重卦符號系統淵源於古代婚姻制度」及「《周易》重卦符號系統之奧義在『旁通原理』」兩項觀點；後者則包含評論「荀爽之邏輯謬誤」與「虞翻之邏輯謬誤」兩項觀點。本節將依序考察他的上述觀點，並論證其思想乃淵源於焦循。

一、《周易》重卦符號系統淵源於古代婚姻制度

因為方東美視《易經》為一部歷史文獻，故他首先提出「學易者必先知伏羲未作八卦之前是何世界」的治《易》觀點。因此，探索重卦符號系統建構原理的步驟，首先就要從歷史發展格式中去考察重卦符號系統的創作根據，方東美多方參照史實之後，提出重卦符號系統乃淵源於古代婚姻制度。他說道：

> 《易經》此部顛撲不破之歷史文獻，其中含有一套圖騰社會層層演進之格式間架，由圖騰而氏族，由氏族而民族（家族之家族），更漸次擴展，成為社會政治之體制。舉凡此類史實，均可藉卦爻抽象意符之錯綜組合與推演，而測想之。由是觀之，就此義而言，《易》之一書，主要乃是一部遠古之歷史文獻。藉觀象設卦，而描繪人倫社

〔註 4〕方東美：《原始儒家道家哲學》，台北：黎明文化，2005 年，頁 177。

會生活與自然情態者也。〔註5〕

方東美根據歷史文獻記載，提出這項獨特《易》學觀點，主張重卦符號系統之淵源乃來自古代的婚姻制度，而卦畫則是圖騰符號。經考察方東美之論述內容後，可證實此觀點乃是源於焦循之相關主張。

（一）方東美的觀點

方東美根據陸賈、班固、譙周等人之說，提出《周易》卦爻符號系統乃是依據中國原始時代之婚姻法則產生的觀點。他認為《乾》、《坤》本為圖騰符號，卦爻符號系統的建構，源自於圖騰社會透過異姓為婚而發展出來的婚姻制度，他說：

> 像陸賈、班固、譙周的說法，《周易》的符號系統代表中國極早期社會中的婚姻法，極原始的卦是圖騰符號，代表一個婚姻法，然後以血液流通的辦法，透過婚姻的步驟，使原始的兩個社會的血液系統日益擴大。……如此以異姓為婚的關係，以《乾》《坤》代表的兩個社會可以演變成為六個新的社會，那就不是原始的圖騰社會，而是成為比較高度的氏族社會。「八卦而小成」之後，婚姻關係更複雜，社會組織更擴大，擴大了以後，不同的血液流通成為一個氏族系統，如此從兩個社會變成八種社會，以原始的兩卦對立擴展成為八卦。……「八卦」的演進，並不是從天上掉下來，而是根據古代民族在原始社會中血液的流通，由近鄰到遠鄰，從家庭形成氏族，從氏族擴大成為鄉黨，以至於成為中央政府所在的統一帝國，叫做「王畿」。……如此中國古代的社會都是氏族社會的擴大，……這是中國社會很特殊的一種組織，這個組織有一套邏輯，叫做「宗法」。〔註6〕

他依據陸賈、班固、譙周三人之說，從歷史發展的角度，提出《周易》六十四卦符號系統，乃是古代社會之原始圖騰符號，透過異姓為婚的步驟以達成血液交流的目的，進而形成一套古代婚姻制度。以異姓婚姻為基礎，中國古代的社會就藉由血液的交流，由家庭而發展成氏族，由氏族而擴大成鄉黨，最後形成以宗法的血緣關係為基礎的中國社會組織型態。他將中國社會依這種

〔註5〕方東美：《中國哲學精神及其發展（上）》，台北：黎明文化，2005年，頁86～87。

〔註6〕方東美：《原始儒家道家哲學》，台北：黎明文化，2005年，頁195～197。

形態所形成的國家稱為：「United family of families」。〔註 7〕也就是說，他拋開哲學意義探索的立場，從人類學觀點，依照中國社會發展的格式，從中國氏族與宗法社會形成的角度，解釋《周易》卦爻符號系統的歷史起源以及結構。他認為這根源在《禮記・王制》之中，可以找到其歷史產生的條件。因此，他做出結論：

> 我認為《周易》這套符號系統有它的歷史根源，這個歷史的根源就《周易》本身不容易找，而就禮記王制篇，或是周禮中，則可以看出其歷史產生的條件。我的這種說法，早在漢代陸賈《新語》中暗示了，後來在班固的《白虎通義》中也暗示了，直到宋代羅泌寫《路史》這部書，引了後漢到魏晉時代的譙周之《史考》，這三方面的根據暗示都從《周易》繫辭大傳說，不論是那一卦，都從「乾」「坤」，如「乾道成男」、「坤道成女」立說，瞭解以上所提三種書的暗示，就會說這套符號系統不是從天上掉下來，而是從中國原始時代社會結構中產生的，尤其是依據婚姻法則產生的。〔註 8〕

方東美這項獨特的創見，在《中國哲學精神及其發展》、《原始儒家道家哲學》、《方東美先生演講集》中，多次引陸賈、班固、譙周三人之說為證，闡述卦爻符號系統之形成，與古代社會透過異姓婚姻以逐步擴大血緣關係的制度之間，具有密切的關係，他說：「陸賈、譙周老早就說從婚姻制度與血緣關係的擴大來說明卦爻的擴充。」〔註 9〕最後形成中國獨特之宗法社會。經考察，上述方東美對此一創見所做的闡釋與引證內容，與焦循在《易圖略卷六・原卦第一》闡釋伏羲畫卦的論述與引證內容一致，故方東美提出此項創見乃受到焦循觀點的影響，論證如下。

（二）焦循的觀點

焦循根據陸賈《新語》、班固《白虎通》、譙周《古史考》，以及〈繫辭傳〉之言，提出「伏羲設卦立人道」之主張與觀點。據此可證，方東美之主張乃淵源於焦循《易圖略卷六・原卦第一》闡釋伏羲設卦之功的主張與觀點。焦循說：

> 伏羲氏之畫卦也，其意質而明，其功切而大。或以精微高妙說之，

〔註 7〕方東美：《方東美先生演講集》，台北：黎明文化，2005 年，頁 190。

〔註 8〕方東美：《原始儒家道家思想》，台北：黎明文化，2005 年，頁 192～193。

〔註 9〕方東美：《方東美先生演講集》，台北：黎明文化，2005 年，頁 240。

則失矣。陸賈《新語》云:「先聖乃仰觀天文,俯察地理,圖畫乾坤,以定人道,民始開悟,知有父子之親,君臣之義,夫婦之道,長幼之序,於是百官立,王道乃生。」《白虎通》云:「古之時未有三綱六紀,民人但知其母不知其父,於是伏羲仰觀象於天,俯察法於地,因夫婦正五行,始定人道,畫八卦以治下。」〔註10〕譙周《古史考》云:「伏羲制嫁娶,以儷皮為禮。」〔註11〕伏羲之前,有男女而無定偶,則人道不定。伏羲定人道,而夫婦正,男女別。〈繫辭傳〉云:「天尊地卑,乾坤定矣。」〈序卦傳〉云:「有天地,然後有萬物;有萬物,然後有男女;有男女,然後有夫婦;有夫婦,然後有父子;有父子,然後有君臣;有君臣,然後有上下;有上下,然後禮義有所措。」所以明伏羲定人道之功也。知母不知父,則同於禽獸,父子、君臣、上下,禮義,必始於夫婦,則伏羲之定人道不已切乎?以知識未開之民,圖畫八卦以示之,而民即開悟,遂各遵用嫁娶,以別男女而知父子,非質而明,能之乎?故在後世,觀所畫之卦,陰陽、奇偶而已。而在人道未定之先,不知有夫婦者;知有夫婦、不知有父子者;知有父子,人倫王道自此而生。非聖神廣大,何以能此!然則伏羲之卦可知矣,為知母不知有父者示也。故「乾坤定位」,而後一索、再索、三索,以生六子,有父子而長少乃可序。吾知伏羲之卦,必首《乾》而次《坤》。或謂伏羲之卦為《連山》首《艮》,是乃無父之子矣,伏羲不爾也。故《傳》云:「天尊地卑,乾坤定矣。」明伏羲之卦首定《乾》、《坤》也。〔註12〕

首先,方東美引用陸賈、班固、譙周及〈繫辭傳〉之說做為其主張之證據,考之焦循《易圖略卷六.原卦第一》,就論述之內容以及順序觀之,兩人所論十分吻合,足證方東美此一獨特主張之觀點乃是淵源自焦循。此外,焦循在上文中,對陸賈、班固、譙周之主張,特別加注《商子》與《呂氏春秋》之言或指明是出自《史記索隱》,方東美不引《商子.開塞篇》或《呂氏春秋.恃君

〔註10〕《易圖略.原卦》注曰:「《商子.開塞篇》云:『天地設而民生之,當此之時也,民知其母,而不知其父。』《呂氏春秋.恃君篇》云:『昔太古嘗無君矣,其民聚生群處,知母不知父。』」

〔註11〕《易圖略.原卦》注曰:見《史記索隱》。

〔註12〕焦循:《易圖略卷六.原卦第一》。〔清〕焦循著,劉建臻整理:《焦循全集》(卷三),揚州:廣陵書社,2016年,頁1074。

篇》論「知母不知父」之說，而選擇引用焦循之論證，更可確認兩人之間思想上的淵源關係。

其次，方東美指出在上古時代，六十四卦即是透過異姓婚姻之制度，血緣關係之擴大而成。這一個主張與觀點，也是與焦循主張相同。焦循說：

> 《乾》、《坤》生六子，六子共一父母，不可為夫婦，則必相錯焉，此六十四卦所以重也。猶是《巽》之配《震》也，《坎》之配《離》也，《兑》之配《艮》也。在三畫，則同一父母之所生；在六畫，則已為陰陽之相錯。相錯者，以此之長女，配彼之長男，以彼之中男、少男，配此之中女、少女。一相錯，而婚姻之禮行，嫁娶之制備。八卦成列，因而重之，吾於此知伏羲必重卦為六十四。〔註 13〕

由上可知，方東美對於異姓婚姻之所以生，六十四卦之所以成的觀點，乃淵源自焦循的主張。即六十四重卦並非始於文王，而是源自古代的婚姻制度。就透過異姓婚姻以達成血緣的交流與擴大之結果觀之，即是焦循所言「旁通」之成己成物要義，亦是方東美所言，萬物間構成一旁通統貫整體之奧義所在。

最後，方東美追問六十四卦之哲學意義的第一個問題，就是引用焦循《易話上・學易叢言》之言：「學《易》者，必先知伏羲未作八卦之前是何世界；伏羲作八卦，重為六十四，何以能治天下？神農、堯、舜、文王、周公、孔子，何奉此卦畫為萬古修己治人之道？」〔註 14〕也就是說，方東美關注的焦點是伏羲時代的社會實態與人民的生活情境為何，這即是方東美作為重卦原理根據的歷史發展格式具體內容。焦循在《易圖略卷六・原卦第一》中旁徵博引眾家之說，其目的就在於從歷史發展的角度，探討伏羲畫卦的歷史意義。他認為伏羲畫卦不僅為了示人以嫁娶之道而已，而是據以開悟人民之人倫概念，建立社會中各種關係間的人倫秩序。〔註 15〕因此，他認為伏羲設卦定人道，即是文明之開端，後代諸聖更根據人倫之道而發揮成治國之道，於是由婚姻制度開始，逐漸擴充血緣關係，建立社會中所有的人倫秩序。對比

〔註 13〕焦循：《易圖略卷六・原卦第一》。〔清〕焦循著，劉建臻整理：《焦循全集》（卷三），揚州：廣陵書社，2016 年，頁 1075。

〔註 14〕焦循：《易話卷上・學易叢言》。〔清〕焦循著，劉建臻整理：《焦循全集》（卷三），揚州：廣陵書社，2016 年，頁 1174。

〔註 15〕焦循：《易圖略卷六・原卦第一》。〔清〕焦循著，劉建臻整理：《焦循全集》（卷三），揚州：廣陵書社，2016 年，頁 1074。

前述方東美由異姓婚姻關係逐步形成中國氏族與宗法社會的論述，兩人的觀點相當吻合。

綜上可證，方東美提出之《周易》卦爻符號系統乃淵源於古代婚姻制度的獨特觀點，乃淵源於焦循。

二、《周易》重卦符號系統之奧義在「旁通原理」

方東美視《易經》為歷史文獻，並且根據其三項內容，一一闡釋其中之奧義。首先，他根據「歷史發展格式」之史實，提出《周易》重卦符號系統乃淵源於古代婚姻制度，其中已經隱含著「旁通原理」。繼而，他據此認為依照嚴謹邏輯步驟推演出的「卦爻符號系統」，其重卦建構邏輯即是「旁通原理」。最後他指出藉語法應用以發掘卦爻間意義貫串之「文辭組合」，即是描述重卦符號系統之組成架構與動態關係，要言之即是解釋「旁通原理」。以下依序考察方東美提出的觀點並論證其思想淵源於焦循。

（一）《周易》卦爻符號系統之建構邏輯在於「旁通原理」

方東美論全體六十四卦的核心精神全主「旁通」。他在〈哲學三慧〉闡釋「旁通之理」時指出：「大易之用，大道之行，全在旁通。旁通一詞統攝四義：一、生生條理性；二、普遍相對性；三、通變不窮性；四、一貫相禪性。〈易大傳〉剖析旁通之理，最得要領」〔註16〕；又說：「《易》準天地，彌綸大道，範圍萬化而無過，曲成萬物而不遺，故曰廣大悉備也。其在易象，六爻發揮旁通之例，虞翻言之而未具，張惠言、焦循闡之極精微。」〔註17〕

方東美說漢代荀爽、虞翻演繹重卦原理所依據之形上學基本假定——「於卦象表示變異歷程之中，人居天地之間，涵有一種天地相孚應之動態關係」，乃首發於《易緯．乾鑿度》，他指出這項假定要旨，就是昌明孔子〈文言傳〉所陳之「根本本體論」原理，即「旁通原理」也。〔註18〕此外，方東美於〈易之邏輯問題〉自創一套重卦演繹法的動機，也是為了補強焦循「旁通說」的重卦邏輯結構。由上可見，方東美不僅認為「旁通原理」即是《周易》重卦符號系統所隱含的哲學原理，同時其主張的「旁通原理」，不是漢儒所提

〔註16〕方東美：《生生之德．哲學三慧》，台北：黎明文化，2005年，頁204。
〔註17〕方東美：《生生之德．哲學三慧》，台北：黎明文化，2005年，頁204。
〔註18〕整理自：方東美：《中國哲學精神及其發展（上）》，台北：黎明文化，2005年，頁198。

出之靜態對待關係的「旁通說」，而是焦循在荀爽、虞翻解《易》體例基礎上，從動態變化的觀點賦予新義的「旁通說」。

1. 方東美的觀點

首先，方東美自創一套《周易》重卦演繹方法的目的，即為了證立「旁通原理」就是重卦建構邏輯的根本原理。方東美透過六種邏輯運作（歧出、疊現、相索、觸類一、觸類二、引申），再自〈繫辭傳〉得出五大假定作為設準，依照演繹法有效推出六十四卦。詳細演繹過程過於繁複，本文不予詳述，可參見《中國哲學精神及其發展（上）》及《生生之德．易之邏輯問題》。〔註 19〕他指出根據此法所得之結果即可確認「旁通原理」為根本原理，他說：「六十四卦即可據之悉依演繹法而步步有效推出矣。最後結果，復可確然證立『旁通原理』為無訛，足見全部重卦系統，乃本質上相攝互涵，兩兩相孚者。」〔註 20〕在第五項假定中他說：「成卦之後，比而觀之，凡兩卦並列，剛柔兩兩相孚者，謂之旁通。」〔註 21〕根據此一假定，他又明確指出「旁通原理」即是卦爻符號系統的根本原理，他說：「我曾用近代的邏輯程序，……推出六十四卦的結果，然後再依據第五條的原理——『重卦之後，兩兩相比，陰陽相爭』，看出六十四卦就是旁通的系統。」〔註 22〕此處方東美透過嚴謹的演繹邏輯從六十四卦產生的步驟中證得「旁通原理」，具體地呈現出六十四卦動態發展的歷程以及相互之間的旁通關係。繼而方東美藉由「旁通原理」進一步闡釋《周易》符號與文字系統中所蘊含的哲學意義。方東美說：

> 全部六十四卦皆可有效推得，終集大成於一部旁通之系統，其中任何二卦之間爻爻相索、一一對應，謂之相孚；反之，亦然。臻此結果，《大易》一書，不惟其符號系統充份可解，即其文義理貫亦大有脈絡可尋。依旁通之理，凡各辭句（或繫辭、或爻辭），無論陳事說理，其意義均富有彼是相需、錯綜交織之重要蘊涵。一言以蔽之，《易經》全部重卦卦象系統，連同繫辭部分，涵具一套典型之中國廣大和諧哲學體系。〔註 23〕

〔註 19〕詳細之演繹步驟及說明詳參《生生之德．易之邏輯問題》，頁 56～64；《中國哲學精神及其發展（上）》，頁 200～210。

〔註 20〕方東美：《中國哲學精神及其發展（上）》，台北：黎明文化，2005 年，頁 200。

〔註 21〕方東美：《生生之德．易之邏輯問題》，台北：黎明文化，2005 年，頁 58。

〔註 22〕方東美：《方東美先生演講集》，台北：黎明文化，2005 年，頁 243。

〔註 23〕方東美：《中國哲學精神及其發展（上）》，台北：黎明文化，2005 年，頁 211。

方東美不僅證明「旁通之理」就是《周易》符號系統的根本原理，同時也明確指出《周易》卦爻辭文字系統的目的之一，即是將隱含在重卦符號系統中的「旁通原理」呈現出來。此外，他在〈哲學三慧〉說：「大易之用、大道之行，全在旁通。」〔註 24〕又明確指出他的「旁通說」跟虞翻的不同，而更傾向於清儒的觀點，他說：「《易》準天地，彌綸大道，範圍萬化而無過，曲成萬物而不遺，故曰廣大悉備也。其在易象，六爻發揮旁通之例，虞翻言之而未具，張惠言、焦循闡之極精微。」〔註 25〕綜上，方東美透過現代符號邏輯的方法，證得六十四卦就是一套旁通的系統，並且據以主張「旁通原理」即是《周易》卦爻符號系統蘊含的哲學原理，而卦爻辭文字系統則進一步解釋卦爻符號系統所隱含「旁通原理」之奧義。

2. 焦循的觀點

透過方東美對焦循《易》學思想的肯定，可以確認焦循「旁通原理」的主張影響了方東美的觀點。他說：「後來焦氏循依據旁通求通易辭，義據精深，頗可採取。」〔註 26〕他又讚許焦循超邁前古的《易》學成就，並且推薦《易學三書》之價值與貢獻，他說：

> 其思想內容繁富，論證細密深邃，殊不易數語括盡。無已，余特一語為薦，許以高度之創發性。《易經》艱晦難明，得焦釋，其義幾全通，而成為一部可解、可讀之儒家哲學經典文獻矣。〔註 27〕

綜觀方東美論《易》之言，他對焦循的治《易》成果給予高度肯定，他強調《易經》這部天書經過焦循的詮釋之後，成為可解、可讀之儒家經典，透過此說即可確定方東美認為焦循的《周易》研究成果，充分闡明了原始儒家《周易》哲學之奧義，也就是說，方東美的《周易》哲學思想即受焦循的影響。

而「旁通說」，又是焦循《周易》哲學思想的核心。焦循說：「《易》之繫辭，全主旁通。」〔註 28〕又說：「余學《易》，所悟得者有三：一曰『旁通』，二曰『相錯』，三曰『時行』。此三者，皆孔子之言也，孔子所以贊伏羲、文

〔註 24〕方東美：《生生之德．哲學三慧》，台北：黎明文化，2005 年，頁 204。
〔註 25〕方東美：《生生之德．哲學三慧》，台北：黎明文化，2005 年，頁 204。
〔註 26〕方東美：《生生之德．易之邏輯問題》，台北：黎明文化，2005 年，頁 56。
〔註 27〕方東美：《中國哲學精神及其發展（上）》，台北：黎明文化，2005 年，頁 200。
〔註 28〕焦循：《易圖略卷一．旁通圖第一》。〔清〕焦循著，劉建臻整理：《焦循全集》（卷三），揚州：廣陵書社，2016 年，頁 980。

王、周公者也。」〔註29〕綜上可證，方東美「旁通原理」乃淵源自焦循的「旁通說」。「旁通」一辭原出自於〈文言傳〉：「六爻發揮，旁通情也」，漢代虞翻將「旁通」列入其解《易》體例中，本意為描述《周易》符號系統全部六十四卦可依照卦畫之六爻陰陽完全相反的原則而分為三十二對兩兩旁通之卦組的現象。焦循則在虞翻的定義中，依據時間之變動本質，導入動態運動的觀點，認為每一旁通卦組中的兩卦，因為其中爻位的兩兩陰陽相應，故可以透過爻位的相互推移，將兩卦中不正之爻位，經由「相應」原則，兩旁通卦間循二五爻、初四爻、三上爻的爻位對應原則進行爻位相易之運動。爻位相易的結果則是旁通組中之兩卦之爻位均由不正而之正，故焦循「旁通說」的哲學意義不僅僅在於達到「成己」的目的而已，並且是經由「成物」的過程之後才得以「成己」，也就是說在旁通的運動過程中，旁通組中的兩卦經由變動而創造了新的價值。焦循對此有深入的闡述，他說：「《傳》云：『六爻發揮，旁通情也。』『成己』在性之『各正』，『成物』在情之『旁通』，非通乎情，無以正乎性。」〔註30〕此即方東美前述：「一言以蔽之，《易經》全部重卦卦象系統，連同繫辭部分，涵具一套典型之中國廣大和諧哲學體系」之所本。

此外，方東美分從「邏輯」、「語意學」與「形上學」之層面對「旁通之理」進行闡釋，即是發揮焦循「旁通說」的哲學要義，據以貫穿《周易》象、辭、理。其中特別值得注意之處是，他從「邏輯」與「語意學」層面論述「旁通之理」時，不但直言焦循《易學三書》發揮孔子旁通之義，同時直接引用焦循《易圖略卷一・旁通圖第一》之內容進行說明，由此可得另一例證，證明方東美「旁通之理」乃是淵源於焦循之思想。首先，他讚許焦循《易》學思想乃發揮孔子旁通之意：

> 初就邏輯上言，「旁通」蓋指一套首尾一貫之演繹系統，而可以嚴密推證之者，其規則，俱涵於六十四卦之排列步驟程序之內。次就語意學上言，「旁通」蓋指一套語法系統，其中舉凡一切有意義之辭句，其語法結構規則與轉換規則，均明確標示一種相錯對當關係與互涵密接關係。清儒焦循言之甚審，俱見慧心，詳載其名著《易學

〔註29〕焦循：《易圖略敘目》。〔清〕焦循著，劉建臻整理：《焦循全集》（卷三），揚州：廣陵書社，2016年，頁969。

〔註30〕焦循：《易通釋卷五》，「性、情、才」條。〔清〕焦循著，劉建臻整理：《焦循全集》（卷二），揚州：廣陵書社，2016年，頁434。

三書》，充份發揮孔子於〈文言傳〉暢論「旁通」主旨。〔註31〕繼而，他引用焦循各式著作中的論述之言，據以闡釋「旁通之理」的要義，他說：

> （甲）「伏羲設卦觀象，全在旁通變化」（乙）「旁通者，……在本卦初與四易，二與五易，三與上易。本卦無可易，則旁通於他卦；爻初通於四，二通於五，三通於上。」（丙）「兩卦旁通，每以彼卦之意係於此卦之辭（反之亦然）。」（丁）「易之動也，非當位即失道，兩者而已。何為當位？先二五，後初四、三上是也；何為失道？不俟二五，而初四、三上先行是也。」（戊）「易之辭指識其卦爻之所之，以分別當位失道也。」〔註32〕

最後他援引焦循之主張，提出「《大易》主旨全在化失道為當位，正其序也，如（丁）所示，以明旁通之理」〔註33〕之觀點作為其結論。

綜上可證，方東美「旁通原理」所持的觀點即是淵源自焦循之說。此外，方東美更將「旁通原理」視為《周易》哲學形上原理之核心，根據時間之本質，發揮為一套原始要終的形上原理，後文論「通其理」時再詳述之。

（二）《周易》卦爻辭文字系統之創作主旨在解釋重卦之「旁通原理」

如前述，方東美認為透過其演繹重卦所證得的「旁通原理」，可以解釋《周易》象與辭所隱含的哲學奧義。他認為，「旁通之理」不只呈現了卦爻符號系統之建構邏輯與系統架構，同時也是《易經》文辭組合之創作根據。他說：「憑藉其語法交錯連綿的應用，可以發掘卦爻間彼此意義之銜接貫串處。」〔註34〕也就是說，卦爻符號系統藉由兩兩相孚來展現「旁通原理」，文辭組合，即卦爻辭，應用交錯連綿的語法，指示卦爻間之意義貫串處。前文介紹「研易者三惑」議題時，方東美即指出，通解《周易》卦象與卦辭間邏輯關係的關鍵，就在於重卦之建構原理，也就是「旁通原理」。

1. 方東美的觀點

如前述，方東美在〈易之邏輯問題〉中引用並發揮焦循之觀點，說明如

〔註31〕方東美：《中國哲學精神及其發展（上）》，台北：黎明文化，2005年，頁220。

〔註32〕方東美：《中國哲學精神及其發展（上）》，台北：黎明文化，2005年，頁220～221。

〔註33〕方東美：《中國哲學精神及其發展（上）》，台北：黎明文化，2005年，頁221。

〔註34〕方東美：《生生之德．中國形上學中之宇宙與個人》，台北：黎明文化，2005年，頁354。

何通解《周易》象辭關係的關鍵。他說：

> 專從上、下篇經文去求解，覺得某卦何以應繫某辭，某爻何以應繫某辭，愈看愈不知其所以然。善哉焦氏循有言曰：「學易者必先知伏羲未作八卦之前是何世界。」就是說學易的人應知道，作易者在未畫卦以前，他的思想寄託於何種意象世界。〔註 35〕

他指出學《易》者必須跳脫傳統之方法，放棄透過一卦一爻或一辭一句進行《周易》詮釋的模式，而是應該追本溯源地探求《周易》六十四重卦的創作者，是根據怎樣的歷史發展格式，處於何種社會現實背景，抱持何種動機與目的，進行卦爻符號系統之創作。方東美不僅指出探求六十四卦建構邏輯對於《周易》研究的重要性，同時也進一步點出象、辭間的關係，也是《周易》研究的重點之一。為了闡明他的觀點，他透過牌譜之於馬將牌，棋譜之於象棋所扮演的角色作比喻，進一步說明他的《易》學觀點。他說：

> 余意《易》卦好比是馬將牌，若是我們只有個別的牌名而無系統的牌譜，那末，馬將牌無法玩味。譬如下象棋，若是我們不知道車馬炮兵如何走法，各人隨心之所欲，胡亂佈陣，則無勝負可言，如何能引起人的興趣呢？如此便也失去了娛樂的價值。〔註 36〕

方東美藉由象棋與馬將牌之遊戲規則作比喻，解說《周易》卦畫與卦爻辭兩系統之間的關係，明確地說明《周易》卦爻辭的功能。即一方面闡明六十四卦符號系統各自的角色與相互之間的關係，另一方面則揭示六十四卦之間的動態變化關係。也就是分從靜態對待與動態變化的角度，說明重卦符號系統所隱含的「旁通原理」。根據考察，方東美上述二項觀點及引證，都是出於焦循的《易》學主張。

2. 焦循的觀點

在象辭間邏輯關係的探求方面，方東美治《易》觀點與焦循獨闢蹊徑的《易》學研究成果高度相關。焦循受到其父提出《周易》「異象同辭」之問的啟發，基於探討象辭相應之理而悟出「旁通」、「相錯」、「時行」，成就其《易學三書》。以下依序論證方東美上述之兩項《易》學觀點乃淵源於焦循。

首先，方東美引用焦循之言闡發他的觀點，即為方東美受到焦循主張所影響的直接證據。「學《易》者必先知伏羲未作八卦之前是何世界」，乃出自

〔註 35〕方東美：《生生之德．易之邏輯問題》，台北：黎明文化，2005 年，頁 36。
〔註 36〕方東美：《生生之德．易之邏輯問題》，台北：黎明文化，2005 年，頁 36。

焦循《易話上・學易叢言》，方東美發揮焦循觀點而提出他的命題。因此，可以確認方東美此項《易》學觀受到焦氏《易》學思想的影響。進一步詳閱焦循《易話》之文脈，從歷史發展史實角度詮釋重卦原理的觀點，兩人也有相似的見解。焦循說：

> 學《易》者，必先知伏羲未作八卦之前是何世界；伏羲作八卦，重為六十四，何以能治天下？神農、堯、舜、文王、周公、孔子，何奉此卦畫為萬古脩己治人之道？孔子刪《書》始唐、虞，治法至唐、虞乃備也；贊《易》始伏羲，人道自伏羲始定也。有夫婦然後有父子，有父子然後有君臣。伏羲設卦觀象，定嫁娶以別男女，始有夫婦，有父子，有君臣，然則君臣自伏羲始定，故伏羲為首出之君。前此，無夫婦、父子，即無君臣。〔註 37〕

簡言之，焦循認為伏羲設卦的動機與目的是為了「定人道」。他認為上古時代由伏羲至孔子之先聖們，都是依據卦畫之建構原理而發揮為修己治人之道；同時，焦循指出伏羲「定人道」的第一件工作是「定嫁娶以別男女」，然後才有夫婦、父子、君臣等儒家所重視之人倫之道。前述方東美從歷史發展角度觀點提出「卦畫圖騰說」主張，與焦循上述觀點有異曲同工之處。綜上可知，方東美之思想淵源於焦循。

其次，方東美例舉牌譜、棋譜為比喻，補充說明前述命題之要義，經過實測焦循之相關著作，方東美同樣是發揮焦循之主張。焦循說：

> 伏羲畫八卦，重為六十四，其旁通行動之法，當時必口授指示。久而不傳，文王、周公以辭明之，即明其當日口授指示者也。學者舍其辭，但觀其卦，則此三百八十四畫，遂成一板而不靈之物。如棋有車馬炮卒士相帥將，按圖排之，必求之於譜，乃知行動之法，其精微奇妙存乎其中。若舍去譜而徒排所謂車馬炮卒士相帥將者，不敢移動一步，又何用乎其為棋也？六十四卦，車馬炮卒士相帥將也；文王、周公、孔子之辭，譜也。不於辭中求其行動之用，是知有棋而不知有譜者也。〔註 38〕

〔註 37〕焦循：《易話卷上・學易叢言》。〔清〕焦循著，劉建臻整理：《焦循全集》（卷三），揚州：廣陵書社，2016 年，頁 1174。

〔註 38〕焦循：《易話卷上・學易叢言》。〔清〕焦循著，劉建臻整理：《焦循全集》（卷三），揚州：廣陵書社，2016 年，頁 1174。

方東美以焦循棋譜之比喻為基礎，再提出馬將牌譜為補充，重點即在闡明六十四卦爻符號系統乃是一套旁通統貫、動態變化的系統，伏羲畫卦之動機與目的即是為了演示人道之間的旁通關係與變化之道。《周易》六十四卦好比不同角色、性質的棋子，共同構成整套象棋，缺一不可，而象棋棋譜則提供了不同角色、性質的棋子之行動法則。藉此以棋譜比喻《周易》卦爻辭文字系統之性質與功能，即在闡釋六十四卦符號系統之動態變動法則。焦循認為伏羲時代沒有文字，故口傳心授，至文王、周公時代恐其失傳遂以辭明之，至孔子所生值之末世，唯恐周代人文化成之成果消失，則以《十翼》贊之。由上可知，方東美與焦循都認為《周易》卦畫並不僅指出實體實事之名而已，同時也指示實體實事之間的互動關係，六十四卦畫如棋子，卦爻辭如棋譜。是故，卦爻辭的功能即是演示六十四卦所代表之「人道」的精微奇妙行動之法。此一觀點乃焦循《易學三書》首創，由此可知，方東美此一《易》學觀點乃淵源於焦循。

綜上述可知，方東美即是繼承焦循重卦原理之觀點，從動態邏輯與歷史發展格式的觀點對《周易》象辭關係進行詮釋，闡明其中旁通行動之法，跳脫出僅僅將《周易》符號與文字系統視為單純歷史紀錄的靜態觀點。方東美與焦循不僅從同樣的問題意識出發，同時也從動態的角度確立《周易》象辭之間的邏輯關係。如第一例，焦循探求「未作八卦之前是何世界」，即是追問伏羲時代之實際生活情境為何。焦循認為伏羲作八卦之目的乃是「設卦以立人道」，並且是聖聖相傳之修己治人之道，於是透過歷史典籍記載之內容作為其立論之基礎，從歷史發展的角度詮釋伏羲畫卦所具有的歷史意義，闡發其「立人道」之具體哲學思想內容，證立其為先哲們一脈相傳修己治人的寶典。綜前述可知方東美也是秉此立場與觀點作為治《易》的出發點。又如第二例，焦循《易話》指出：「伏羲畫八卦，重為六十四，其旁通行動之法，當時必口授指示」、「六十四卦，車馬炮卒士相帥將也，文王周公孔子之辭，譜也。不于辭中求其行動之用，是知有棋而不知有譜者也」，焦循從整體角度提出其動態《易》學觀，畫卦者的動機具有一套如同棋譜般功能的系統化「旁通行動之法」，只是無法以文字傳下，而是以口授指示，所以，治《易》首要步驟在於追問重卦之建構原理，其中關鍵就是要領略其中蘊涵之「旁通行動之法」。前文中，方東美由語意學角度闡釋「旁通之理」的要義時指出：「伏羲設卦觀象，全在旁通變化」、「兩卦旁通，每以彼卦之意係於此卦之辭」、「易之辭指識其卦爻之所之，以分別當位失道也」等語，即是闡明此一「旁通行動之法」。以此參照焦循《易話》之言，更可確認方東美之觀點淵源自焦循說，他說：

> 伏羲之卦，有畫無辭，文王、周公以辭指其畫之所之。舍卦爻所之，以觀《彖辭》、爻辭，覺其奧澀不可解。孔子作《傳》，亦以其未易質言也，而翼之贊之。舍卦爻所之，以觀《十翼》，覺其平泛無所附，知其為指卦爻之所之，得其引申比例之妙，遂覺《彖辭》、爻辭必合如是繫之，《十翼》必合如是贊之。《小戴記經解》稱《易》教「潔淨精微」，《淮南·泰族訓》謂《易》之義「清明條達」，以引申、比例推之，乃嘆「潔淨精微」、「清明條達」八字，確不可移。〔註 39〕

三、論漢儒重卦建構原理之邏輯謬誤

方東美與焦循兩人都對漢儒演繹六十四卦之邏輯謬誤提出批評。兩人批評荀爽與虞翻「卦變說」的焦點都集中在其重卦之法駁雜不純、不能畫一的問題上。也就是說在方東美與焦循看來，漢儒為了說通《周易》經、傳文義所發明的解《易》體例，不但自紊其例，並且不能完滿地解釋六十四卦產生的邏輯，甚至曲解孔、孟聖人之意。

首先，就兩人對漢儒解《易》謬誤所持立場而言。方東美認為漢儒解《易》之說已摻雜了卦氣、曆法、筮術等思想，因此漢儒對於六十四卦成卦邏輯的解釋，已經不是為了探求「學易者必先知伏羲未作八卦之前是何世界」，而是把六十四卦認作既成事實，進而透過各種解《易》體例去說明《周易》象辭之間的關係。因此，他認為漢儒們無論是採用歸納邏輯或演繹邏輯系統所發明的成卦之法，都無法一貫合理地說明六十四卦的成卦邏輯。方東美此一觀點與焦循之主張是相同的。焦循認為：「惜乎漢、魏諸儒，不能推其所聞，以詳發聖人之蘊，各持其見，苗莠雜糅，坐令《老》、《莊》異端之流出而爭之矣」〔註 40〕；「升降之說，見於荀爽。但荀氏明升降於《乾》、《坤》二卦，而諸卦不詳。虞氏以『旁通』解《易》，而不詳升降之義」〔註 41〕；又說

〔註 39〕焦循：《易話卷上·學易叢言》。〔清〕焦循著，劉建臻整理：《焦循全集》（卷三），揚州：廣陵書社，2016 年，頁 1172。

〔註 40〕焦循：《易通釋敘目》。〔清〕焦循著，劉建臻整理：《焦循全集》（卷一），揚州：廣陵書社，2016 年，頁 298。

〔註 41〕焦循：《易圖略卷三·旁通圖第一》。〔清〕焦循著，劉建臻整理：《焦循全集》（卷三），揚州：廣陵書社，2016 年，頁 976。

「卦變之說，本於荀、虞，其說皆不能畫一」〔註 42〕。綜觀焦循《易圖略》對漢、宋象數派《易》學家所發明解《易》體例的評論可知，焦循不贊同漢儒解說《周易》時所抱持的觀點以及體例。故，方東美不僅在重卦邏輯哲學意義之觀點上與焦循立場一致，同時對於漢儒曲解孔、孟聖人之道的批評也有一致的觀點。方東美對荀、虞二人學說之邏輯謬誤進行了闡述，他說：

> 荀爽想以升降的原理，解說重卦的問題，就現在荀氏所留下片斷《易》注看來，所能說明者十數卦而已，其間亦往往自紊其例。虞翻《易》學之邏輯系統，氣魄博大，但其間有許多問題糾纏不清，許多條例駁雜不純；對於重卦問題，不能統六十四卦於簡潔的條例之下，以說明其產生之次第；關於卦與卦間之邏輯關係，往往根據〈說卦傳〉以方便其說，其真理價值究竟如何尚待估定。〔註 43〕

就以上觀點而言，方東美從成卦之法的邏輯角度對荀爽、虞翻考察之後所得的結論，與焦循之觀點相近。

其次，就兩人對於漢儒產生邏輯謬誤之成因的觀點而言。在方東美看來，漢儒解《易》各種說法中最重要的哲學概念是「旁通」，但是漢儒卻犯了本末倒置的錯誤，從《易》辭之中去探求卦象的「旁通」，他指出漢儒忽略了卦象之「旁通」必需在卦象已經產生之後才能發生。因此他主張：「現在我們要求通《易》，應當由《易》之取象演卦著手，然後再從卦與卦間的邏輯關係，試求通辭，不能根據漢儒的說卦傳及逸象，方便其辭，曲予解說。」〔註 44〕方東美是從「旁通原理」的哲學角度審視荀、虞兩人解說成卦之因時所犯之邏輯謬誤，也就是說他的焦點是先探求《周易》六十四卦成卦的原理，而不是直接通釋《周易》經、傳文義，這樣的觀點與焦循相同。焦循認為荀爽、虞翻兩人解《易》之謬誤，蓋肇因於不明〈繫辭傳〉：「辭也者，各指其所之」之義所致。他認為《易》辭所指示的是卦爻之間的行動之法，而不是成卦之法，故他說：「荀、虞不求其端，不訊其末，不知『各指所之』之義，而以為卦爻可隨意推移，遂成千古謬說之所由來。」〔註 45〕綜上所述可知，方東美與焦循

〔註 42〕焦循：《易圖略卷七・論卦變上第二》。〔清〕焦循著，劉建臻整理：《焦循全集》（卷三），揚州：廣陵書社，2016 年，頁 1097。

〔註 43〕方東美：《生生之德・易之邏輯問題》，台北：黎明文化，2005 年，頁 37。

〔註 44〕方東美：《生生之德・易之邏輯問題》，台北：黎明文化，2005 年，頁 38。

〔註 45〕焦循：《易圖略卷七・論卦變下第三》。〔清〕焦循著，劉建臻整理：《焦循全集》（卷三），揚州：廣陵書社，2016 年，頁 1107。

兩人都是主張「通其象」乃是「通其辭」的基礎，探求六十四卦成卦之邏輯乃是《周易》哲學的第一義，而《易》辭的作用與解釋必須依照六十四卦之重卦建構邏輯去理解與解釋，也就是「旁通原理」。

值得注意的是，研究荀爽、虞翻兩人《易》學思想的參考資料，主要是以唐代李鼎祚《周易集解》所引之荀、虞兩人注釋為本。因此在比較方東美與焦循二人論漢儒謬誤立場之異同時，必須以兩人引《周易集解》之內容為基礎，透過兩人論述之立場與觀點、步驟與結論等方面的異同進行比較，以確立兩人在論證漢儒謬誤時，思想淵源上的因襲關係。

（一）論荀爽之邏輯謬誤

方東美於〈易之邏輯問題〉中評論荀爽演卦所採用的演繹邏輯系統時，指出其「升降之法」不僅自紊其例，同時也只能說明八正卦之產生，〔註 46〕無法通解六十四卦的重卦邏輯。他說：

> 荀氏以陰陽升降的道理，……不能完滿的說明六十四卦的產生。荀氏根據《乾鑿度》……，從《乾》、《坤》兩卦產生《坎》、《離》、《震》、《巽》、《艮》、《兑》。……荀氏進一步想用升降的道理來說明其他的諸卦，這種嘗試並沒有任何成功。〔註 47〕

方東美認為荀爽的「陰陽升降」之法本是根據《易緯·乾鑿度》之形上學原理而來，即——「動於地之上，應乎天之上：動於地之中，應乎天之中；動於地之下，應乎天之下。」〔註 48〕簡言之就是三與上爻、二與五爻、初與四爻分三組進行陰陽升降。依此法，可由《乾》、《坤》二卦，推得六子卦，但是卻無法用同樣的方法推出六十四卦。因此，方東美於〈易之邏輯問題〉中列舉出八個圖例，據以證明荀爽試圖以陰陽升降之法說明六十四卦之產生方式所犯的邏輯錯誤，並且在各圖解旁以文字加以說明，摘要如下：

> 「屯來自坎」、「蒙來自艮」、「謙則『乾上九來之坤三』」、「解，乾初九升之坤四、乾九五降之坤二」、「訟來自遯」、「旅來自否」、「晉來自觀」、「損來自泰」。〔註 49〕

〔註 46〕乾坤生八卦之圖示請參閱方東美：《生生之德．易之邏輯問題》，台北：黎明文化，2005 年，頁 44。

〔註 47〕方東美：《生生之德．易之邏輯問題》，台北：黎明文化，2005 年，頁 43～44。

〔註 48〕方東美：《生生之德．易之邏輯問題》，台北：黎明文化，2005 年，頁 45。

〔註 49〕方東美：《生生之德．易之邏輯問題》，台北：黎明文化，2005 年，頁 45。

方東美就是根據此八個卦例在各自成卦的邏輯上，出現成卦之法不一致的現象，據以指出荀爽成卦邏輯之謬誤。如《屯》、《蒙》兩卦之成，是分別來自於《坎》與《艮》在本卦內的爻位升降，故所謂「《屯》來自《坎》」即是指水雷《屯》卦是《坎》之初六與九二互換爻位之後所得；山水《蒙》卦則是兼山《艮》之六二與九三互換爻位所得，此二者皆沒遵守荀爽自稱的「陽升陰降」原則。又如《謙》、《解》兩卦又可以來自《乾》、《坤》兩卦之間的爻位升降，地山《謙》卦只升降一爻，即《乾》上九爻降至《坤》卦三爻之位所成；雷水《解》卦則升降兩爻，即《乾》初九爻升至《坤》四爻之位、《乾》九五爻降至《坤》二爻之位，《坤》卦即成《解》卦。方東美指出上述例子所犯之邏輯錯誤包含了：首先是不符合《乾》、《坤》生六子時的升降原則，即「初以四、二以五、三以上」的原則；其次《謙》、《解》兩卦並非六子卦，卻又可以來自《乾》、《坤》兩卦，即不能一貫遵守已定的原則；最後在《乾》、《坤》兩卦謂《乾》當上升而不降，坤當下降而不升，可是在六子則又謂《乾》、《坤》可以同時升降。〔註 50〕

就方東美以上所舉例子之圖解與文字說明部分觀之，雖然文字內容，如「屯來自坎」等並非出自《周易集解》所引荀爽注之原文，但是其圖解部分的升降原則即是運用《周易集解》之法則。《周易集解》引荀爽注《屯》〈彖〉「動乎險中，大亨貞。」曰：「『物難在始生，此本坎卦也。』案：初六升二，九二降初，是『剛柔始交』也。」〔註 51〕此即是方東美圖解「《屯》來自《坎》」時的升降依據。反觀焦循《易圖略》評論荀爽卦變說之謬誤時則直接引《周易集解》之原文加以分析，他說：

> 荀爽謂《屯》本《坎》卦，初六升二，九二降初。《蒙》本《艮》卦，二進居三，三降居二，則本六子矣。《謙》，《乾》來之《坤》，則謂《乾》上之《坤》三。《解》，《乾》動之《坤》，謂《乾》、《坤》交通，動而成《解》，則本於《乾》、《坤》矣。《訟》陽來居二，則本《遯》。《旅》陰升居五，則本《否》。《晉》陰進居五，則本《觀》。《損》，《乾》之三居上，則本《泰》。是又本十二辟矣。〔註 52〕

〔註 50〕方東美：《生生之德．易之邏輯問題》，台北：黎明文化，2005 年，頁 45。

〔註 51〕〔唐〕李鼎祚撰，王豐先點校：《周易集解》，北京：中華書局，2016 年，頁 47。

〔註 52〕焦循：《易圖略卷七．論卦變上第二》。〔清〕焦循著，劉建臻整理：《焦循全集》（卷三），揚州：廣陵書社，2016 年，頁 1097～1098。

比對兩人上引之卦例後，要點有三。其一，兩人自《周易集解》中引了相同的八個卦例進行考察；其二，兩人列舉卦例之順序完全相同；其三，兩人所未列舉之《周易集解》卦例也相同。由此可見，雖然方東美在卦例的文字說明內容上不同於焦循引自《周易集解》的原注，但是根據上述三項原因可證方東美論荀爽「卦變說」邏輯謬誤的觀點乃受到焦循的影響。以下分三點詳細論證之。

首先，方東美解說《謙》卦時所做的文字說明，並非引自《周易集解》荀爽之注，而是焦循綜合《周易集解》《謙》卦之諸多注釋後所整理出來的內容，也就是說方東美對《謙》卦的文字說明乃是直接引用了焦循《易圖略》之文本，由此可證，方東美此一觀點源自焦循，詳細論證如下。方東美說：「《謙》則『《乾》上九來之《坤》三』。」〔註 53〕根據《周易集解》荀爽注〈彖傳〉「天道下濟而光明」曰：「《乾》來之《坤》，故『下濟』。陰去為《離》，陽來成《坎》，日月之象，故『光明』也」；〔註 54〕而焦循《易圖略》則說：「《謙》，《乾》來之《坤》，則謂《乾》上之《坤》三。」比較上述三者之文字說明，方東美釋《謙》之文字乃是採用焦循之版本，而非《周易集解》中的版本。

其次，就方東美例舉之八個卦的順序而言，也與焦循《易圖略》之順序一致，然而這個順序並非依照《周易集解》記載之順序而來，故可證方東美此一觀點係源自於焦循之主張。焦循所列舉八個卦之順序如下：《屯》、《蒙》、《謙》、《解》、《訟》、《旅》、《晉》、《損》，並非依照《周易集解》按〈序卦傳〉之論述順序：《屯》、《蒙》、《訟》、《謙》、《晉》、《解》、《損》、《旅》，故依照方、焦二人論述順序之一致，可證明方東美受到焦循觀點的影響。

第三，就二人皆未列入例證之內容而言。據《周易集解》內容觀之，荀爽論成卦之內容不只有上述八個卦，例如荀爽注釋《困》卦〈彖傳〉「險以說」時曰：「此本《否》卦，陽降為險，陰升為悅也。」〔註 55〕又如荀爽注釋《井》卦辭「往來井井」時曰：「此本《泰》卦。陽往居五，得坎為《井》；陰來在下，

〔註 53〕方東美：《生生之德．易之邏輯問題》，台北：黎明文化，2005 年，頁 45。

〔註 54〕〔唐〕李鼎祚撰；王豐先點校：《周易集解》，北京：中華書局，2016 年，頁 115。

〔註 55〕〔唐〕李鼎祚撰；王豐先點校：《周易集解》，北京：中華書局，2016 年，頁 288。

亦為《井》，故『往來井井』也。」〔註 56〕因此就二人論荀爽邏輯謬誤之觀點而言，可證方東美乃因襲焦循之觀點。綜上可證，方東美論荀爽邏輯謬誤乃是因襲自焦循的觀點。

（二）論虞翻之邏輯謬誤

方東美認為虞翻論成卦邏輯時，最嚴重的問題就是作為演繹邏輯推論基礎的原始觀念不只一種。他考察《周易集解》中虞翻論六十四卦成卦之相關說法，將重卦之法歸納為四例：「一、本於《乾》、《坤》；二、本於消息卦；三、本於消息所生之卦；四、本於六子。」〔註 57〕他又參照清代張惠言分析虞翻重卦方法之論，認為有四個方法，即：「一、爻之。二、旁通。三、消息（所指者十二辟卦也）。四、消息所生之卦（即爻例也）。」〔註 58〕簡言之，無論就方東美或張惠言所歸納的成卦之法觀之，其最明顯的邏輯謬誤就在於成卦之邏輯不止一端。方東美進一步指出無論是用哪一種方法，都不能單獨通解六十四卦之成卦邏輯，這就是方東美對虞翻邏輯系統之評論，「許多條例駁雜不純」、「不能統六十四卦於簡潔的條例之下」。而焦循也指出：「漢魏以來說《易》諸家，最詳善者莫如仲翔虞氏，非不鏤心刻骨求合聖《經》，乃求之於辭，鮮能畫一。」〔註 59〕由上觀之，方東美與焦循對於虞翻的《易》學思想研究，不約而同的都聚焦在方東美所稱之「成卦之法」或焦循所謂「卦變」體例的探討上。

對於虞翻《易》學的研究，以清代張惠言最詳。朱伯崑指出：「張惠言於《周易虞氏義》中，依虞翻義，對《周易》經傳作了全部的注疏，其注疏卦爻辭的體例有旁通說，卦變說，乾坤升降說，飛伏說，納甲說，五行說，卦氣說，互體說等，而歸結為取象說，並以十二消息卦說為解經的綱領。」〔註 60〕朱伯崑個人則認為：「虞翻之所以講卦變，講旁通，無非是使一卦變為兩卦以上的卦，然後再以互體說、取象說，解釋經傳文句。」〔註 61〕又說：「虞翻的

〔註 56〕〔唐〕李鼎祚撰；王豐先點校：《周易集解》，北京：中華書局，2016 年，頁 296。

〔註 57〕方東美：《生生之德．易之邏輯問題》，台北：黎明文化，2005 年，頁 48。

〔註 58〕方東美：《生生之德．易之邏輯問題》，台北：黎明文化，2005 年，頁 48。

〔註 59〕焦循：《易圖略卷六．原辭下第六》。〔清〕焦循著，劉建臻整理：《焦循全集》（卷三），揚州：廣陵書社，2016 年，頁 1084。

〔註 60〕朱伯崑：《易學哲學史（第四卷）》，北京：華夏出版，1994 年，頁 309。

〔註 61〕朱伯崑：《易學哲學史（第一卷）》，北京：華夏出版，1994 年，頁 218。

卦變說，就占筮體例說，無非是企圖從某一卦引出另一卦，兩卦合在一起，解釋《周易》經傳。」〔註 62〕就上述對虞翻《易》學的整體說明可知，虞翻藉由「卦變說」所欲解決的問題並不是六十四卦依照什麼原理與步驟完成的問題，而是藉由「卦變說」建立起兩卦之間的關係，據以解說《周易》經、傳文義。如《周易集解》引虞翻注釋《隨》卦辭「元、亨、利、貞，無咎。」時曰：「《否》上之初，剛來下柔，初上得正，故『元、亨、利、貞，無咎』。」〔註 63〕此例虞翻藉由天地《否》卦上九爻與初六爻互易其位而成澤雷《隨》卦的卦變過程，來解釋《隨》卦辭「元、亨、利、貞，無咎」之由來。簡言之，方東美、焦循看待「卦變」的功能與意義之觀點與虞翻不同，方、焦兩人以尋求六十四卦重卦之建構邏輯法則為先，虞翻則是透過兩卦之間的變動以追求通解《周易》經、傳文義為重。根據上述相關資料為基礎，以下將分從三個層面出發，依序論證方東美與焦循兩人對虞翻「卦變說」謬誤的觀點之間有密切的思想淵源關係。

1. 由易辭探求旁通原理之謬誤

就虞翻「卦變說」立論之謬誤而言，方東美認為乃是肇因於虞翻從《易》辭出發去求卦象的旁通，他說：

> 漢儒說《易》指義紛繁，其中最重要者厥為旁通一說。按，旁通之理，應當從卦象去求，不應當從《易》辭去求，因為旁通在卦已產生之後纔能發生。換言之，即由象以立卦，列卦而後見旁通也。像虞氏、焦氏就《易》辭去求卦象的旁通，這便犯本末倒置、先後失次的錯誤。所以現在我們要求通易，應當由易之取象演卦著手，然後再從卦與卦間的邏輯關係，試求通辭。〔註 64〕

方東美此說，乃是依據其《易》學觀而發，即研究《周易》哲學必須先探求卦畫符號系統的重卦邏輯，《易》卦成於先，《易》辭成於後，《易》辭無法求得六十四卦成卦之邏輯，故虞翻以「卦變說」論成卦之法的結果必然造成以《易》從例、自相矛盾。同樣的。焦循也是依此《易》學觀出發，闡述虞翻「卦變說」的邏輯錯誤乃是肇因自虞翻不明白〈繫辭傳〉「辭也者，各指其所之」的

〔註 62〕朱伯崑：《易學哲學史（第一卷）》，北京：華夏出版，1994 年，頁 215。

〔註 63〕〔唐〕李鼎祚撰，王豐先點校：《周易集解》，北京：中華書局，2016 年，頁 126。

〔註 64〕方東美：《生生之德・易之邏輯問題》，台北：黎明文化，2005 年，頁 38。

意涵所致。焦循說：

> 「辭也者，各指其所之」，「所之」或當位，或失道，而辭則指其所之以明之。謂此卦之吉，由某卦之所之如此；此卦之凶，由某卦之所之如此；此卦之悔吝，由某卦之所之失道而能變通如此。隨舉其所之以為辭，謂之之卦可也，謂卦由某卦而生不可也。……蓋漢、魏之時，孔門說《易》之遺，尚有景響，而荀、虞不求其端，不訊其末，不知「各指所之」之義，而以為卦爻可隨意推移，遂成千古謬說之所由來。〔註65〕

焦循明確指出《易》辭的功能乃是在六十四卦已建構完成的基礎上，對六十四卦行動之法的指示，以及對當位失道提出之價值評價，與荀、虞兩人透過不同的演繹邏輯去構建成卦之法，以求通解《周易》經、傳文義的做法完全不同。

綜上可證，方東美的觀點乃出自焦循《易圖略》論卦變的論述中。最後以焦循之言作為本段論證的結論，他說：

> 此《易》辭全在明伏羲設卦觀象，指其所之，故不言義理，但用字句之同以為嚮導，令學者按之而知三百八十四爻之行動。……指名其所之，則義理自見。〔註66〕

2. 自紊其例、不能畫一的成卦邏輯謬誤

基於虞翻治《易》之出發點是為了透過「卦變說」等解《易》體例以尋求通解《周易》經、傳文義的方法。觀其結果，方東美與焦循一致指出其成卦之法的邏輯謬誤即在於，自紊其例，不能畫一。方東美指出：

> 綜觀虞易，頗多舛誤，其於重卦問題之說明，欲依爻之而不盡依爻之；欲依旁通而不盡依旁通；欲依消息而不盡依消息；欲據爻例而又不能盡從爻例。……張氏惠言依傍虞氏家法，對於六十四卦之衍變不能盡得其綱紀統理，其所立論往往以誤傳誤，徒滋惑亂耳。〔註67〕

也就是說，虞翻的解《易》體例不止一端，由《周易集解》所引之虞翻注釋

〔註65〕焦循：《易圖略卷七．論卦變下第三》。〔清〕焦循著，劉建臻整理：《焦循全集》（卷三），揚州：廣陵書社，2016年，頁1107。

〔註66〕焦循：《焦里堂先生軼文．寄王伯申書》。〔清〕焦循著，劉建臻整理：《焦循全集》（卷十三），揚州：廣陵書社，2016年，頁6172。

〔註67〕方東美：《生生之德．易之邏輯問題》，台北：黎明文化，2005年，頁56。

之中，最少可以歸納出四種以上的成卦之法。焦循則將虞翻成卦之法歸納成七項：

> 然則卦之求也，自《乾》、《坤》，一也；自六子，二也；自十辟，三也；上下相加如《損》、《益》，四也；上下剛柔相變如《小畜》、《履》，五也；「兩象易」，六也；兩爻齊之如《遯》先生《訟》、次生《中孚》，七也。謂諸卦各有所自來乎？謂每卦兼有所自來乎？〔註 68〕

此正是方東美批評虞翻解《易》邏輯謬誤的觀點。焦循直指其因，他說：「虞氏自知其不可彊通，姑晦其辭，貌為深曲，而究無奧義也。」〔註 69〕由上觀之，方東美與焦循兩人都認為虞翻論重卦之法所造成之諸多謬誤，乃起於虞翻不是從《易》卦出發，而是由《易》辭出發以求通《周易》經、傳文義。通過這種「求之於辭」的方法，最後必然是造成焦循所謂之「鮮能畫一」的結果。方東美除了一一指出虞翻注之中所出現的多種重卦之法外，更進一步依照焦循《易圖略卷七·論卦變上第二》中所述的分析架構與步驟，結合《周易集解》之虞翻注釋，將虞翻所有成卦之法的邏輯，以「十辟卦」為架構，運用圖解加上文字說明的方式，整理成一目瞭然之圖表。〔註 70〕值得注意的是，焦循根據《周易集解》之虞翻注，將其成卦之法依「十辟卦」之架構一一詳列出各卦的所有成卦邏輯，並藉此不能畫一的現象呈現虞翻重卦之法在邏輯上的謬誤，主要是因為焦循堅持六十四卦之成卦邏輯是：

> 夫《乾》、《坤》索為六子，八卦錯為六十四，相摩相盪，而設卦之義已畢。其旁通以各正性命，時行以「自彊不息」，則爻之變化也。〔註 71〕

即如前述，六十四卦未成之前，何嘗有爻變之產生？故虞翻以「卦變說」之爻變方式論說《周易》之成卦邏輯，即為焦循反對虞翻《易》說之主因。在這一觀點上，方東美也與焦循的立場一致，他指出虞翻「卦變說」之謬誤在於：

〔註 68〕焦循：《易圖略卷七．論卦變上第二》。〔清〕焦循著，劉建臻整理：《焦循全集》（卷三），揚州：廣陵書社，2016 年，頁 1101。

〔註 69〕焦循：《易圖略卷七．論卦變上第二》。〔清〕焦循著，劉建臻整理：《焦循全集》（卷三），揚州：廣陵書社，2016 年，頁 1100。

〔註 70〕參見方東美：《生生之德．易之邏輯問題》，台北：黎明文化，2005 年，頁 50～56。

〔註 71〕焦循：《易圖略卷七．論卦變上第二》。〔清〕焦循著，劉建臻整理：《焦循全集》（卷三），揚州：廣陵書社，2016 年，頁 1101。

誤於〈繫辭〉及〈說卦〉傳文之曲解，終究對於《乾》、《坤》生六子，八卦而小成的道理尚未豁然貫通。〔註 72〕

因此才無法將六十四卦成卦之法一統於簡潔邏輯之下，在「十辟卦」邏輯之外又創造出許多特例以濟其「卦變說」之窮。

3. 以「十闢卦」架構論證虞翻之邏輯謬誤

方東美上述歸納虞翻成卦邏輯謬誤的工作，是將焦循《易圖略．論卦變》之相關論述內容予以圖表化。簡言之，方東美將虞翻散落在《周易集解》六十四卦中之注釋，以「十辟卦」為架構，收集所有與成卦之法相關的注釋，依「十辟卦」予以分類並逐一標明於各卦之下，最後再以文字敘述一一指出具有多重成卦邏輯之卦及其成卦之法，以圖示之方式呈現虞翻成卦邏輯自紊其例之謬誤。因此，就方東美研究虞翻邏輯謬誤所採取之方法而言，乃是受到焦循觀點之影響。如前述，焦循將虞翻成卦之法歸納成七種，經過他逐卦詳細審視每卦可能之成卦邏輯後，進而依照「十辟卦」之序，完整揭露成卦邏輯上具有特例問題的卦及其具體謬誤所在。焦循之論述詳列於《易圖略卷七．論卦變上第二》〔註 73〕：

荀氏書殘缺不完，虞氏備矣，以十辟為主。以《明夷》、《解》、《升》、《震》四卦自《臨》來，〔註 74〕《晉》、《蹇》、《萃》、《艮》四卦自《觀》來，〔註 75〕《訟》《無妄》、《家人》、《革》、《巽》五卦自《遯》來，〔註 76〕《需》、《大畜》、《睽》、《鼎》、《兑》五卦自《大壯》來。〔註 77〕《蠱》、《賁》、《恆》、《損》《井》、《歸妹》、《豐》、《節》、《既濟》九卦自《泰》來，〔註 78〕《隨》、《噬嗑》、《咸》、《益》、《困》、

〔註 72〕方東美：《生生之德．易之邏輯問題》，台北：黎明文化，2005 年，頁 46。

〔註 73〕焦循：《易圖略卷七．論卦變上第二》。〔清〕焦循著，劉建臻整理：《焦循全集》（卷三），揚州：廣陵書社，2016 年，頁 1098～1099。

〔註 74〕明夷，臨二之三；解，臨初之四；升，臨初之三；震，臨二之四。

〔註 75〕晉，觀四之五；蹇，觀上反三；萃，觀上之四；艮，觀五之三。

〔註 76〕訟，遯三之二；無妄，遯上之初；家人，遯初之四；革，遯上之初；巽，遯二之四。

〔註 77〕需，大壯四之五；大畜，大壯初之上；睽，大壯上之三；鼎，大壯上之初；兑，大壯五之三。

〔註 78〕蠱，泰初之上；賁，泰上之乾二，乾二之坤上；恆，乾初之坤四；損，泰初之上；井，泰初之五；歸妹，泰三之四；豐，泰二之四；節，泰三之五；既濟，泰五之二。

《漸》、《旅》、《渙》、《未濟》九卦自《否》來〔註79〕。三陰三陽，既本諸《泰》、《否》；二陰四陽、四陰二陽，既本諸《臨》、《觀》、《大壯》、《遯》，則一陰五陽、五陰一陽，亦宜本諸《復》、《姤》、《剝》、《夬》矣。

以上即為焦循依《周易集解》所引之虞翻注釋，依「十辟卦」分類歸納整理出來「卦變說」成卦邏輯。焦循表明它是用「十辟」之邏輯，將《乾》、《坤》、《中孚》與《小過》之外的六十卦依照「十辟卦」予以分類，凡「三陽三陰」之卦則本諸《泰》、《否》；「二陰四陽、四陰二陽」則出自《臨》、《觀》、《大壯》、《遯》；「一陰五陽、五陰一陽」則本諸《復》、《姤》、《剝》、《夬》。方東美在〈易之邏輯問題〉中對虞翻「爻例」的分析，即是根據上述焦循所歸納之原則加以發揮，以圖解示之、並標記出各卦所有的成卦方法，使讀者一目了然虞翻以「卦變說」演繹成卦之法的「自紊其例」邏輯謬誤。〔註80〕根據上述分析，焦循進一步依照「十辟卦」之序，逐一闡釋其中邏輯謬誤。

以下分從四個方面，論證方東美評論虞翻成卦謬誤的觀點與焦循之主張有密切關係。

例證一。焦循認為一陰一陽之卦如《謙》《履》、《師》《同人》、《比》《大有》不只是旁通之卦組，同時也應該是生於《剝》、《復》、《夬》、《姤》，但是《周易集解》所引之虞翻注，卻賦予各卦不同的成卦之法。他說：「一陽之卦不生於《剝》、《復》，一陰之卦不生於《姤》、《夬》，與《泰》、《否》、《臨》、《觀》等例參差不一。」〔註81〕也就是說，依照「十辟卦」之邏輯而進行「卦變」，既然四陽二陰、四陰二陽以及三陰三陽之組，都是由該組之辟卦所產生，那麼虞翻卻沒有依例，將一陽五陰與一陰五陽之卦的生卦之法，歸於《剝》、《復》、《夬》、《姤》四辟卦。焦循說：

乃《謙》則《乾》上九來之《坤》，與荀氏同，所謂自《乾》、《坤》來，無《復》、《姤》、《夬》、《剝》之例矣。《豫》則《復》初之四，

〔註79〕隨，否上之初；噬嗑，否五之坤初，坤初之五；咸，坤三之上，乾上之三；益，否上之初；困，否二之上；漸，否三之四；旅，否三之五；渙，否四之二；未濟，否二之五。

〔註80〕參見方東美：《生生之德．易之邏輯問題》，台北：黎明文化，2005 年，頁 50～56。

〔註81〕焦循：《易圖略卷七．論卦變上第二》。〔清〕焦循著，劉建臻整理：《焦循全集》（卷三），揚州：廣陵書社，2016 年，頁 1101。

> 《比》則《師》二之五，說者以為從兩象易之例，非《乾》、《坤》往來。〔註82〕

對比方東美在〈易之邏輯問題〉中之論述內容，可發現兩人觀點相似之處，方東美說：

> 再論其爻例，即由消息卦所生之卦也。《復》卦原為陽微之卦，依例微則不生，但注又稱《復》初之四可以為《豫》，此從兩象易之例。……且《復》為一陽五陰之卦，《謙》、《師》、《比》何以不依爻例，謂其產生於《復》。〔註83〕

綜上，即為兩人思想淵源有密切關係的例證之一。

例證二。他認為依「十辟卦」之例，二陰四陽卦之《鼎》、《革》、《大過》、《離》四卦，皆可生自辟卦《遯》與《大壯》；而二陽四陰之《屯》、《蒙》、《頤》、《坎》四卦，皆可生自辟卦《臨》與《觀》。這造成無所歸附、莫衷一是的謬誤，焦循說：

> 《革》、《鼎》、《屯》、《蒙》、《坎》、《離》、《頤》、《大過》之於《遯》、《大壯》、《臨》、《觀》等，於彼於此，無所歸附。〔註84〕

方東美也特別指明此一明顯之邏輯謬誤，如他說：

> 就《臨》卦言，……《屯》、《坎》兩卦雖各有來處，但亦可歸諸《臨》，因同為二陽四陰卦也。就《遯》卦言，……《鼎》、《大過》兩卦雖各有來處，但亦可歸諸《遯》，因同為二陰四陽卦也。〔註85〕

由上可證方東美對此一謬誤的重視。此為兩人思想淵源相關的例證之二。

例證三。焦循特別針對無法經由「十辟卦」之「卦變」程序得出之《中孚》與《小過》兩卦，予以詳加闡述。他評論虞翻之解說為「所說殊艱澀不易解」。簡言之，虞翻因為天山《遯》卦之陰爻在初與二爻位，依「卦變說」之例，每次只能變更一個爻位，故無法同時移動初六與六二爻至三與四爻位，於是勉強解釋說風澤《中孚》卦是先由天山《遯》卦六二與九三爻交換爻位之後成為天水《訟》卦，進而再將《訟》卦之九四與初六爻交換而成

〔註82〕焦循：《易圖略卷七．論卦變上第二》。〔清〕焦循著，劉建臻整理：《焦循全集》（卷三），揚州：廣陵書社，2016年，頁1099。

〔註83〕方東美：《生生之德．易之邏輯問題》，台北：黎明文化，2005年，頁49。

〔註84〕焦循：《易圖略卷七．論卦變上第二》。〔清〕焦循著，劉建臻整理：《焦循全集》（卷三），揚州：廣陵書社，2016年，頁1101。

〔註85〕方東美：《生生之德．易之邏輯問題》，台北：黎明文化，2005年，頁51。

《中孚》卦。同理，雷山《小過》卦也是由風地《觀》卦九五與六四爻位交換後，先得火地《晉》卦，再將《晉》卦上九與六三爻交換而得出《小過》卦。依「卦變說」之例，《中孚》與《小過》必須經過兩次卦變始成。但是虞翻卻說《中孚》乃「《訟》四之初」、《小過》乃「《晉》上之三」。因此，焦循對虞翻以「《遯》陰未及之三，而《大壯》陽已至四」解說《中孚》、「《臨》陽未至三，而《觀》四已消」解說《小過》的自圓其說之作法，給予嚴厲批評，他說：

> 《中孚》、《小過》兩卦，無所依附，則云《中孚》、《訟》四之初也。此當從四陽二陰之例。《遯》陰未及三，而《大壯》陽已至四，故從《訟》來。《小過》、《晉》上之三，當從四陰二陽《臨》、《觀》之例。《臨》陽未至三，而《觀》四已消也。所說殊艱澀不易解，究而推之，不過謂《遯》初之四，而二不能及三；《大壯》上或之三，而陽實在四。惟自《訟》來，則《遯》二已及三，而初又之四，即為《中孚》。然則《大壯》五先之四為《需》，《需》上又之三，成《中孚》，亦可也。《臨》陽未至三，二未至三，成《明夷》也。《觀》四已消，五未之四成《晉》也。五先之四，則四不消，四不消而《晉》上之三為《小過》，則《臨》二先至三成《明夷》，《明夷》初又之四成《小過》，亦可也。蓋兩陽爻齊之乃成《小過》，兩陰爻齊之乃成《中孚》，無兩爻齊之之理，而其例既窮，乃變其說為《訟》四之初，《晉》上之三。《晉》上之三仍是《觀》五先之四，《觀》上次之三也。《訟》四之初仍是《遯》二先之三，《遯》初次之四也，仍是兩爻齊之。虞氏自知其不可彊通，姑晦其辭，貌為深曲，而究無奧義也。〔註 86〕

關於上述十分明顯的特例，方東美在〈易之邏輯問題〉中，將虞翻對《中孚》、《小過》兩卦成卦邏輯自圓其說之謬誤，特別提出並加以批評。他說：

> 惟《中孚》、《小過》兩卦無所自生。但《中孚》為二陰四陽之卦，則不從《大壯》來，必須從《遯》來；又《小過》為二陽四陰之卦，則不從《臨》來，即應從《觀》來。於是虞氏為之解說謂：《中孚》為「《遯》陰未及三，《大壯》陽已至四」；《小過》為「《臨》陽未至

〔註 86〕焦循：《易圖略卷七．論卦變上第二》。〔清〕焦循著，劉建臻整理：《焦循全集》（卷三），揚州：廣陵書社，2016 年，頁 1100。

三，而《觀》四已消」。其立論之含混，實不足以自圓其說。〔註 87〕

此為兩人思想淵源相關的例證之三。由上述三項例證可知，就方、焦二氏評論虞翻成卦之法的內容觀之，方東美乃是依照焦循整理自《周易集解》虞翻注內容的論述架構與內容，論述他對虞翻成卦之錯誤的觀點。

例證四。更直接的證據是方東美對山雷《頤》卦之成卦邏輯的闡述，直接引用了焦循對虞翻的評語。前三項例證乃就論述架構與內容的角度說明了兩人之間具有相似的闡釋邏輯，然而兩人論證時所用之原始資料，都是來自於《周易集解》所引之虞翻注釋原文，故僅就論述內容而言，尚並無法直接指出兩人觀點上之直接淵源關係。經過詳細比對之後，最具有直接關聯性的證據來自於兩人論《頤》卦時之注解。以下依序分別節錄《周易集解》虞翻《頤》卦注釋、方東美論《頤》卦之言與焦循論《頤》之言，經過比較後，則可看出方東美乃是採用焦循評論之文本。首先，《周易集解》虞翻注《頤》卦辭「《頤》：貞吉」曰：

> 《晉》四之初，與《大過》旁通，「養正則吉」。謂三爻之正，五上易位，故「《頤》，貞吉」。〔註 88〕

其次，方東美論《頤》卦成卦之法時說：

> 本於辟卦《臨》，又本於《晉》，而《晉》又為《觀》所生之卦；《晉》非本於《乾》、《坤》，非本於六子。〔註 89〕

最後，對比於焦循論《頤》卦之言：

> 《頤》則《晉》四之初，《晉》則非《乾》、《坤》，非六子，非十辟矣。〔註 90〕

詳審上述三段文本可知，方東美所言：「《晉》非本於《乾》、《坤》，非本於六子」，並非出自於《周易集解》之虞翻注，而是源自於焦循《易圖略》之文本中。故由此可證，方東美論虞翻邏輯謬誤的觀點，乃是受到焦循之影響。此為兩人思想淵淵相關的例證之四。

綜上所述，方東美對漢儒成卦邏輯之謬誤的觀點，實受到焦循的影響。

〔註 87〕方東美：《生生之德．易之邏輯問題》，台北：黎明文化，2005 年，頁 56。

〔註 88〕〔唐〕李鼎祚撰，王豐先點校：《周易集解》，北京：中華書局，2016 年，頁 176。

〔註 89〕方東美：《生生之德．易之邏輯問題》，台北：黎明文化，2005 年，頁 51。

〔註 90〕焦循：《易圖略卷七．論卦變上第二》。〔清〕焦循著，劉建臻整理：《焦循全集》（卷三），揚州：廣陵書社，2016 年，頁 1099。

方東美藉由對荀爽、虞翻兩人之說的批評，指出漢儒雖然注意到《周易》的「旁通原理」，但是卻不能正確地呈現出六十四卦畫中「旁通原理」的核心精神。他對焦循以「旁通」作為六十四卦成卦邏輯之根本原理，給予高度肯定，惟由邏輯的角度觀之卻犯了「丐題」或「循環論證」的謬誤。因此，他運用現代邏輯原理進一步地演繹出重卦系統的邏輯結構，以解決焦循「循環論證」之缺失。整體而論。方東美在「通其象」步驟之主要《易》學觀點，皆與焦循的《易》學主張有密切的思想上聯繫，可證方東美受到焦循《易》學主張之影響甚深。

第二節 「學易者所以通其辭」之思想溯源

方東美認為《周易》卦畫符號系統發生在先，卦爻辭文字系統出現在後，從哲學意義角度而言，他確認「旁通」乃是卦爻符號系統之所以形成的原理，而卦爻辭則是運用文字記載的格式，闡釋卦爻符號系統記載格式所蘊含的「旁通原理」。因此，如何針對《周易》文字系統之內容賦予合理的解釋，以闡明其中蘊含的「旁通原理」，即是「通其辭」步驟中的研究重點。簡言之，「通其辭」的研究重點就在於探求《周易》之文字系統說出了那些蘊涵在卦爻符號系統中的內容、以及用何種方式說出。他說：「《大易》之書，不惟其符號系統充分可解，即其文義理貫亦大有脈絡可循。依旁通之理，凡各辭句（或繫辭、或爻辭），無論陳事說理，其意義均富有彼是相需、錯綜交織之重要蘊涵。」〔註 91〕他認為不僅《周易》之卦爻符號系統具有嚴謹的邏輯，同時，作為「通其辭」的對象，由普通常識文字寫成的卦爻辭文字系統，也不能將之視為是毫無關係的獨立文句，其中具有錯綜交織的文義理貫脈絡。這就是方東美發揮焦循「學易者所以通其辭」的治《易》觀點，先透過「通其象」步驟，自重卦邏輯中掌握「旁通原理」要義；再據「旁通原理」以「通其辭」，即釐清文字系統中所蘊涵之錯綜交織的文義理貫；最後才「通其理」，從代表《周易》最原始符號資料的「象」和次原始文字紀錄的「辭」之中，透過人文主義角度之解釋，以闡發符號與文字記錄資料中的哲學智慧與重要原理。因此，方東美在「通其辭」階段所欲探求的目標有二：其一是「卦爻辭蘊涵的奧義」，即上述方東美所言之文義理貫脈絡為何，以及所蘊含的彼是相

〔註 91〕方東美：《中國哲學精神及其發展（上）》，台北：黎明文化，2005 年，頁 211。

需、錯綜交織的意義為何，也就是卦爻辭說了什麼的問題；其二是「卦爻辭創作的方法」，即文字系統中之章句問題，也就是卦爻辭怎麼說的問題。

朱伯崑指出：「從春秋的筮者，到清代學者，都努力尋求卦爻象和卦爻辭間的內在聯系。……每一家都想從文字上、邏輯上將《周易》全書內容講通，結果在歷史上，形成了各種解《易》的流派，長期爭論不休。」〔註92〕又說：「《易》學史上的取象說、取義說，以及漢《易》中的卦氣說、卦變說，都是企圖解決這一問題。但是從漢唐到宋明清，任何《易》學家所提出的體例，都不能解釋通《周易》中一切辭句，總有牽強附會之處。」〔註93〕程石泉說：「《易》學之難難在通辭。而辭之分類除卦辭爻辭外，尚有十翼。……後世企圖通《易》之辭者感於其文字艱生、意義不明，於是另由圖書、象數以通之，如將《易》卦雜配之以天文、氣象、五行、干支、方位、河圖、洛書等等以求通曉易辭之含義。此類情況無分漢易學家或宋易學家一味東拼西湊，甚至於不惜穿鑿傅會，以求卦爻辭之所指，但往往徒勞而無功。」〔註94〕綜上可知，如何解釋象、辭之間的邏輯關係、通解《周易》中的一切辭句，乃數千年來《易》學研究最主要之千古難題。

然而，方東美卻唯獨讚揚清代焦循的治《易》成就超邁前古，藉由《易學三書》的詮釋後《易經》才可解、可讀。他讚曰：

> 焦循之數學訓練，夐出時人，其學識淵博，復足以御之，自作主宰，故能超邁前古，著《易學三書》，一曰《易通釋》，二曰《易章句》，三曰《易圖略》。其思想內容繁富，論證細密深邃，殊不易數語括盡。無已，余特一語為薦，許以高度之創發性。《易經》艱晦難明，得焦釋，其義幾全通，而成為一部可解、可讀之儒家哲學經典文獻矣。〔註95〕

以上讚揚焦循之內容最值得注意之處是，他認為焦循的創見解決了前述自古以來之《易》學難題，使艱晦難明的儒家經典《易經》可解、可讀。由此觀之，方東美在「通其辭」步驟所持之立場與觀點，即是依據焦循《易學三書》。

〔註92〕朱伯崑：《易學哲學史（第一卷）》，北京：華夏出版社，1995年，頁11。
〔註93〕朱伯崑：《易學哲學史（第四卷）》，北京：華夏出版社，1995年，頁321～322。
〔註94〕程石泉：《易辭新詮》，台北：文景書局，1995年，頁38。
〔註95〕方東美：《中國哲學精神及其發展（上）》，台北：黎明文化，2005年，頁199～200。

此外他又說：「焦氏循依據旁通求通易辭，義據精深，頗可採取。」〔註 96〕即方東美認為「通其辭」所要通的內容與通的方法，即是焦循依據的「旁通」。因此，由方東美對於焦循治《易》成就給予「得焦釋，其義幾全通」的讚揚觀之，卦爻辭所蘊涵的奧義就在焦循《易學三書》之中；同時根據他對焦循以「旁通」作為治《易》門徑的方法給予「義據精深，頗可採取」的稱許觀之，卦爻辭之創作方法即在於「旁通原理」。由上可證，方東美「通其辭」的觀點必然受到被他高度讚揚與認同的焦循主張所影響。如前述，方東美認為「通其辭」階段所欲探求的主題有二，即「卦爻辭蘊涵的奧義」與「卦爻辭創作的方法」。以下將分從這兩個主題進一步深入考察方東美的立場與觀點，並詳細論證他的觀點乃源自於焦循的《易》學主張。

一、卦爻辭蘊涵的奧義——「辭也者，各指其所之」

首先，方東美指出，焦循乃是根據中國語言象徵用法上之自然語意變遷的事實為基礎，進而主張《周易》文字系統中所有文句，不僅僅是一般普通文字而已，同時具有象徵意涵。也就是方東美所說的，具有「興體」之創作手法之象徵化妙用，而卦爻辭蘊涵的奧義就必須透過「興體」之法去掌握。他說：

> 焦循乃據以立論，謂《易經》一切文句莫不充滿象徵意涵。故必須探賾抉微，依意蘊豐富之象徵語言，細按章句語法而索解。〈繫辭傳〉曰：「辭也者，各指其所之。」繫辭爻辭之中，無一字一句可以孤立得解。一切字句，文義密接連鎖，脈絡條貫旁通，故須依彼是相待、互涉交涵原理而作如是如是之會解。〔註 97〕

方東美於上文中指出，焦循深入考察充滿象徵意涵的《易經》所有文句之章句語法，認為卦爻辭之奧義即蘊涵在「辭也者，各指其所之」。非但不能逐字索解、望文生義，更不能將六十四卦辭與三百八十四爻辭，視為是與其他《易》辭無關之獨立的文句。所謂「各指其所之」，即是依照符號系統之所以建構而成的「旁通原理」，指示出六十四卦動態運動時的「旁通行動之法」，也就是方東美在「通其象」階段以「象棋棋譜」為比喻的行動法則。

其次，方東美又針對焦循通解《易》辭之門徑，即「旁通原理」的要義進

〔註 96〕方東美：《生生之德．易之邏輯問題》，台北：黎明文化，2005 年，頁 56。
〔註 97〕方東美：《中國哲學精神及其發展（上）》，台北：黎明文化，2005 年，頁 212。

行詳盡的闡述。方東美認為焦循透過通其卦、通其爻、以及最重要的通其辭的方式讀通《周易》這部書，有效的解決了荀爽、虞翻、張惠言以來，論成卦原理時所犯的邏輯錯誤。他對於焦循以「旁通」概念為基礎，貫通《周易》象、辭關係的歷程與成果做了精要的說明，他說：

> 他根據《周易·文言傳》的一個主要概念——「旁通」，然後他認為易的卦爻辭，應當是「縱之而通，橫之而通」，無所不通，形成一個旁通系統。他本人是一個數學家，再加上文字、聲韻、訓詁這一方面都有很好的修養，所以他寫成了《易圖略》、《易章句》、《易通釋》三部大書，再有《易話》、《易廣記》。這樣一來，他把《周易》的卦爻辭，不是當作閑話，而是當作遵循很嚴格的邏輯條例製訂的。所以，他引了一句話：「辭也者，各指其所之。」就是別卦的卦象、卦爻辭，在那一個本卦的裡面，不能夠顯出它的意義，一定要拿來同它所旁通的另一卦對比的看，才可以了解「此卦之意，繫於彼卦之辭。」〔註98〕

上文中，方東美藉由概述焦循治《易》之歷程與成果，明確指出如何掌握焦循「學易者所以通其辭」要義的方法，也間接地表達出他的《易》學觀，究其要義有三。其一是，他具體指出焦循之所以能通解《易》象的邏輯問題與《易》辭的章句問題，乃是奠基於焦循深厚的數學、文字、聲韻、訓詁等學養之故，方東美藉此指出「通其辭」所需具備的學養以及研究方法。其二是，他認為要徹底讀通、解通艱晦難明的儒家經典《易經》的方法，可從焦循所著之《易圖略》、《易章句》、《易通釋》及《易話》、《易廣記》入手，方東美藉此間接的表達出他的《易》學思想觀點即是源自於焦循之主張。其三是，他引焦循《易圖略卷六·原辭下第六》之言，詳細地闡釋《周易》全部卦爻辭之間乃是構成一個旁通系統，以縱通、橫通、參伍錯綜無所不通的觀點，從整體性的角度解析卦爻辭文字系統的結構，以此一卦爻辭結構為基礎，進而闡述「辭也者，各指其所之」要義，具體地說明了《周易》文字系統中的意義連鎖關係。透過焦循上述主張，將有助於深入了解方東美對「卦爻辭蘊涵之奧義」所持的觀點。

焦循以「旁通」概括《周易》之要義，他說：「《易》之繫辭全主旁通。」並且對於卦爻辭「縱之而通，橫之而通」的旁通之義做出詳細的說明，他說：

〔註98〕方東美：《方東美先生演講集》，台北：黎明文化，2005年，頁192。

「夫學《易》者，亦求通其辭而已矣。橫求之而通，縱求之而通，參伍錯綜之而無不通，則聖人繫辭之本意得矣。」〔註 99〕此即方東美上引文之出處。「縱之能通」是指一爻之內的所有文辭，需字字承接講明；「橫之能通」是指一卦之中的六個爻辭文義都與卦辭一貫；「參伍錯綜之而無不通」即是指在全《易經》之中，凡相同的字、辭，不論其出現在何卦之卦辭、何爻之爻辭中，其義皆一氣相貫，如某爻「有孚」即與全《易經》之「有孚」一氣相貫。焦循認為歷來治《易》者之所以不能「通其辭」的原因就在於「歷來說《易》者，亦多據一爻一卦而不理會全書也」。〔註 100〕他認為《易經》卦爻辭中有許多深入人心的世俗見解，因此許多治《易》者即落入望文生義的解釋中。他說：「《易》中有世俗之解，深中人心，如『不事王侯，高尚其事』，以為巢、由之隱遯。……不知自外面觀之，其辭似如是，而引而申之，殊不如是。說《易》者，未容執一辭以望文生義也。」〔註 101〕

綜上所言，焦循「通其辭」所採取之研究方法，首先即強調「無所不通」的立場，故摒斥一切陷入章句枝節之中的探索，而是打通《周易》所有辭句，透過相同字辭之連結以「通其辭」。因此對焦循而言，他認為伏羲畫卦、文王繫卦辭、周公繫爻辭、孔子作《十翼》，都是站在相同的立場上替艱晦難明的《易經》提供不同形式的行動指示，因此焦循認為，羲、文、周、孔四聖作《易》之成果間，就有了傳承上的發展關係。故焦循說：

> 然文王之《彖辭》，即伏羲六十四卦之注，而非如學究之所為注也。周公之爻辭，即文王《彖辭》之箋。孔子之《十翼》，即《彖辭》、爻辭之義疏，而非如經生之所為義疏也。何也？學究之注，經生之義疏，就一章一句、枝枝節節，以為之解，而周公、孔子之箋疏，則參伍錯綜、觸類引申。〔註 102〕

是故，焦循再次強調，治《易》者若是仍舊抱持著學究或經生作箋、疏的立場以「通其辭」的話，那麼將永遠無法掌握孔子之《十翼》與文王、周公卦爻辭

〔註 99〕焦循：《易圖略卷六・原辭下第六》。〔清〕焦循著，劉建臻整理：《焦循全集》（卷三），揚州：廣陵書社，2016 年，頁 1084。

〔註 100〕焦循：《易話上・學易叢言》。〔清〕焦循著，劉建臻整理：《焦循全集》（卷三），揚州：廣陵書社，2016 年，頁 1172。

〔註 101〕焦循：《易話上・學易叢言》。〔清〕焦循著，劉建臻整理：《焦循全集》（卷三），揚州：廣陵書社，2016 年，頁 1173。

〔註 102〕焦循：《易圖略卷六・原翼第七》。〔清〕焦循著，劉建臻整理：《焦循全集》（卷三），揚州：廣陵書社，2016 年，頁 1086。

之奧義。

「辭也者，各指其所之」無疑是焦循「通其辭」的核心概念。焦循認為，《周易》卦爻辭之奧義，就在於藉文字系統以說明旁通、時行、相錯之卦爻運動原則，或者對運動之結果做出當位、失道之價值評價。也就是說，透過兩旁通卦之間相同的文字符號，即可呈現出兩旁通卦之間的旁通關係與運動方式，以及對運動結果作出當位或失道的價值評價。他說：

> 伏羲設卦，辭自文王始繫之。孔子作《繫辭傳》云：「聖人設卦觀象，繫辭焉以明吉凶。」伏羲設卦，以觀變通之象。觀象者，即觀其當位、失道之吉凶也。文王之辭，即明所觀之象之吉凶也，故申之云：「剛柔相推而生變化。」「觀象」者，觀此也。明吉凶者，明此也。故云：「辭也者，各指其所之。」「所之」者何？即剛柔之相推者也。「剛柔」者，爻也，就其反對而序之，無以見其變化也。推而使有所之，乃生變化，生變化乃辨吉凶。「所之」者，初之四，二之五，上之三也。六十四卦之序不動，而有所之乃動。伏羲設卦觀象，全在旁通變化。〔註 103〕

如前述，焦循在《易話上・學易叢言》中例舉棋譜之功用作為比喻，以說明卦爻辭中蘊涵之奧義，乃在於「旁通行動之法」，他說：

> 伏義畫八卦，重為六十四，其旁通行動之法，當時必口授指示。久而不傳，文王、周公以辭明之，即明其當日口授指示者也。學者舍其辭，但觀其卦，則此三百八十四畫，遂成一板而不靈之物。如棋有車馬炮卒士相將帥，按圖排之，必求之於譜乃知行動之法，其精微奇妙存乎其中。……六十四卦，車馬炮卒士相將帥也，文王、周公、孔子之辭，譜也。不于辭中求其行動之用，是知有棋而不知有譜者也。〔註 104〕

因此，在焦循看來「辭也者，各指其所之」，即明確地指出充滿象徵意涵的《周易》卦爻辭中所蘊含之奧義，就在於為兩旁通卦之間的運動方式給出指示與評價。他認為，雖然卦爻辭看似各有其文理，但是不能泥於其表面上的文義

〔註 103〕焦循：《易圖略卷六・原辭上第五》。〔清〕焦循著，劉建臻整理：《焦循全集》（卷三），揚州：廣陵書社，2016 年，頁 1082～1083。

〔註 104〕焦循：《易話上・學易叢言》。〔清〕焦循著，劉建臻整理：《焦循全集》（卷三），揚州：廣陵書社，2016 年，頁 1174。

求解，必須站在「縱通、橫通、參伍錯綜無不通」的觀點上，從六十四卦、三百八十四爻所有文字系統中，求得「辭各指所之」的奧義，故他在〈與朱椒堂兵部書〉中強調曰：

> 卦畫之所之，其比例、齊同，有似九數，其辭則指其所之，亦如句股割圜，用甲乙丙丁子丑等字，指其變動之跡，吉凶利害，視乎爻之所之，泥於辭以求之，不啻泥甲乙丙丁子丑之義，以索算數也。〔註 105〕

也就是說，焦循將所有卦爻辭視為是充滿了象徵意涵的符號化文字，透過這些具有象徵意涵之符號化文字之間錯綜交織的脈絡，指示六十四卦的行動之法，這就是「卦爻辭蘊涵之奧義」之核心精神。最後，方東美曾經援引焦循《易話上．易辭舉要》之語：「兩卦旁通，每以彼卦之意係於此卦之辭。」〔註 106〕以說明經由「辭也者，各指其所之」建立了旁通關係之兩旁通卦之間，透過互參彼此之卦象與卦爻辭，才能明白在旁通體系之動態關係下，卦爻辭顯示的真正意義。故綜上所述，方東美的觀點源自於焦循。

二、「賦、比、興」之卦爻辭創作方法——「言在於此，意寄於彼」

綜上所述，方東美認為必須將《周易》文字系統所有辭句視為是一個旁通系統，遵循縱通、橫通、參伍錯綜無不通的原則，索解一切辭句中之文義脈絡，了解「此卦之意，繫於彼卦之辭」之彼是相待、互涉交涵的法則，才能徹底掌握「辭也者，各指其所之」的奧義；然而「辭也者，各指其所之」則必須透過充滿象徵意涵之文句才能表述；若要掌握象徵意涵之文句要義，則必須先了解中國語言在用法上自然語義變遷之發展歷程，才能明白為何要使用原初紀史之言做為表達智慧的工具；這種寓說理於陳事之中的創作手法，蓋因為上古時期文字有限之故，於是將事實陳述之言演成說理文字並賦予新意，用作表達象徵新義之符號，基於此，方東美認為《易經》的創作手法與「詩三體」賦、比、興如出一轍。其中，他特別重視依賴象徵化妙用的「興體」在《周易》文字系統創作中所擔任「言在於此，意寄於彼」的功能。如前述，他認為《十翼》之作才是真正意義玄妙的哲學，《十翼》都不是「賦體」，

〔註 105〕焦循：《雕菰集．卷十三．與朱椒堂兵部書》。〔清〕焦循著，劉建臻整理：《焦循全集》（卷十二），揚州：廣陵書社，2016 年，頁 5878。

〔註 106〕焦循：《易話上．易辭舉要》。〔清〕焦循著，劉建臻整理：《焦循全集》（卷三），揚州：廣陵書社，2016 年，頁 1181。

主要是「興體」，也就是說，《周易》哲學主要是透過「興體」之「言在於此，意寄於彼」象徵化手法來表現。故「言在於此，意寄於彼」乃是《周易》哲學創作方法，包含了卦爻辭與《十翼》的部分。他認為唯有透過此一象徵化手法的運用，化具象為抽象、將日常文字化為象徵符號，《易經》才能運用日常使用之語言，將「辭也者，各指其所之」的奧義蘊含在文字系統之中。方東美說：

> 基於中國語言此種用法上之自然語意變遷，焦循乃據以立論，謂《易經》一切文句莫不充滿象徵意涵。故必須探賾抉微，依意蘊豐富之象徵語言，細按章句語法而索解。〔註 107〕

也就是說，方東美認為焦循之所以提出「辭也者，各指其所之」就是《易經》卦爻辭蘊涵之奧義，乃基於文字系統運用「言在於此，意寄於彼」的創作手法之故。即方東美提出之「《易》三體：賦、比、興」之創作手法，替焦循的「旁通」、「辭也者，各指其所之」、「此卦之意，繫於彼卦之辭」等「通其辭」主張，從創作手法的角度，提供了合理化之理論基礎。根據考察，方東美以上觀點與焦循之立場有密切的關係，以下詳論之。

首先，如上引文，若僅從方東美《中國哲學精神及其發展》闡釋《易經》文字系統奧義的論述方式中，很難分辨這段論述只是他客觀的介紹焦循主張，或者代表他個人的主張。不過若是參照他在同篇文章中對焦循《易學三書》發出的讚美之言「《易經》艱晦難明，得焦釋，其義幾全通」，則可判定以上「通其辭」的論述即是方東美認同的主張。「辭也者，各指其所之」出自於焦循《易圖略卷六・原辭上第五》、「縱之而通，橫之而通」出自焦循《易圖略卷六・原辭下第六》、「此卦之意，繫於彼卦之辭」出自《易話上・易辭舉要》，可証他的「通其辭」觀點乃源自於焦循。此外，作為卦爻辭創作方法之「興體」，其核心要義在於「言在於此，意寄於彼」，此語乃方東美發揮自焦循《易圖略卷六・原翼第七》之言：「夫孔子之《傳》，所謂翼也，贊也。文在於此而意通乎彼，如人身之絡與經聯貫，互相糾結，針一穴而府藏皆靈，執一章一句以求其合宜乎！」〔註 108〕如前述，方東美認為真正傳達哲學意義的《十翼》主要即是以「興體」為主，而揆其要義則是透過「言在於此，意寄於

〔註 107〕方東美：《中國哲學精神及其發展（上）》，台北：黎明文化，2005 年，頁 212。
〔註 108〕焦循：《易圖略卷六・原翼第七》。〔清〕焦循著，劉建臻整理：《焦循全集》（卷三），揚州：廣陵書社，2016 年，頁 1091。

彼」的象徵手法，突破文辭之表面意義，才能體會「辭也者，各指其所之」、「縱之而通，横之而通」、「此卦之意，繫於彼卦之辭」的要義。可證，方東美「易三體」之創見，乃發揮自焦循的主張，借用「詩三體」為比喻，向西方讀者解說《易經》文字系統的創作手法。

其次，焦循雖然沒有正式提出「《易》三體：賦、比、興」的主張，不過他在《易話上．學易叢言》中明確指出，不可以僅就表面文辭之字義求解而導致望文生義之謬誤，此即方東美所謂《易經》文辭中僅為陳述史實之「賦體」的部分，可見在此一觀點上兩人立場一致。焦循說：

> 《易》中有世俗之解，深中人心，如「不事王侯，高尚其事」，以為巢、由之隱遯；「幹父之蠱」，以為蔡仲之象賢；「王臣蹇蹇，匪躬之故」，以為諸葛孔明之鞠躬盡瘁。諸若此者，不一而足。不知自外而觀之，其辭似如是，而引而申之，殊不如是。說《易》者，未容執一辭以望文生義也。〔註 109〕

焦循舉卦爻辭中記史之言為例，說明不能僅就字面文義求解《易》辭之奧義。此外，焦循進一步指出《易》辭之要義完全與文辭之表面字義無關，而是「各指其所之」。他說：

> 《小畜》旁通於《豫》，而有「密雲不雨，自我西郊」之辭；《小過》旁通《中孚》，而有「密雲不雨，自我西郊」之辭。《小畜》二之《豫》五，而後上之《豫》三，為《中孚》二之《小過》五，而後《中孚》上之三之比例。如此貫之，《易》義明白了然。譬如繪句股割圓者，以甲乙丙丁等字指識其比例之狀，按而求之，一一不爽。……義存於「密雲不雨，自我西郊」之中，而「密雲不雨，自我西郊」則無義理可說也。若執「雲」、「雨」、「西郊」，傅會於陰陽方位，皆是望文生義。……讀《易》者，當如學算者之求其法於甲乙丙丁，……《易》之辭，指識其卦爻之所之，以分別當位、失道也。〔註 110〕

第三，焦循雖未明言「興體」為《易》辭創作之法，不過他在〈周易用假

〔註 109〕焦循：《易話上．學易叢言》。〔清〕焦循著，劉建臻整理：《焦循全集》（卷三），揚州：廣陵書社，2016 年，頁 1173。

〔註 110〕焦循：《易話上．學易叢言》。〔清〕焦循著，劉建臻整理：《焦循全集》（卷三），揚州：廣陵書社，2016 年，頁 1173。

借論〉一文中，藉由「假借」之法詳細闡發「文在於此，而意通乎彼」之要義，這就跟方東美運用文字的象徵意涵，闡發「言在於此，意寄於彼」之妙用有異曲同工之妙。方東美說「言在於此，意寄於彼」的「興體」尤風行於抒情詩，焦循則舉溫庭筠之抒情詩為例，說明如何透過文辭之假借手法，以表達出「文在於此，而意通乎彼」之奧義。他說：

> 溫庭筠詩：「井底點燈深燭伊，共郎長行莫圍棋。玲瓏投子安紅豆，入骨相思知不知？」借「燭」為「屬」，借「圍棋」為「違期」，即借「蚌」為「邦」，借「鮒」為「附」之遺也。「相思」，為紅豆之名，「長行」為雙陸之名，借為男之行、女之思，即「高尚其事」為逸民，「匪躬之故」為臣節，借為當位之高、失道之匪也。〔註 111〕

綜上所述，就方東美與焦循兩人對於卦爻辭創作手法的觀點而言，兩人之間具有高度的相似性，可證方東美之觀點乃受到焦循的影響。

第三節　「學易者所以通其理」之思想溯源

綜上所述，方東美「通其理」的研究步驟，首先是以象、辭「旁通原理」為形上原理之根源；其次，結合「窮則變、變則通、通則久」的時間本質，建立「動態歷程之價值中心本體論」之「新易理」；最後，方東美強調：「儒家此種動態觀的與價值中心觀的本體論，一旦完成之後，立刻啟發出一套『哲學的人類學』」〔註 112〕，即完成一套「哲學人性論」〔註 113〕，具體地使儒家此一源自於「旁通原理」的本體論，在現實世界、真實人生中付諸實踐。方東美指出《論語》「一貫忠恕」貴仁之旨、《中庸》「天命之謂性」及「唯天下至誠，為能盡其性；……可以贊天地之化育，則可以與天地參矣。」之微言大意、《孟子》「上下與天地同流」、「大而化之之謂聖；聖而不可知之之謂神」的人格昇華境界理論等。即是將人文主義解釋所得之《十翼》形上本體論，徹底在人世間予以實踐的修養功夫。透過「存養」與「盡性」之理性發展，漸次由一般「庶民」發展成知書達禮的「士人」、再透過禮樂教化而成為「君

〔註 111〕焦循：《易話下・周易用假借論》。〔清〕焦循著，劉建臻整理：《焦循全集》（卷三），揚州：廣陵書社，2016 年，頁 1217～1218。

〔註 112〕方東美：《生生之德・中國形上學中之宇宙與個人》，台北：黎明文化，2005 年，頁 358。

〔註 113〕方東美：《中國哲學精神及其發展（上）》，台北：黎明文化，2005 年，頁 223。

子」、「大人」、最後進入「聖人」境界，實現儒家「立人極」的理想。方東美說：「真正研究周易的哲學是從孔孟學派開始。」〔註 114〕他認為孟子最大的貢獻是，他根據《易經》最高的哲學智慧，完善、完備了啟自孔子《十翼》之「新易理革命哲學」哲學理論，因此方東美提出了「孟子深於易」的主張，旨在強調，《易經》真正玄妙哲學之所在的《十翼》系統性哲學，不是成於一人、一代，而是一部集體著作，要真正的「通其理」，不僅不能將象、辭之奧義排除在外或切斷經與傳之間的聯繫，同時在《易經》經、傳典籍之外，更必須參閱各種儒家經典，才能完整掌握其要義。

本節將從三個層次考察方東美之「學易者所以通其理」《易》學觀之核心要義，並據以論證方東美與焦循兩人的《易》學觀點之間具有密切的淵源關係。首先，考察「《十翼》哲學之思想根源與發展歷程」；其次，考察「《十翼》哲學之形上原理與理論建構」；第三，考察「《十翼》哲學之實踐理論與修養功夫」。

一、《十翼》哲學之思想根源與發展歷程

（一）方東美的觀點

對於孔子創作《十翼》之思想根源，方東美曾作出以下表述：

> 《周易》本來不屬於《尚書．洪範》篇的系統，但是傳古代《周易》的周公是一個樞紐，孔子接受了周公的傳統，就連帶追問，像周代這種高度的道德文化，是甚麼樣的精神形成的？〔註 115〕
>
> 孔子接受《周易》的傳統，把整個宇宙人類的生命投入時間之流中，不斷地看它發展與變化。〔註 116〕

方東美認為周公不但繼承發揚了《周易》的傳統，並且據以建立周代人文化成的偉大成就，而孔子則是直接接受了周公的《周易》傳統。孔子接受了周公的《周易》傳統之後，進而就連帶追問周公根據《周易》所建立的周代高度道德文化，是甚麼樣的精神形成的？也就是說，孔子根據周代的人文化成之成就，追問這樣的歷史成就是根據什麼精神形成的，換言之，即追問周公是如何運用《周易》符號與文字系統所蘊涵「旁通原理」以建立周代之理性道

〔註 114〕方東美：《原始儒家道家哲學》，台北：黎明文化，2005 年，頁 205。
〔註 115〕方東美：《原始儒家道家哲學》，台北：黎明文化，2005 年，頁 206。
〔註 116〕方東美：《原始儒家道家哲學》，台北：黎明文化，2005 年，頁 182。

德文化成就。方東美一再強調《周易》哲學始於對重卦原理的不斷追問，周公於憂患之世中所建立的人文化成盛世，即是周公追問重卦的「旁通原理」後，以卦爻辭文字系統解釋重卦之理，最後予以踐形於真實世界、現實人生中的價值創造。同理，孔子一方面繼承周公的《周易》傳統，另一方面追問形成周代高度道德文化的原因，最後以人文主義角度，對蘊涵在《周易》象辭中之「旁通原理」進行解釋——即前節所述，隱含在重卦邏輯之中的旁通行動之法，以及隱含在卦爻辭語法章句之中的「辭也者，各指其所之」，他從形上學角度建立一套純粹之《周易》哲學思想體系，「從哲學上昌明精神之超昇與道德之峻偉，以臻於人生更高尚之理想境界」，將周代倫理的理性光明文化轉變為哲學的光明理性。因此，若要追問孔子藉《十翼》之作而建立的這一部「新易理」革命哲學的思想根源，就狹義而言，乃是直接源自周公的啟發；就廣義而言，方東美認為孔子乃是繼承了隱含在《周易》象辭之中的「旁通原理」，他表示：

> 根據《周易》的傳統，主要的部分是孔門弟子，不僅僅因襲了庖羲氏到文王這一個階段的成就，而主要的思想貢獻是孔門集體創作的貢獻，這是孔門哲學的根本經典。〔註 117〕

綜上所述，方東美主張，孔子《周易》思想乃是因襲自伏羲、文王、周公之《周易》研究的成就，伏羲、文王、周公、孔子四聖作《易》之旨乃是一貫，並非如後儒所示乃各自獨立。

（二）焦循的觀點

考察方東美這一項觀點，可在焦循《易圖略》所闡述之四聖傳承關係中，尋得其思想淵源。首先，焦循在《易圖略卷六・原辭上第五》說：

> 伏羲設卦，辭自文王始繫之。孔子作《繫辭傳》云：「聖人設卦觀象，繫辭焉以明吉凶。」伏羲設卦，以觀變通之象。觀象者，即觀其當位、失道之吉凶也。文王之辭，即明所觀之象之吉凶也。……伏羲設卦觀象，全在旁通變化。……夫文王之所指，即伏羲之所指。文王之所告，即伏羲之所告。伏羲以手指之，文王以辭指之。伏羲以口告之，文王以辭告之。〔註 118〕

〔註 117〕方東美：《方東美先生演講集》，台北：黎明文化，2005 年，頁 197。

〔註 118〕焦循：《易圖略卷六・原辭上第五》。〔清〕焦循著，劉建臻整理：《焦循全集》（卷三），揚州：廣陵書社，2016 年，頁 1082～1083。

繼而他在《易圖略卷六・原翼第七》指出：

> 孔子晚而好《易》，讀之「韋編三絕」而為之《傳》，名之曰《十翼》，亦謂之贊《易》。說者謂孔子之《易》非文王之《易》，文王之《易》非伏羲之《易》。近世儒者多知其說之非，而欲於孔子《十翼》為《彖辭》、爻辭之義，而不俟他求。然文王之《彖辭》，即伏羲六十四卦之注。……周公之爻辭、即文王《彖辭》之箋。孔子之《十翼》，即《彖辭》、爻辭之義疏。〔註 119〕

焦循將四聖一貫作《易》之旨，從因襲與創造的角度做出解釋。他指出文王之《彖辭》即是解釋伏羲六十四卦之注；周公之爻辭就是解說文王《彖辭》之箋；孔子《十翼》即《彖辭》、爻辭之義疏。方東美也指出「通其理」的「理」，指的是是理性秩序的「理」，乃是由宗教文化演變為倫理的理性光明文化，再開展為哲學的光明文化。綜上所述，就孔子《周易》思想因襲脈絡的觀點而言，方東美所提出的主張乃是受到焦循觀點的影響。

二、《十翼》哲學之形上原理與理論建構

方東美認為原始儒家的《十翼》哲學，乃是建立在從哲學角度追問與解釋隱含在象、辭中的「旁通原理」之基礎上。如前述，乃是從歷史文獻所載之史實中探求而得。未掌握政權的孔子，一方面追問象辭中的「旁通原理」，另一方面從人文主義角度解釋周代人文化成盛世之成因，繼而以「言在於此，意寄於彼」的「比興體」進行哲學創作，將「旁通原理」寓於《十翼》中，從形上學角度建立成一套「動態歷程之價值中心本體論」之超越精神理想，成為原始儒家思想體系的基礎。

焦循《易學三書》的《易》學思想，乃是以「旁通」為其根據。「旁通原理」要義如前文，在此不再贅述，以下引焦循之言以詳其義：

> 余學《易》，所悟得者有三：一曰「旁通」，二曰「相錯」，三曰「時行」。此三者，皆孔子之言也，孔子所以贊伏羲、文王、周公者也。……余初不知其何為「相錯」，實測《經》文、《傳》文，而後知「比例」之義出於「相錯」，不知「相錯」，則「比例」之義不明；余初不知其何為「旁通」，實測《經》文、《傳》文，而後知升降之妙出於「旁

〔註 119〕焦循：《易圖略卷六・原翼第七》。〔清〕焦循著，劉建臻整理：《焦循全集》（卷三），揚州：廣陵書社，2016 年，頁 1086。

> 通」，不知「旁通」，則升降之妙不著；余初不知其何為「時行」，實測《經》文、《傳》文，而後知變化之道出於「時行」，不知「時行」，則變化之道不神。〔註 120〕

焦循指出，孔子贊《周易》象、辭之理的《十翼》，經過實測經、傳後，才體會到「相錯」呈現萬物之間的對待關係、「旁通」顯示萬物間的互動關係、「時行」則指示萬物在時間之流中基於「相錯」與「旁通」的化育之道。他又說：「《易》之繫辭，全主旁通。」〔註 121〕明確指出首要之義即在旁通。何澤恆說：「里堂《易》學，首及旁通；不知旁通，則繼此所謂相錯時行比例云云，將莫知所以。」〔註 122〕「里堂治《易》，其最主要之發明在其所謂旁通、時行、相錯、比例之悟。而旁通一義，尤為其《易》學之擎天一支柱；其他諸說，莫不由此基礎引申而出。」〔註 123〕由上可知，「旁通」法則乃是焦循《易》學的根基。以下依序考察兩人解釋《十翼》之創作手法以及奠基於「旁通」法則之《十翼》哲學思想，並論證兩人之間的思想淵源。

（一）方東美的觀點

首先，方東美認為，就《周易》卦爻符號系統、卦爻辭文字系統與《十翼》哲學這三種不同記載格式內容的解釋方式而言，必須從整體的、動態的角度出發，才能掌握「旁通原理」之奧義。解釋《十翼》哲學之要義乃是從形上學角度追問隱含在《周易》象、辭中的「旁通原理」、並且對其進行人文主義的解釋，最後整合動態歷程與價值的觀點，建立一套「動態歷程之價值中心本體論」，徹底發揮做為「時際人」代表之原始儒家的創造精神，即生生之德。方東美說：

> 就形上學意義言，基於時間生生不已之創化歷程，《易經》哲學乃是一套動態歷程觀的本體論，同時亦是一套價值總論，從整體圓融、廣大和諧之觀點，闡明「至善」觀念之起源及其發展。故旁通之理也同時肯定了：生命大化流衍，瀰貫天地萬有，參與時間本身之創

〔註 120〕焦循：《易圖略敘目》。〔清〕焦循著，劉建臻整理：《焦循全集》（卷三），揚州：廣陵書社，2016 年，頁 969。

〔註 121〕焦循：《易圖略卷一‧旁通圖第一》。〔清〕焦循著，劉建臻整理：《焦循全集》（卷三），揚州：廣陵書社，2016 年，頁 980。

〔註 122〕何澤恆：《焦循研究》，台北：大安出版社，1990 年，頁 27。

〔註 123〕何澤恆：《焦循研究》，台北：大安出版社，1990 年，頁 198。

造性，終臻於至善之境。〔註 124〕

如前述，方東美認為《周易》的創造精神乃來自於隱含其中之動態的、整體性的「旁通原理」，透過對《周易》不同記載格式之內容的解釋而呈現出不同之面向。在重卦原理方面，方東美引焦循象棋棋譜之功能為例，將之解釋為旁通行動之法；在文字語法章句方面，他引用焦循之觀點，將之解釋為「易之辭指識其卦爻之所之，以分別當位失道」；而在哲學思想方面，他將「旁通原理」隱含於「比興體」創作的《十翼》之中，必須穿過「言在於此，而意寄於彼」的象徵手法，才能合理解釋「動態歷程之價值中心本體論」之奧義。綜而言之，《周易》研究的三個步驟與方法中，無論是「通其象」、「通其辭」或「通其理」，都不能僅從不同記載格式之表面文義解釋中掌握《周易》之奧義，即使是被方東美稱為是真正意義玄妙哲學之所在的《十翼》之作亦然。

其次，方東美認為《十翼》哲學乃是孔子追問隱含在《周易》不同格式之歷史記載中的「旁通原理」，經過人文主義解釋之後，所建立的一套形上本體論，據以闡明周代人文化成之偉大成就的哲學原理所在，這就是孔子透過《十翼》所建立之「新易理革命哲學」要義。如前述，方東美認為《周易》哲學研究必須將象、辭、理視為歷史發展中不同階段之記載格式，必須一氣貫串下來，先通象、再通辭、才通理。而始終貫穿三者之間的一貫之道即是「旁通原理」，孔子《十翼》即是從哲學上將「旁通原理」解釋為一套形上本體論，究其本質而言，與前兩階段對《周易》象、辭隱含的「旁通原理」所做的追問與解釋並無不同。這種獨特的《易》學觀點，最早出現在清代焦循《易學三書》的主張中，因此方東美之觀點及來自於焦循。以下論證之。

（二）焦循的觀點

首先，方東美認為要掌握以「比興體」創作之《十翼》的要義，不能僅就片面的、表面的文義進行解釋，此一觀點與焦循《易圖略卷六．原翼第七》之主張相同，他說：

> 學究之注，經生之義疏，就一章一句，枝枝節節，以為之解，而周公、孔子之箋疏，則參伍錯綜，觸類引申。以學究、經生之箋疏視之，孔子之《十翼》仍不可得而明，文王、周公之辭仍不可得而

〔註 124〕方東美：《生生之德．中國形上學中之宇宙與個人》，台北：黎明文化，2005年，頁 356。

> 通。……蓋《經》以辭之同者為識，《傳》亦以辭之同者贊之。《彖》、《象》之辭含而未明，則補其所未言，以申其所已言。……此孔子贊《易》之功，所以廣大而通神也。惟其參伍錯綜，觸類引申，不似學究、經生枝枝節節以為之解，而學者以學究、經生之箋疏例之，所以為贊、為翼者不可見，而《彖》、《象》之本意亦不明，遂覺孔子之《傳》無當於文王、周公之辭。夫孔子之《傳》，所謂翼也，贊也。文在於此而意通乎彼，如人身之絡與經聯貫，互相糾結，針一穴而府藏皆靈。執一章一句以求其合宜乎！三隅雖舉，仍不能以一隅反也。〔註 125〕

如前述，方東美認為《周易》原本是一部歷史文獻，以不同的記載格式呈現歷史發展過程中的史實，而《十翼》哲學則是孔子用哲學的眼光追問與解釋隱含在歷史文獻中的形上原理，即「旁通原理」。焦循則指出學究、經生們從片面的、枝節的角度所做之注疏，完全不明暸聖人治《易》的一貫之旨，無法穿透「文在於此而意通乎彼」的創作手法，徹底掌握其中的「旁通原理」。綜上所述，方東美解釋《十翼》哲學創作手法的方式，與焦循之觀點相似，都是跳脫枝枝節節的表面文義解釋方法，而從整體性、動態性去解釋「旁通之理」。

其次，方東美將《十翼》的「旁通原理」解釋為「動態歷程之價值中心本體論」，其內涵與焦循《易學三書》以旁通、相錯、時行解釋《周易》經傳之要義相同。簡言之，方東美的形上本體論乃是以旁通與時行兩項解《易》體例為基礎，以「當位失道」作為行動之價值評價，以「成己成物」作為止於至善的價值實踐。焦循「旁通」之內容包含三個層次的意義，即兩卦之間的關係、兩卦之間的爻變關係、兩卦之間的爻位關係，主旨在於發揮兩卦之間動態的存在狀態與運動方式。他在《易圖略卷一・旁通圖第一》說：

> 《傳》云「六爻發揮，旁通情也。」凡爻之已定者不動，其未定者，在本卦，初與四易，二與五易，三與上易；本卦無可易，則旁通於他卦，亦初通於四，二通於五，三通於上。成己所以成物，故此爻動而之正，則彼爻亦動而之正，未有無所之，自正不正人者也。枉己未能正人，故彼此易而各正，未有變已正之爻為不正，以受彼爻

〔註 125〕焦循：《易圖略卷六・原翼第六》。〔清〕焦循著，劉建臻整理：《焦循全集》（卷三），揚州：廣陵書社，2016 年，頁 1086～1091。

之不正者也。〔註 126〕

焦循所發明之「旁通說」包含了如下具體法則。第一，焦循將六十四卦依照卦爻陰陽兩兩相對的原則，分為三十二組旁通卦組。如：《乾》與《坤》旁通、《坎》與《離》旁通、《既濟》與《未濟》旁通等；第二，焦循提出旁通卦組之間的卦爻運動必須遵循一定的法則進行，旁通卦組十二爻中，不當位之六爻作為爻位運動的對象，運動順序為本卦先於旁通卦，運動方式為二與五爻、初與四爻、三與上爻易，即所有個體皆可透過適當的運動方式，實現個體的價值；第三，運動的目的是使旁通卦組中所有不當位之爻皆能依序透過「之正」的運動方式而變成當位，即，不正之爻位乃是運動的前提，爻位的「之正」乃是運動之動機，自正正人、成己成物的價值創造乃是運動的目的。焦循即發揮「旁通」法則以解釋重卦之原理。他說：「伏羲作八卦，以類萬物之情，所以『窮則變，變則通，通則久』者，唯此『旁通情』而已矣。」〔註 127〕也就是說，焦循是以「旁通」作為《周易》之核心原理。

繼「旁通」之後，焦循立刻提出對運動方式與結果進行價值評價的「當位失道」法則，據「文在於此而意通乎彼」的象徵方式，提供人們遷善改過之行為指南，其中最重要之處在於，焦循認為無論當位或失道，即無論運動方式適當與否，基於時間之變易本質，吉凶之狀態變化莫測，個人必須與時偕行，在「窮、變、通、久」的時間法則中，透過「時行」才能經由持續不斷地改過、變通，而使個人生命與生存環境之間時時保持「元、亨、利、貞」之順暢和諧關係。關於「當位失道」的變通法則，他說：

> 《易》之動也，非「當位」即「失道」，兩者而已。……惟凶可以變吉，則示人以失道變通之法。惟吉可以變凶，則示人以當位變通之法。《易》之大旨，不外此二者而已。……六十四卦本諸《乾》、《坤》、《坎》、《離》、《震》、《巽》、《艮》、《兑》之八卦，而八卦之生生，不外「元、亨、利、貞」四字。而所以「元、亨、利、貞」，則「窮則變、變則通、通則久」九字盡之。括以一言，則謂之「易」而已矣。〔註 128〕

〔註 126〕焦循：《易圖略卷一・旁通圖第一》。〔清〕焦循著，劉建臻整理：《焦循全集》（卷三），揚州：廣陵書社，2016 年，頁 975。

〔註 127〕焦循：《易通釋卷五》，「性、情、才」條。〔清〕焦循著，劉建臻整理：《焦循全集・卷 2》，揚州：廣陵書社，2016 年，頁 437。

〔註 128〕焦循：《易圖略卷二・當位失道圖第二》。〔清〕焦循著，劉建臻整理：《焦循

「旁通」法則生動地描繪了宇宙萬物之間的靜態與動態關係。就空間言，萬物乃是旁通統貫之整體的一部分；就時間言，萬物皆在時間之流中生生不息。故「當位失道」強調的不是一時的狀態，而是指出「與時偕行」的重要性。「時行」就是確保「與時偕行」的變通法則。他說：

> 《傳》云：「變通者，趣時者也。」能「變通」，即為「時行」。「時行」者，元、亨、利、貞也。……而行健之不已，教思之無窮，孔門貴仁之旨，孟子性善之說，悉可會於此。……《易》之一書，聖人教人改過之書也。窮可以通，死可以生，亂可以治，絕可以續，故曰「為衰世而作」。達則本以治世，不得諉于時運之無可為；窮則本以治身，不得謝以氣質之不能化。……能變通，則可久，可久則無大過；不可久，則至大過。所以不可久而至于大過，由於不能變通。變通者，改過之謂也。此韋編三絕之後，默契乎義、文之意，以示天下後世之學《易》者，舍此而言《易》，詎知《易》哉！〔註 129〕

綜而言之，方東美提出之「動態歷程之價值中心本體論」，乃是將「旁通原理」所蘊涵之時空法則整合而成，與焦循根基於「旁通」法則所解釋的《周易》哲學主張一致。由上可證，方東美此一《易》學觀點實受到焦循之影響。

三、《十翼》哲學之實踐理論與修養功夫

方東美「通其理」步驟中，提出二項創造性的觀點。其一是，《十翼》哲學並不能涵蓋全部原始儒家的《周易》哲學思想。雖然他說《周易》哲學的研究工作，要從蘊涵真正意義玄妙哲學的《十翼》開始，但是他指出以「比興體」創作的《十翼》哲學，主要是一部形上本體論，原始儒家的《周易》哲學研究範疇，還必須包含孔門後學們，踵事增華之各種實踐理論與修養方法，方東美稱之為「哲學人性論」。即原始儒家之《周易》哲學思想體系包含了「形上本體論」的超越精神理想與「哲學人性論」的真實價值實踐兩部分。其二是，儘管《孟子》七篇未曾提到《易》，方東美卻提出「孟子深於易」的觀點，他認為孟子繼承了原始儒家的「踐形」精神，將《十翼》中以「大人」

全集》（卷三），揚州：廣陵書社，2016 年，頁 1014～1016。

〔註 129〕焦循：《易圖略卷三．時行圖第三》。〔清〕焦循著，劉建臻整理：《焦循全集》（卷三），揚州：廣陵書社，2016 年，頁 1039～1041。

為代表所描述的理想人格境界，透過具體的修養步驟與方法，在真實世界、現實人生中予以實踐，透過存養「浩然之氣」而成為「上下與天地同流」的「聖人」，據此，方東美提出「孟子深於易」的觀點。上述兩項獨特的創見，乃源自於焦循。

（一）哲學人性論的建構

1. 方東美的觀點

將超越的精神理想在真實世界中「踐形」，乃是原始儒家的核心精神。孔門後學隨即根據《十翼》的形上本體論，陸續發揮並建立一套「哲學人性論」的基本理論，據以將這套代表儒家超越精神理想的形上學原理，在人文世界中徹底實踐。他說：

> 自原始儒家所出諸原理而觀之，宇宙之客觀秩序，乃是成於乾元之充沛創造精神，表現於時間綿絡旁通、變易歷程之中。人類個人所面對者，正是一大創造之宇宙，故個人亦必須同其富於創造精神，方能德配天地，妙贊化育；否則，與之處處乖違悖謬矣。是故，儒家此種動態歷程之價值中心本體論，一旦完成之後，即啟發一套哲學人性論。〔註 130〕

因此，作為「時際人」的儒家，生存於充滿了創造力之宇宙中，依循宇宙化育過程中的理性秩序，而發為人間道德理性秩序，即道德秩序之應然境界乃是源自於自然秩序之實然理性本質。而孔子後學則根據《十翼》建立之哲學理論，踵事增華，進一步發展出一套「哲學人性論」，據以將「動態歷程之價值中心本體論」之主張落實於現實世界的真實人生之中。方東美明確指出孔門後學建立「哲學人性論」之歷程，方東美說：

> 而真正瞭解周易最透徹的是孟子。周易是從孔子傳到子思的家學，孟子則從子思領受了周易的精神，然後從一切生命的觀點、價值的理想、哲學的樞紐，安排於人的尊嚴上。如此就「大而化之之謂聖，聖而不可知之之謂神」，事實上就是解釋中庸的。〔註 131〕

方東美認為，孟子的《周易》哲學思想乃是直接傳承自孔子、子思的家學傳統，也就是說孟子所發展出來的「哲學人性論」就是源自於孔子的《周易》哲學精神。因此，原始儒家以《十翼》之形上本體論為根據，進一步建構的「哲

〔註 130〕方東美：《中國哲學精神及其發展（上）》，台北：黎明文化，2005 年，頁 223。
〔註 131〕方東美：《原始儒家道家哲學》，台北：黎明文化，2005 年，頁 209。

學人性論」基本理論，就包含了《論語》、《大學》、《中庸》與《孟子》等重要儒家典籍在內。

2. 焦循的觀點

如前述，方東美與焦循都認為《周易》哲學思想的起源在於追問與解釋重卦的原理。焦循在《易話上・學易叢言》明確指出隱含在重卦中之原理，不僅開啟了人文化成的文明發展，同時更成為歷代先哲們一脈相傳修己治人的寶典。他說：「學《易》者，必先知伏羲未作八卦之前是何世界。伏羲作八卦，重為六十四，何以能治天下？神農、堯、舜、文王、周公、孔子，何奉此卦畫為萬古脩己治人之道？」伏羲畫卦之目的乃是「設卦以立人道」，故自三代以來即是歷代政治家們據以作為治理天下的智慧來源，孔子未能掌握政權，於是據以作為人格修養的智慧來源，並由孔門後學們發展成一套「哲學人性論」的基本理論。因此，焦循指出：

> 聖人教人改過如此，皆於爻所之示之。蓋當位則虞其盈，盈不可久；不當位則憂其消，消亦不可久，故盈宜變通，消亦宜變通，所謂「時行」也。其教人之義，文王、周公已施諸政治，孔子已質言之於《論語》、《大學》、《中庸》，傳之七十子，此《易》辭全在明伏義設卦觀象指其所之，故不言義理，但用字句之同以為鄉導，令學者按之而知三百八十四爻之行動。……指明其所之，則義理自見。文王述伏義、孔子贊文王如此，志在使伏義當日通德類情之故，從卦爻中顯出，宜按辭以知卦。泥辭以求義理，非也。〔註 132〕

不管在朝或在野，原始儒家的「踐形」精神都必須將超越的精神理想在真實世界中完成價值實踐，因此，文王、周公將《周易》「旁通原理」實踐為周代人文化成的偉大成就，而孔子則據以完成《十翼》以建立一套形上本體論，有關價值實踐的具體思想則闡發於《論語》、《大學》、《中庸》以傳諸後世。他說：

> 自學《易》以來，於聖人之道稍有所窺，乃知《論語》一書，所以發明伏義、文王、周公之旨。蓋《易》隱言之，《論語》顯言之，其文簡奧，惟《孟子》闡發之最詳最鬯。〔註 133〕

〔註 132〕焦循：《焦里堂先生軼文・寄王伯申書》。〔清〕焦循著，劉建臻整理：《焦循全集》（卷十三），揚州：廣陵書社，2016 年，頁 6172。

〔註 133〕焦循：《論語補疏敘》。〔清〕焦循著，劉建臻整理：《焦循全集》（卷五），揚州：廣陵書社，2016 年，頁 2505。

又說：

> 七十子歿，道在孟子。孟子道性善，稱仁義，惡楊墨之執一，斥儀、衍之妾婦，皆所以闡明孔子之學，而吻合乎伏羲、文王、周公之旨。故孟子不明言《易》，而實深於《易》。〔註 134〕

綜上，焦循認為，以「文在於此而意通乎彼」為創作手法的《十翼》，因為隱含其中的「旁通原理」不易為人掌握並予以實踐，故《論語》發明伏羲、文王、周公施於政事所呈現的具體價值實踐內容，《孟子》再透過更簡要明晰的方式闡發伏羲、文王、周公之旨。據此，他指出「孟子深於易」，因為孟子發展的「哲學人性論」不但闡明孔子形上本體論之奧義，同時也完全吻合伏羲、文王、周公施於政事的實踐要旨，儘管《孟子》一書並未提及《易》，但是焦循根據孟子道性善、稱仁義等價值實踐方面的具體主張，認為孟子不但充分掌握《十翼》形上本體論的奧義，並且據此完成一套「哲學人性論」，提出具體的理論以重建人倫秩序，故焦循不斷申說「孟子深於《易》」。

由上可知，方東美對於「哲學人性論」建構歷程的觀點乃源自於焦循。

（二）「孟子深於《易》」的主張

「孟子深於《易》」的主張在中國《易》學發展史中乃一獨特的創見。賴貴三曾對此提出精闢的分析，他說：

> 《孟子》思想是否淵源、繼承於《易學》，歷來研究《孟子》學者，無此石破天驚之論，因此如何證成此說，便是焦循的詮釋課題。因為，綜觀《孟子》全書，未嘗有一言一句提到或論及《周易》，……而且於《孟子正義》按語中屢見明言『孟子深於《易》』的論點。在焦循的觀念裡，孟子仁義之學乃繼承伏羲、文王、周公、孔子而來，可謂得道統正宗。〔註 135〕

因此，方東美繼焦循之後，再次提出「孟子深於《易》」的觀點，即可證明他受到焦循《易》學思想的影響。透過前文對「哲學人性論」所做的分析可知，焦循與方東美兩人皆主張孟子乃深得羲、文、周、孔四聖作《易》之要旨，以下將考察兩人提出「孟子深於《易》」主張之具體內容，進一步論證兩人之間

〔註 134〕焦循：《易通釋敘目》。〔清〕焦循著，劉建臻整理：《焦循全集》（卷一），揚州：廣陵書社，2016 年，頁 298。

〔註 135〕賴貴三：《台海兩岸焦循文獻考察與學術研究》，台北：文津出版社，2008 年，頁 327。

的思想淵源關係。

方東美認為：

> 生命之自然秩序及道德秩序，既同始於乾元（天道）之創造精神，則人在創造之潛能上自然應當是足以德配天道的。準此，儒家遂首先建立起一套「以人為中心（人本主義）的宇宙觀」，再進而導致出一套「價值中心觀的人性論」。此為孟子之所以要主張：流貫於君子人格生命中的精神是「與天地精神同流」的道理了。〔註 136〕

他指出孟子即根據上述主張為基礎，一方面力倡「夫君子所過者化，所存者神，上下與天地同流」的人格境界；另一方面又高揚「可欲之謂善；有諸己之謂信；充實之謂美；充實而有光輝之謂大；大而化之之謂聖；聖而不可知之之謂神」之偉大人格的實踐理論與修養功夫。前者乃是強調君子根據乾元之創造精神，將天道之理性秩序徹底落實為人道秩序，故其人格生命之精神乃能夠與天地同流；後者乃是根據《易經》「生生之德」的奧義，指出個人應該如何透過創進不已的價值創造，由君子開始漸次發展為大人、聖賢、最後昇華成「聖人」與「神人」的偉大人格境界。方東美曾多次在其著作中提出「孟子深於《易》」的觀點。如：「深於易的不只是商瞿這一派的人，從某方面看，甚至孟子也是深於易」〔註 137〕；「孟子，他雖說他不談易，其實孟子可以說是深於易」〔註 138〕；「真正了解周易最透徹的是孟子。周易是從孔子傳到子思的家學，孟子則從子思領受了周易的精神，然後從一切生命的觀點、價值的理想、哲學的樞紐，安排於人的尊嚴上」〔註 139〕。經由以上之論述，方東美已經充分闡釋孟子在《周易》哲學系統的建立過程中，所做出之重大貢獻。然而方東美提出「孟子深於《易》」的最主要原因，乃是基於孟子一方面將《十翼》中描述的「大人」理想人格境界，透過具體的修養步驟與方法，在真實世界、現實人生中化為真實價值實踐；一方面又發揮《十翼》形上本體論之奧義，透過「踐形」的理論，重現郁郁乎文周之人文化成盛世。孟子論人格修養方法有關的論述主要有二，一是「君子所過者化，所存者神，上下與天地同流」，二是「大而化之之謂聖，聖而不可知之之謂神」。以下依序考察方東美

〔註 136〕方東美：《生生之德．中國形上學中之宇宙與個人》，台北：黎明文化，2005 年，頁 358～359。

〔註 137〕方東美：《方東美先生演講集》，台北：黎明文化，2005 年，頁 197。

〔註 138〕方東美：《方東美先生演講集》，台北：黎明文化，2005 年，頁 245。

〔註 139〕方東美：《原始儒家道家哲學》，台北：黎明文化，2005 年，頁 209。

對這兩項主題的觀點與思想淵源。

1. 方東美的觀點

首先，方東美認為在前一主題中，孟子對君子的人格特質所做的具體描述，完全貫徹孔子的《周易》精神，也就是寓於《十翼》中的「旁通原理」，他說：

> 孟子說：「君子所過者化，所存者神，上下與天地同流。」就是他的生命上可通極於天，能把握天的創造權力；又下徹於地，可以結合地的滋養萬物的能力。於是他在整個人類所處的天地之間，精神可以上下貫注。與天地之大生之德、廣生之德貫通一氣。……由此可見，《孟子》七篇中雖沒有明講《周易》，但是他這種精神完全貫徹孔子在《周易》裡面的真正精神。〔註 140〕

他說《孟子》雖然沒有直接提及《周易》，但是孟子對君子之人格特質所做的定義，完全是貫徹孔子的《周易》精神，如前文，即是依循《周易》的「旁通原理」所建立的「動態歷程之價值中心本體論」為標準。基於此，他指出「孟子深於易」。

其次，他認為「君子」即代表了儒家眼中「偉大的人格」〔註 141〕，而形成這種偉大人格的修養方式，即是孟子提出的「充實之謂美，充實而有光輝之謂大，大而化之之謂聖，聖而不可知之之謂神」，他認為這股追求偉大人格的動力，是根植於乾元之無窮創造力量。他說：

> 孟子所謂「浩然之氣」，就是從《周易》乾元的這一個創造力量產生的。因此，我說孟子深於易，因為他根據這一種最高的哲學智慧，了悟「充實之謂美，充實而有光輝之謂大，大而化之之謂聖，聖而不可知之之謂神」。於是把人格影響的力量，以乾元剛勁之氣，即所謂浩然之氣，發洩在整個的宇宙裡面，產生了「君子所過者化，所存者神，上下與天地同流」的豪情浩意。這是何等的氣魄！〔註 142〕

就儒家的實踐精神而言，不能付諸於人文化成實踐的理想乃是沒有意義的，因此孔子後學們，尤其是孟子，就掌握住《十翼》哲學思想的核心精神，並且發展出具體的實踐功夫理論，將《十翼》哲學所描述的理想境界，在人

〔註 140〕方東美：《新儒家哲學十八講》，台北：黎明文化，2005 年，頁 207。
〔註 141〕方東美：《方東美先生演講集》，台北：黎明文化，2005 年，頁 245。
〔註 142〕方東美：《方東美先生演講集》，台北：黎明文化，2005 年，頁 198。

文世界中予以實踐。方東美「孟子深於《易》」的獨特觀點，主要是著眼於孟子因襲《中庸》之微言大意，將《十翼》中高舉之「大人」理想人格境界，透過具體的實踐理論，在人文世界中予以徹底實現，漸次修養成聖人、神人，即儒家所謂的君子境界。

2. 焦循的觀點

首先，就孟子對偉大人格的定義而言。焦循認為孟子發揮《周易》「旁通原理」，以「通變神化」對聖人與大人的人格特質進行定義。他在《孟子正義》〈梁惠王下．第十五章〉對孟子的「通變神化」說，做了《易》學的發揮。他說：

> 聖人通變神化之用，必要歸於巽之行權。請擇者，行權之要也。孟子深於《易》，七篇之作，所以發明伏羲、神農、黃帝、堯、舜之道，疏述文王、周公、孔子之言，端在於此。儒者未達其指，猶沾沾於井田封建，而不知變通，豈知孟子者哉！〔註143〕

焦循認為孟子發揮《周易》「通變神化」之道，將《十翼》所描述之「大人」理想人格境界徹底落實在真實世界中。他認為《孟子》七篇之旨皆在於此。焦循在《孟子正義》說道：

> 孟子深於《易》，此大人即舉《易》之大人而解之也。正己物正，篤恭而天下平也。惟黃帝堯舜通變神化，乃足以當之。〔註144〕

也就是說，孟子對理想人格特質的定義完全是依循《周易》「通變神化」之道而來。綜上所述，就方東美與焦循兩人對完美偉大人格的定義觀之，兩人都明確指出是以《周易》為其價值根源，並且據此主張「孟子深於易」。如前節所述，方東美與焦循都是以「旁通原理」作為《周易》哲學之核心精神，兩人所定義的人格典範內容，都是依據「旁通原理」作為標準。由上可證，方東美此一觀點乃淵源自焦循。

其次，就孟子提出的人格修養步驟與方法而言。焦、方兩人也相同地據此提出「孟子深於《易》」的主張。方東美認為孟子發揮「哲學人性論」，將《十翼》中具有超越精神理想之人格特徵的「大人」形象，透過漸次的修養

〔註143〕〔清〕焦循撰，沈文倬點校：《孟子正義（上）》，北京：中華出局，1998年，頁167。

〔註144〕〔清〕焦循撰，沈文倬點校：《孟子正義（下）》，北京：中華出局，1998年，頁904。

步驟落實在人間；焦循認為孟子發揮《十翼》之「通變神化」之道，其目的也是為了將「大人」境界落實在人間世。他在〈通變神化論〉提出人格修養之道，他說：

> 能通其變為權，亦能通其變為時。然而豪傑之士，無不知乘時以運用其權，而遠乎聖人之道者，未能神而化之也。「大而化之之謂聖，聖而不可知之之謂神。」神化者通其變，而人不知之也。……伏義作八卦，以明治世之大法，孔子贊之曰：「通其變，使民不倦；神而化之，使民宜之。」又曰：「《易》窮則變，變則通，通則久。」通其變而能久，神化之效也。〔註145〕

焦循認為由大而聖、由聖而神的人格修養步驟與方法，即是要依循聖聖相傳的「通變神化」之道。其中的關鍵又在於通其變，並且引孔子贊《易》之言為證，依循時間之變易本質，闡明通其變才能「與時偕行」。因此根據「窮、變、通、久」的時間法則，焦循進一步指出人格修養的方法乃是持續不斷的價值實現歷程，據「旁通原理」、由「成己成物」的價值實踐而不斷昇華。他說道：

> 大人以先覺覺後覺，以先知覺後知，不以己之聖而忘人之愚，不以己之明而忘人之闇，如義、農、黃帝、堯、舜、文王、周公、孔子是也。惟不失其赤子之心，所以正己而物正。孟子蓋深於《易》，而此其發明之者也。〔註146〕

透過持續的修養，在真實世界中昇華為一位「通變神化」的神人、「與天地同流」之聖人，即是一方面掌握《十翼》哲學之形上本體論的超越理想精神，另一方面建立系統化的「踐形」理論，將《十翼》之大人理想人格，透過價值實踐在真實世界中踐形為聖人。焦循認為孟子的「通變神化論」以及對理想人格境界追求所提出的見解，正是發揮《周易》以及諸先聖思想之成果。綜上可證，方東美的觀點乃源自於焦循。

根據上述方東美與焦循兩人在「通其象、通其辭、通其理」步驟中所提出的各式《易》學主張觀之，方東美的《易》學觀點乃是淵源於焦循的《易》學主張。

〔註145〕焦循：《易話上·通變神化論》。〔清〕焦循著，劉建臻整理：《焦循全集》（卷三），揚州：廣陵書社，2016年，頁1186～1187。

〔註146〕〔清〕焦循撰，沈文倬點校：《孟子正義（下）》，北京：中華出局，1998年，頁558。

第四章　方東美《易傳》哲學思想探析

本章以方東美《易》學觀為基礎，進一步探析其《易傳》哲學思想之要義。如同第二章進行之《易》學觀探析工作，綜觀方東美所有著作，他並未透過系統性論述以闡釋他的《易傳》哲學思想，他僅僅概要式地提出四項條列式的要義，總賅他對孔孟學派以「比、興體」之創作手法寓於《十翼》之中的哲學思想；若只藉由他歸納之四項要義的有限文字資料，將難以精確且完整地掌握方東美《易傳》哲學之奧義，同時也無法進一步追溯其《易傳》思想之淵源。因此，本章研究重點就在於將方東美散見各式著作中的相關概念予以系統化整理：透過「範疇整理法」將他提出之各式概念分別進行分析，再依照不同範疇予以分類組合，如以「形上學途徑」與「人文的途徑」構成之方法論範疇；以「宇宙論」、「人性論」、「價值論」、「本體論」構成之形上學範疇；以《十翼》為核心並結合《論語》、《大學》、《中庸》、《孟子》的廣義《易傳》思想範疇等，最後進行系統化地理論重構，據以精確、全面地闡釋他提出的四項要義。〔註 1〕

方東美認為《易傳》哲學思想並非憑空而來，而是從「原始儒家」持續追問與解釋《周易》這部歷史文獻的過程中產生。首先，他指出《周易》經文的性質乃是一部歷史文獻，包含六十四卦重卦符號系統、與繫於其上的卦爻辭文字系統兩部分，分別記載了遠古時代至成周時期的史實；其次，他認為將《周易》之「賦體」陳事文句化為「比興體」之說理文句的關鍵，就在於從哲學的觀點出發，追問歷史文獻記載中隱含的形上學原理，然後從人文主義

〔註 1〕本文第二、三章中依據方東美行文之用詞方式，採用《十翼》指稱《易傳》；本章及下一章則根據其行文均採用《易傳》之名稱進行論述。

角度提出合理的哲學解釋，以說明歷史發展格式所呈現象後的所以然之理。簡言之，方東美的《易傳》哲學思想，乃是肇始於孔子追問隱含在《周易》卦爻符號系統與卦爻辭文字系統中的形上學原理（即「旁通原理」〔註2〕）；繼而從人文主義角度對寓於其中之形上學原理，進行哲學解釋之後才完成。因此，本章的探析工作必須進一步追問兩個問題，第一，方東美所提出之「形上學原理」，其具體內容是什麼？第二，方東美所提出的「人文主義解釋」〔註3〕之具體意涵為何？經過爬梳方東美各式著作之後，本章重構其《易傳》哲學思想所用之參考資料主要來源有二：一是 1937 年《中國人生哲學概要》之相關章節；二是 1964 年發表之〈中國形上學中之宇宙與個人〉英文論文。前者針對其提出之《易傳》哲學要義所未充分闡釋之重要概念，提供完整補充說明；後者方東美循著中國形上學思想發展脈絡，逐層上溯至中國各派形上學思想之源頭，即他以「超越形上學」所闡釋的中國形上學思想，並且在此文中第一次提出他所歸納的四項《易傳》哲學要義。

綜觀他闡述的《易傳》要義內容，即可發現他是透過「人文的途徑」解釋形上學原理。首先，他提出「動態歷程之價值中心本體論」，從整體的觀點解釋《易傳》哲學要義之精神；〔註4〕繼而，他根據四項哲學範疇，一方面依

〔註2〕根據方東美之各式著作，對於「旁通」之義，他曾經使用「旁通原理」（如〈易之邏輯問題〉），以及「旁通之理」（如〈哲學三慧〉）。此兩種用法之意義相同。

〔註3〕方東美於不同的出處及文本中，以不同的文辭表達「人文主義的解釋」之要義。如在孫智燊翻譯之《中國哲學精神及其發展（上）》指出：「沿承易卦之符號系統，而賦予種種人文主義之詮釋」；在馮滬祥翻譯之《中國人的人生觀》之〈中國人的智慧——廣大和諧之道〉指出「哲學思考至少有三種途徑：（一）宗教的途徑，透過信仰而達哲學；（二）科學的途徑，透過知識能力而達哲學；（三）人文的途徑，透過生命創進而達哲學」；在傅佩榮翻譯之〈從宗教、哲學與哲學人性論看「人的疏離」〉中指出：「研究哲學的途徑有三：（1）宗教的途徑——經由信仰熱望；（2）科學的途徑——經由知識的明辨；（3）人本主義的途徑——經由創生不已的生命事蹟。……結果我選擇了困難最少的人本主義的途徑。」本文後續之討論將採用「人文的途徑」一辭指稱方東美上述之意涵。

〔註4〕方東美首先以「動態歷程之價值中心觀本體論」，從整體的角度，總賅源自於原始儒家形上學思想的《易傳》哲學為一套形上本體論。但是他又分從宇宙、人性、價值、本體範疇提出四項要義，這個觀點可以從他對形上學所做的定義中進一步說明，他說：「形上學者，究極之本體論也，探討有關實有、存在、生命、價值等，而可全部或部分為人類穎悟力所及者。」方東美：《中國哲學精神及其發展（上）》，台北：黎明文化，2005 年，頁 100。

序闡釋各範疇之要義，另一方面從動態歷程的角度闡明範疇間的動態對待關係。他提出如下之《易傳》要義：

> （一）主張萬有含生論之新自然觀；（二）提倡性善論之人性觀；（三）形成一套價值總論；（四）形成一套價值中心觀之本體論。〔註 5〕

在上述主張中，他一方面將《易傳》哲學要義歸納成四項哲學範疇；另一方面他運用「萬有含生論」、「性善論」、「價值總論」、「價值中心觀」等概念，依序賦予這四項哲學範疇以特定人文觀點之解釋。因此，無論是從整體概念或者從構成要素之觀點出發，考察《易傳》要義的關鍵，就必須徹底掌握方東美對「形上學途徑」與「人文的途徑」所持的觀點。

綜上所述，方東美建構其《易傳》哲學要義之步驟有二：其一，分從四個哲學範疇闡釋中國形上學思想之內容；其二，從人文主義的角度解釋一套「動態歷程之價值中心本體論」。要言之，即是一套建構在「萬有含生論之新自然觀」與「性善論之人性觀」這兩項前提之上的一套「價值總論」與「價值中心觀的本體論」。〔註 6〕就動態歷程觀點而言，也就是一套由「本體之實然本質」逐步邁向「價值之應然境界」的歷程哲學。〔註 7〕即方東美所說的「原始要終之道」〔註 8〕。

此外，方東美多次自承他的中國哲學研究工作，乃是採用「形上學的途

〔註 5〕方東美：《生生之德．中國形上學中之宇宙與個人》，台北：黎明文化，2005 年，頁 355。

〔註 6〕方東美曾經說明東西方「本體論」之不同涵義，他說：「在東西方哲學史中，本體論涵義各殊。古代東西雙方均以本體論指稱客觀實在界之本質或其最初實體，顯而易見的差別有二：(1) 希臘人較為著重『存有』之靜止的自立性，印度人與中國人則往往賦予『存有』一種動態流行的特性；(2) 希臘人深通二分法，遂斷言『存有』高居超越界，不與表象世界相涉；中國人與印度人則相信機體主義的生化歷程，使『存有』能夠流行貫注於萬事萬物。」參方東美：《生生之德．從宗教、哲學與哲學人性論看「人的疏離」》，台北：黎明文化，2005 年，頁 411。

〔註 7〕「實然」與「應然」之概念乃出自〈中國哲學之通性與特點〉，他在論及「個人品格崇高論」時表示：「中國形上學家……其論個人，恆兼顧其可觀察之現實性（實然）、與理想化之可能性（應然）兩方面著眼。由現實至可能，其間原有一種極細密之自我實現歷程，一種極艱苦之自我修為功夫，以及全幅自我實現之道。」參方東美：《中國哲學精神及其發展（上）》，台北：黎明文化，2005 年，頁 111。

〔註 8〕方東美：《中國哲學精神及其發展（上）》，台北：黎明文化，2005 年，頁 223。

徑」與「人文的途徑」之方法論原則。他說:「通中國哲學之道,蓋亦多方矣!然余於是書,則獨採形上學途徑,欲以直探主腦及其真精神之所在」〔註9〕、又說:「人文主義便形成哲學思想中唯一可以積健為雄的途徑。」〔註10〕綜上,方東美建構《易傳》哲學要義之步驟,即是將形上學原理解釋為人文世界理性法則的過程;也就是一套由「本體之實然本質」的善端出發,在處處旁通統貫、時時創造化育的生命創進歷程中,透過價值之創造,漸次圓成至善「價值之應然境界」的「原始要終之道」。

本章第一節首先考察《易傳》哲學要義之形上學思想淵源,其次闡釋中國形上學思想之奧義,依序說明方東美提出之「超越形上學」、「內在形上學」與「機體主義觀點」等主張之具體內容,據以闡釋其《易傳》哲學要義所含之形上學原理。第二節考察方東美從人文主義角度提出之哲學思考方式的奧義。依序闡述「人文的途經」之奧義,以及據此奧義進行解釋的「中國哲學三大通性」、《周易》時間概念下之形上學原理與《易傳》形上本體論。第三節則結合前二節之研究成果,以「原始要終之道」為架構,分三個層次闡釋他提出之《易傳》哲學要義。

第一節 《易傳》哲學之形上思想淵源

本節考察他在〈中國形上學中之宇宙與個人〉所闡釋的中國形上學思想。方東美依循中國形上學思想之發展脈絡上溯,逐層探求《易傳》形上學原理之根源,據以闡明其中之形上學要義。也就是說,他是從中國形上學思想之根源處進行闡釋。

首先,他提出「超越形上學」一辭形容「典型的中國本體論」,並且詳細闡釋其內容;接著,他提出必須將「超越形上學」再點化為「內在形上學」的主張,以確保超越的價值理想能夠在真實世界、現實人生中「踐形」;繼而,他借用西方哲學「機體主義觀點」,分從消極與積極兩個層面詮釋「超越形上學」,以協助西方讀者掌握中國形上學要義;最後,他從原始儒家、道家與大乘佛學之形上學具體主張中,歸納出中國哲學之三大通性,即「一本萬殊論」、「道論」、「個人品德崇高論」,〔註11〕也就是從「人文的途徑」解釋中國

〔註9〕方東美:《中國哲學精神及其發展(上)》,台北:黎明文化,2005年,頁76。
〔註10〕方東美:《中國人生哲學》,台北:黎明文化,2005年,頁140。
〔註11〕方東美:《生生之德.中國形上學中之宇宙與個人》,台北:黎明文化,2005

主要學派共具之形上學思想。以下先論證《易傳》哲學要義所依據的形上學原理，乃是根源於方東美以「超越形上學」一詞形容並闡釋之「典型的中國本體論」；接著分從「超越形上學」、「內在形上學」與「機體主義觀點」三個層面，闡釋中國形上學思想之奧義。

一、《易傳》形上學原理溯源

從前章所述之方東美《易》學觀中，可以明確追溯《易傳》要義之形上學原理根源。首先，方東美認為乃是來自於隱含在《周易》符號系統中的形上學原理，即「旁通原理」；其次，他又指出《周易》形上學思想最能展現儒家形上學思想之二大特色，也就是說《周易》思想乃源自於儒家形上學；最後，他運用「超越形上學」來形容典型的中國本體論，並據以闡釋中國形上思想之奧義。根據上述發展脈絡觀之，「原始儒家」解釋《周易》卦爻符號系統，就是解釋「旁通原理」，就是對《周易》形上學原理的解釋，也就是對儒家形上學的解釋，也就是對中國形上學原理的解釋。因此，循著中國形上學思想之發展脈絡逐層上溯至「超越形上學」，即可經由方東美對每個階段的闡述內容，據以完整掌握《易傳》形上學原理之奧義，詳述如下。

方東美在〈中國形上學中之宇宙與個人〉開篇即率先闡述中國形上學之發展脈絡及各個不同發展階段的形上學思想。他先運用「超越形上學」來闡釋「典型中國本體論」的核心要義；繼而以「內在形上學」演示如何使「超越形上學」之主張踐形於真實世界與現實人生中；最後藉用「機體主義觀點」進一步闡述「超越形上學」核心要義。然後再據以發揮為原始儒家、原始道家與大乘佛學三家形上學思想共具之通性。就儒家的部分而言要點有二。第一，他認為《周易》哲學代表儒家形上思想。他指出儒家形上學具有「肯定天道之創造力」與「強調人性之內在價值」兩大特色，又說：「此兩大特色構成全部儒家思想體系之骨幹，……表現這種思想最重要者莫過於《易經》。」〔註 12〕也就是說，《周易》哲學思想即代表了儒家之形上學思想。第二，他從《周易》之「時間概念」中引申出「旁通之理」、「性之理」與「化育之理」三項形上學原則，藉以解釋宇宙秩序，並且從「旁通之理」中，發展出「動態歷

年，頁 350。

〔註 12〕詳見方東美：《生生之德．中國形上學中之宇宙與個人》，台北：黎明文化，2005 年，頁 354。

程本體論」與「價值總論」，據以闡明《周易》形上學原理之內容。也就是說，《易傳》形上學原理即源自於「旁通之理」，而「旁通之理」乃是《周易》形上學原理之一。是故追本溯源，《易傳》形上學思想淵源，可依序上溯至旁通之理、《周易》形上學原理、儒家形上學思想、「中國哲學三大通性」、「機體主義觀點」、「內在形上學」與「超越形上學」。這就是為什麼他在提出《易傳》哲學要義之前，要率先從「超越形上學」的角度闡明中國形上學精神及特質的原因。

綜上所述，他提出的《易傳》哲學要義直接源自於「旁通之理」，而「旁通之理」又可上溯至由「超越形上學」所指稱的「典形的中國本體論」。要言之，《易傳》哲學要義乃源自「《周易》形上學原則」；而「《周易》形上學原則」又包含在人文主義解釋的「儒家形上思想」範疇內，而人文主義解釋的「儒家形上思想」又源自於「中國哲學通性」範疇；而「中國哲學通性」又歸於「超越形上學」的理論範疇統攝。換言之，經由人文主義角度詮釋《周易》符號系統所據之「旁通之理」而獲得之《易傳》哲學要義，其精神即淵源自以「超越形上學」闡述之「典型的中國本體論」。是故，欲徹底把握《易傳》哲學要義之精神，就必須先掌握中國形上學之特質。以下分從「超越形上學」、「內在形上學」與「機體主義觀點」三個層面，依序考察方東美提出的觀點。

二、中國形上學思想之奧義

方東美自承他是採用形上學途徑，也就是哲學的途徑，進行中國哲學研究的原因，乃是基於此一途徑最符合中國歷史發展的情境。〔註 13〕他對「形上學」做出以下的定義：

> 形上學者，究極之本體論也，探討有關實有、存在、生命、價值等，而可全部或部分為人類穎悟力所及者。〔註 14〕

他視形上學為最高位階的本體論，稱之為「究極本體論」，並且詳盡列舉其中包含之哲學範疇。此外他說：「我以『超越形上學』一辭，來形容典型的中國本體論，其立論特色有二：一方面深植根基於現實世界：另一方面又騰衝超拔，趨入崇高理想的勝境而點化現實。」〔註 15〕因此，方東美提出「典型的

〔註 13〕詳見方東美：《原始儒家道家哲學》，台北：黎明文化，2005 年，頁 50。
〔註 14〕方東美：《中國哲學精神及其發展（上）》，台北：黎明文化，2005 年，頁 100。
〔註 15〕方東美：《生生之德．中國形上學中之宇宙與個人》，台北：黎明文化，2005 年，頁 348。

中國本體論」之要義，即可藉由其對「超越形上學」與「究極本體論」所做的闡釋內容加以把握。

（一）以「超越形上學」為核心精神的「典型中國本體論」

他強調使用「超越形上學」來描述中國本體論的特色，最主要的目的是為了與西方深溺於二分法之誤的「超絕形上學」做出區隔，並且進一步補救「超絕形上學」對宇宙與個人生命之整全性所造成的傷害，他說：

> 所謂「超絕」云云，對自然界與超自然界之和合無間性與賡續連貫性，顯然有損，同時，兼對個人生命之完整性，亦有所斲傷。人，乃身心健全之結合體，寓健全之靈魂於健全之肉身，使二者渾融合一，於以形成完整之人格或健全之品德。〔註 16〕

「超越形上學」的核心精神就在於視萬物一切為具有和合無間性的一個整體，因此「典型的中國本體論」之精神就迥然殊異於「超絕形上學」。

若就消極方面觀之，方東美指出「超越形上學」堅決反對任何形式的二分法與二元論」：

> 對萬物一切——無論其為何種實有、何種存在、何種生命、何種價值——一方面，皆絕不視為某種超絕之對象、可離乎其餘一切自然元素與變化歷程，而凝然獨存、悄然獨享某項秘密特權者；他方面，復斷乎不可將之單純定位、而局限於現實界或事法界，致誤視為了無騰沖超拔、趨入理想勝境之勢能。故摒斥截然二分法為方法，更否認硬性二元論為真理。〔註 17〕

他強調中國各派的哲學家都是抱持著反對二元對立的立場。在宇宙中，萬物一切之間並非是不相關的對待關係，而是相互依存的存有狀態，並據此為基礎，在變化歷程中共同完成個體生命的盡性發展。因此，他認為任何型態的二元對立，都會傷害個人的完整性與發展的可能性。

若就積極一面而言他說：

> 宇宙與生活於其間之個人，雍容洽化，可視為一大完整立體式之統一結構。其中以種種互相密切關聯之基本事素為基礎，再據以締造種種複雜繽紛之上層結構，由卑至高，直到蓋頂石之落定為止。據一切現實經驗界之事實為起點，吾人得以拾級而攀，層層上躋，昂

〔註 16〕方東美：《中國哲學精神及其發展（上）》，台北：黎明文化，2005 年，頁 102。
〔註 17〕方東美：《中國哲學精神及其發展（上）》，台北：黎明文化，2005 年，頁 102。

> 首雲天，嚮往無上理境之極詣。同時，再據觀照所得的理趣，踞高臨下，「提其神於太虛而俯之」，使吾人遂得憑藉逐漸清晰化之理念，以闡釋宇宙存在之神奇奧妙，與人類生活之偉大成就，而曲盡其妙。〔註 18〕

他以「雍容洽化」指稱宇宙全體與萬物一切的實然存在狀態，他認為萬物一切並不會滿足於現況，而視之為無任何再發展之可能性。因此，萬物一切永遠把實然本質狀態當成基礎，從個體生命出發，與天地和諧、與人人感應、與物物均調，由簡而繁、由卑至高、與時俱進，透過自覺地、持續地價值創造以成己成物，共同將萬物一切提升至盡善盡美的境界。他說這才是「超越形上學」的主旨與核心精神。方東美以「一大完整立體式之統一結構」指稱萬物一切之間的實然存有狀態，以「摒斥二分法，否認二元論為真理」表述萬物一切之間存有關係，以「由卑至高，直到蓋頂石之落定為止」確立萬物一切之生命目標，以「據一切現實經驗界之事實為起點，吾人得以拾級而攀，層層上躋，昂首雲天，嚮往無上理境之極詣」展示萬物一切的生命創進歷程，以「提其神喻太虛而俯之」體現出萬物一切的生命價值。

方東美根據上述內容，進而主張「超越形上學」乃是「一套『體用一如』、『變常不二』、『即現象即本體』、『即剎那即永恆』之形上學體系，藉以了悟一切事理均相待而有、交融互攝，終乃成為旁通統貫的整體。」〔註 19〕也就是說，依照方東美對「超越形上學」的描述觀之，所謂的理想境界並不是存在於現實世界之外，而是存在於現實世界之中。所謂「超越」不是追求另一個超越現實世界的理想境界，而是「超越」的目標就內於在現實世界中的萬物一切，即超越萬物一切的實然本質，以臻入澄觀理境的至善應然狀態。

綜上所述，「超越形上學」之要點有四：1. 反對各種形式二元論的立場，排斥二分法的運用；2. 萬物一切共同構成一個交融互攝、彼是相因、旁通統貫的整體；3. 超越的對象就是現實世界的實然本質，超越的方法就是與時偕行，〔註 20〕超越的動力就是自我實現的精神追求；4. 萬物一切的生命歷程即

〔註 18〕方東美：《生生之德．中國形上學中之宇宙與個人》，台北：黎明文化，2005 年，頁 348。

〔註 19〕方東美：《生生之德．中國形上學中之宇宙與個人》，台北：黎明文化，2005 年，頁 348。

〔註 20〕方東美認為時間之本質在於變易，窮、變、通、久皆為時間變易之理論條件，因此「與時偕行」即是自我超越的方法。他說：「足見儒家代表典型之時際人，

是由「原始本體」臻入「究極本體」的自我實現歷程，由現實經驗之所與為起點，拾級而上，直至無上理境。要言之，根據上述「超越形上學」內容觀之，實已涵蓋所有中國形上學主張之內容，因此可視為方東美形上學思想之總綱領；他提出的「超越」，就是源於《周易》「窮則變、變則通、通則久」之變易本質。

（二）「內在形上學」之奧義

方東美又把「典型之中國本體論」及「超越形上學」稱之為「內在型態形上學」。〔註 21〕因為萬有一切生命本體的理境就在現實世界之中，只要憑藉持續不斷的價值創造，生命本體即能經由自我實現的歷程而超越自我，逐步邁向「究極本體」的至善應然境界：「超越的形上學體系完全實現時，必定轉變為內在形上學，超越的理想要在現實世界中完成、實現。」〔註 22〕也就是說，方東美提出「內在形上學」的目的，就是為了闡明生命本體的超越，不但不會只停留在精神世界的超越層面，同時也不是在真實世界、現實人生之外，另外設立一個追求的目標，他明確指出超越的對象就是現實人生中的生命本體、超越的理想就呈現在真實世界中的價值創造。因此他說：

> 一切超越價值的理想不是只像空氣般在太空中流動，而是可以把它拿到現實的世界、現實的社會與現實的人生裡，同人性配合起來，以人的努力使它一步步實現。……如此，「超越形上學」在理想價值的完全實現方面看來，又一變而為「內在形上學」，一切理想價值都內在於世界的實現、人生的實現。〔註 23〕

他認為儒家最重要的精神就在於「踐形」，他說：「儒家中人不管道德上成就多高，還必須『踐形』，把價值理想在現實世界、現實人生中完全實現。」〔註 24〕也就是說，人類能夠從現實經驗界為出發，進而層層上躋至無上澄觀

意在囊括萬有一切，悉投注於時間之鑄模中，而一一貞定之，使依次呈現其真實存在。」參見方東美：《中國哲學精神及其發展（上）》，台北：黎明文化，2005 年，頁 216。

〔註 21〕「綜賅形上學三態：一曰超自然，即超絕型態；二曰超越型態；三曰內在型態。」參方東美：《中國哲學精神及其發展（上）》，台北：黎明文化，2005 年，頁 100。

〔註 22〕方東美：《原始儒家道家哲學》，台北：黎明文化，2005 年，頁 57。

〔註 23〕方東美：《原始儒家道家哲學》，台北：黎明文化，2005 年，頁 51。

〔註 24〕方東美：《原始儒家道家哲學》，台北：黎明文化，2005 年，頁 52。

理境之關鍵，就源自於這種立基現實世界，自覺地將理想世界在現實人生中完成之「內在形上學」。他說：

> 是派內在形上學，將究極本體析而觀之，現為一體多面格。「本體」者，即西方習喻之「道」也。而凡此諸多層面實一本萬殊，分別代表圓融統觀清晰朗現化後之分殊觀點；復次，根據此派內在形上學，宇宙太初原始階段之「本體」，實乃萬有一切之永恆根本（寂然不動）；然自宇宙生命之大化流衍行健不已而觀之，「本體」抑又應感而動，元氣沛發，遂通萬有，瀰貫一切，無乎不在，無時或已（感而遂通）。本體實性，則滲入功用歷程（即用得體）。玄真本體，乃具現於現象全域（即相顯體），永恆法相，呈現為理性秩序，與時間化育歷程相齊並進（與時偕行）。如是，本體現象，契合無間，形上形下，澈通不隔。〔註 25〕

「原始本體」即泛指萬物一切之實然本質，萬物一切生命本體皆以「原始本體」作為發展之起點，而方東美指稱的「究極本體」，就是由起點出發，經過持續不斷「踐形」所達致的生命理想境界。因此，方東美將他所抱持之「形上學途徑」觀點闡釋如下：

> 把一套「超越形上學」轉變為內在於人類精神、人類生活的「內在形上學」，我所謂的形上學的途徑就是採取此種觀點。〔註 26〕

綜而言之，「內在形上學」之要點有四：第一、超越的對象即是「原始本體」自身；第二、超越的途徑即是生命價值的創造；第三、超越的理想即是「究極本體」的至善境界。第四、超越的內容包含精神理想世界與真實物質世界。

（三）「機體主義觀點」之奧義

方東美在〈中國形上學中之宇宙與個人〉中，借用西方哲學「機體主義」的概念，向西方讀者闡明典型之中國本體論的思想精義。他強調中國哲學中的所有思想觀念，都是以旁通統貫的整體為其基本核心，因此他藉西方讀者熟悉之「機體主義」觀點，分自消極與積極兩方面予以闡釋。自消極面而言，他指出就機體主義觀之，中國與西方形上學之間存在著三項差異，他說：

〔註 25〕方東美：《中國哲學精神及其發展（上）》，台北：黎明文化，2005 年，頁 103～104。

〔註 26〕方東美：《原始儒家道家哲學》，台北：黎明文化，2005 年，頁 53。

一、否認可將人物對峙，視為絕對孤立系統；二、否認可將宇宙大千世界化為意蘊貧乏之機械秩序，視為純由諸種基本元素所輻輳拼列而成者；三、否認可將變動不居之宇宙本身，壓縮成為一套緊密之封閉系統，視為毫無再可發展之餘地，亦無創進不息、生生不已之可能。

自其積極面言之，他說機體主義旨在：

統攝萬有，包舉萬象，而一以貫之。當其觀照萬物也，無不自其豐富性與充實性之全貌著眼，故能「統之有宗，會之有元」，而不落於抽象與空疏。宇宙萬象，賾然紛呈，然剋就吾人體驗所得，發現處處皆有機體統一之跡象可尋，諸如本體之統一、存在之統一、生命之統一，乃至價值之統一……等等。進而言之，此類披扮雜陳之統一體系，抑又感應交織，重重無盡，如光之相網，如水之浸潤，相與洽而俱化，形成一在本質上彼是相因、交融互攝、旁通統貫之廣大和諧系統。〔註 27〕

就儒家積健為雄的實踐性格觀之，消極而言就是「己所不欲勿施於人」，積極而言就是「己立立人、己達達人」。

透過消極層面的指陳，方東美藉由負面表列的方式，強烈地表達他的立場。但凡涉及上述三項內容之主張，一概排除在他的思想體系之外。要言之，這三項主張乃是從否定的角度闡釋「超越形上學」之主旨，透過條列式的表述，明確傳達人與物之間互涵互攝、彼是相因，不是「孤立系統」；生命包含物質與精神現象，所以並非只存在「機械秩序」；宇宙萬物共同參與在變化歷程之中，具有無限發展潛力，並不是「緊密之封閉系統」。

他藉由積極面的表述方式，據以呈現萬物共同構成一個統一整體之觀點。他認為宇宙萬物之間雖然呈現萬殊，各有不同的才性，但是若就宇宙整體角度觀之，則萬物皆是宇宙這一「大建築物」中之不可或缺的構成部分，也就是對「超越形上學」中「究極本體」相關主張的進一步闡釋。由宇宙萬物共同構建成一個立體結構的建築體之主張觀之，必然會形成一在本質上彼是相因、交融互攝、旁通統貫之廣大和諧系統。簡言之，就是他指出的「宇宙是一個包羅萬象的大生機，無一刻不發育創造，無一地不流動

〔註 27〕方東美：《生生之德．中國形上學中之宇宙與個人》，台北：黎明文化，2005 年，頁 349。

貫通」〔註 28〕。由上觀之，方東美透過「機體主義」角度所做的詮釋內容，即是對「超越形上學」提供不同角度之補充說明。

「機體主義」之形上原則，要言之有四，第一、宇宙萬物之間互涵互攝、彼是相因，絕不是孤立系統；第二、生命包含物質與精神現象，絕不是只有機械秩序；第三、宇宙萬物共同參與在變化歷程之中，具有無限發展潛力，絕不是緊密之封閉系統。第四、天地萬物乃是一個「一以貫之」的整體。

綜合方東美提出之中國形上學諸原則而言，「超越形上學」所述之「旁通統貫的一個整體」；即是「機體主義」所說之「彼是相因、交融互攝、旁通統貫之廣大和諧系統」；即是「中國哲學通性」所指的「一以貫之」。這些形上原則的共同點可以一言以盡之，即「旁通」也。

第二節　以「人文的途徑」解釋之《周易》形上學原理

如前述，就建構過程觀之，方東美認為「原始儒家」之《易傳》哲學要義，乃是由「人文的途徑」對中國形上學原理進行解釋所建立的哲學思想；換言之，即是由人道之觀點出發，據以解釋天道秩序。就整體論，他指出《易傳》哲學乃是一套「動態歷程之價值中心本體論」；分而觀之，其中包含了宇宙論、人性論、價值論與本體論四個哲學範疇；方東美置於各項哲學範疇之前的觀點，即是人文解釋的具體內容，如「動態歷程之價值中心」本體論、「萬有含生論」之新自然觀、「性善論」之人性觀、「價值總論」、「價值中心觀」之本體論等。如前述，不僅《周易》形上學原理就是「旁通原理」；此外，「超越形上學」、「機體主義觀點」與「中國哲學通性」之核心精神也在於「旁通」。因此，《易傳》哲學要義可視為是「原始儒家」對「旁通原理」予以人文解釋之後的系統化哲學，也可說是儒家依循天道法則所建立之人道法則。

本節首先考察方東美主張之「人文的途徑」奧義；其次，考察方東美據此奧義解釋之「中國哲學三大通性」；第三，考察他據此解釋下之《周易》形上學原理。最後，考察他據此提出的《易傳》形上本體論，即「動態歷程之價值中心本體論」。

〔註 28〕方東美：《中國人生哲學》，台北：黎明文化，2005 年，頁 57。

一、「人文的途徑」之奧義

方東美認為生生不已的宇宙萬有，都是源自於創造賡續、妙用無窮的天道，因此，人類不僅要參與此一創化歷程，同時還要在歷程中取得中樞地位。他說：「儒家之宇宙觀，視世界為一創化而健動不息的大天地，宇宙佈濩大生機，生存其間的個人生命可有無限的建樹。」〔註 29〕由於人乃是繼天道之無窮創造力而生，並且在生命創進歷程中予以具體實踐。於是「原始儒家」據此途徑進行哲學思考與解釋之後，就將天道法則化為人道法則。換言之，天道形上學原則，經過儒家的解釋之後，就轉變成為人道懿德之法則；《周易》解釋宇宙秩序之形上學原理，就成為儒家人道法則的形上理論依據。故方東美說：

> 時間創進不息，生生不已，挾萬物而一體俱化，復又「統之有宗，會之有元」，是為宇宙化育過程中之理性秩序。……《易經》哲學賦予宇宙天地以準衡，使吾人得以據之而領悟瀰貫天地之道及其秩序。〔註 30〕

他認為儒家以人為總樞紐，將原本解釋宇宙自然秩序的形上學原則，轉換為表述聖人「踐形」、「盡性」、「參贊化育」所遵循的道德秩序。

方東美認為《易傳》形上本體論乃是「原始儒家」將《周易》卦爻符號系統予以人文主義詮釋後的產物。因此，掌握方東美之哲學思考方式，即可掌握其提出之《易傳》哲學要義。方東美於 1956 年出版之《中國人的人生觀》中，提出進行哲學思考至少有三種途徑，即宗教、科學及人文。〔註 31〕他特別針對第三項（即人本主義的途徑）〔註 32〕給出其定義——即「透過生命創進而達哲學」〔註 33〕。進一步的要義闡釋如下：

> 人本主義的途徑：經由創生不已的生命事蹟。……人本主義主張人

〔註 29〕方東美：《生生之德．中國形上學中之宇宙與個人》，台北：黎明文化，2005 年，頁 351。

〔註 30〕方東美：《生生之德．中國形上學中之宇宙與個人》，台北：黎明文化，2005 年，頁 356。

〔註 31〕方東美：《中國人生哲學》，台北：黎明文化，2005 年，頁 136。

〔註 32〕方東美於 1969 年發表之〈從宗教、哲學與哲學人性論看「人的疏離」〉一文中，「人文的途徑」則中譯成「人本主義的途徑」，故於此可知「人文」與「人本主義」乃同一義，見方東美：《生生之德．從宗教、哲學與哲學人性論看「人的疏離」》，台北：黎明文化，2005 年，頁 409。

〔註 33〕方東美：《中國人生哲學》，台北：黎明文化，2005 年，頁 136。

> 在大宇長宙的萬象運化中，能夠不因其事功，便因其健行而與至高上天相埒相抗，進而參贊化育、靜觀自得。〔註 34〕

由上觀之，以此一途徑進行哲學思考之要義有三。首先，他以「創生不已的生命事蹟」作為哲學思考的對象，即追問與解釋的對象；其次，他以「大宇長宙的萬象運化」作為哲學法式思考的根據，賦予深刻的哲學意義；最後他以「不因其事功，便因其健行而與至高上天相埒相抗，進而參贊化育、靜觀自得。」作為哲學思考的結果，即追問與解釋的結果。簡言之，這種哲學之思考方式，是依循「超越形上學」之動態歷程發展順序，從萬物一切生命本體之「生發」為開端、以「生長」為歷程、以「生成」為結果。

相對於宗教與科學這二種途徑而言，他特別重視人文主義的價值，因此他說：「人文主義便形成哲學思想中唯一可以積健為雄的途徑。」〔註 35〕根據儒家形上學思想觀之，儒家一方面「肯定天道之創造力」，另一方面「強調人性之內在價值」，這兩項特色不僅構成儒家思想體系的骨幹，並且具體的表現在《周易》形上原理之中，即「旁通之理」。也就是說，「原始儒家」據此所建立的《易傳》哲學思想，就是上述兩大特色的具體展現。簡言之，中國人文主義精神不但高度肯定「人」在宇宙中的角色，同時更闡明「人」可以透過價值創造，參贊天地之化育，止於至善之境。

他認為，人文主義精神的要義，就在於指出天道與人道之間所具有的密切關聯性，人能夠參贊天地之化育，即是以人道合天道的具體表現。因此，方東美認為透過儒家提出的「三極之道」即能一窺其要。他說：

> 儒家之徒往往從天地開闢之「無門關」上脫穎而出，運無入有，以設想萬有之靈變生奇，實皆導源於創造賡續，妙用無窮之天道。天德施生，地德成化，騰為萬有，非惟不減不滅，而且生生不已，寓諸無竟。因此呈現於吾人之前者，遂為浩瀚無涯、大化流衍之全幅生命景象，人亦得以參與此永恆無限，生生不已之創化歷程，並在此「動而健」之宇宙創化歷程中取得中樞地位。〔註 36〕

就儒家人文主義之觀點而言，儒家將仰觀俯察天地萬物所得之形上原則視為

〔註 34〕方東美：《生生之德．從宗教、哲學與哲學人性論看「人的疏離」》，台北：黎明文化，2005 年，頁 409。

〔註 35〕方東美：《中國人生哲學》，台北：黎明文化，2005 年，頁 140。

〔註 36〕方東美：《生生之德．中國形上學中之宇宙與個人》，台北：黎明文化，2005 年，頁 351。

天道，現實世界中的萬有一切生命本體，都是秉天道乾元之創造精神而生，人與萬物乃一體同仁，因此人道即源自於天道，兩者之聯結處就在於乾元之創造力。據此，儒家乃主張人類可以透過生命價值的創造，參贊天地之化育。綜上所述，儒家以乾元所代表之天道法則為根據，經過人文的解釋之後，逐步發展成一套人道法則，也就是方東美提出的《易傳》哲學要義。

二、「中國哲學三大通性」之奧義

「中國哲學三大通性」乃方東美從人文的角度進行哲學思考後，根據「超越形上學」的奧義，從原始儒家、原始道家、大乘佛學三家之形上學原理中，所歸納出之三項共同主張。其中，「原始儒家」通性部分即為《易傳》哲學要義之形上思想淵源之一。本文採用他在《原始儒家道家哲學》的詮釋觀點，〔註 37〕分從「一以貫之」、「三極之道」、「人格的超昇」三個層次闡述三大通性的奧義。〔註 38〕主要原因是他在此文中將「一貫之道」提出來作為「原始儒家」統攝三大通性的綱領，將此三大通性貫通成一完整的系統，從整體性的角度考察三大通性在「原始儒家」思想中的運作模式。值得注意的是，就整體而言，方東美對此三大通性的闡釋，不僅蘊涵了「超越形上學」的「超越」與「內在」兩大特色，同時也運用了「人文」的哲學思考方式，即依序從「生發」、「生長」與「生成」之歷程角度，考察創進不已的生命事蹟。

（一）「一以貫之」之要義

方東美從兩個層面闡釋「一以貫之」要義。首先，方東美開宗明義闡

〔註 37〕方東美：《原始儒家道家哲學》，台北：黎明文化，2005 年，頁 61～64。

〔註 38〕方東美曾經使用不同的標題指稱「中國哲學通性」蘊涵的三項內容，茲將相關內容整理如下。首先，此主張首見於方東美〈中國形上學中之宇宙與個人〉，他論及中國形上學發展史中之各派運動發展詳情時，將原始儒家、原始道家與大乘佛學三者相提並論，認為雖然三者之間系統歧異，但是卻同樣具有三大「顯著特色」——即「（a）一本萬殊論、（b）道論、（c）個人品德崇高論。」參方東美：《生生之德．中國形上學中之宇宙與個人》，台北：黎明文化，2005 年，頁 350。其次，具體的內容首見於《中國哲學精神及其發展（上）》，方東美以「旁通統貫論」、「道論」、「個人品格崇高論」表述此三大顯著特色，見方東美：《中國哲學精神及其發展（上）》，台北：黎明文化，2005 年，頁 108～110。第三，方東美在以「中國哲學之通性與特點」為題的演講中，則直接以「中國哲學的三個通性」名之，並以「一以貫之」、「三極之道」、「人格的超昇」總括此三大通性。參方東美：《方東美先生演講集》，台北：黎明文化，2005 年，頁 88、92、106。

明「一以貫之」的精神，就是說明宇宙與人生乃是一個旁通統貫的整體。他說：

> 中國哲學中的那一類那一派哲學之所以成立，總是要說明宇宙，乃至於說明人生，是一個旁通統貫的整體。用儒家的名詞，就是「一以貫之」，這是中國哲學上的第一個通性。〔註 39〕

他借用儒家的名詞「一以貫之」總賅三家思想理論架構之形式，強調三家理論架構都是繼承並發揮「超越形上學」與「機體主義觀點」主張而來，都是主張宇宙與人生乃是一個旁通統貫的整體。也就是說，雖然這三家的思想各有不同的「一以貫之」理論，不過都是同樣繼承了「超越形上學」之典型的中國本體論的核心精神。據此，方東美明確指出這三家的共同立場，就是他在「機體主義觀點」中所堅決反對的三項主張，即這個宇宙絕對不是一個孤立的系統、也不是機械系統、更不是封閉的系統。他強調宇宙與人生中的一切事理都是相待而有、交融互攝，共同構成一個旁通統貫之整體。他說：

> 這三類哲學都在不同的型式之下，沒有把宇宙當做一個孤立的系統，也不把它當做抽象的機械系統，也不把它當成貧乏的系統。它要旁通統貫到宇宙各種真相，把宇宙的各種真相顯現出來，把人生各方面的意義與價值顯現出來！然後形成一個統一的理論。〔註 40〕

故此三家本著「一以貫之」精神所建立的理論，乃是一套「體用一如」、變常不二」、「即現象即本體」、「即剎那即永恆」之形上學體系。簡言之，視宇宙、人生為旁通統貫整體之概念，就是方東美對「一以貫之」所持的立場。這個立場貫穿了「超越形上學」、「內在形上學」、「機體主義」、以及儒、道、大乘佛學三家學說，這個「一以貫之」的統一理論即是中國哲學的第一個通性，就原始儒家形上思想而言，「忠恕一貫之道」即是表述這種旁通統貫主張的代名詞。

其次，方東美強調孔子所說的「吾道一以貫之」，旨在說明儒家思想是一貫的系統，唯有把多元對立的系統化成完整的一個整體，才能建立博大精深的思想體系。他指出若要了解「原始儒家」的一貫精神，就要了解《論語》中孔子語曾子曰：「吾道一以貫之」後，曾子以「夫子之道忠恕而已矣」作為回應孔子之問的核心要義所在。方東美認為所謂「忠恕之道」，就是要啟發廣大

〔註 39〕方東美：《方東美先生演講集》，台北：黎明文化，2005 年，頁 88。

〔註 40〕方東美：《方東美先生演講集》，台北：黎明文化，2005 年，頁 92。

的同情心，宇宙萬物之間要達到廣大和諧的境界，就不能以己之意見為意見，以己之是非為是非，除了以個人觀點設想所有情境之外，還必須以極大的同情心，就他人的觀點設想他人的情境。因此，他指出「忠恕一貫之道」就是《大學》中的「絜矩之道」，如果所有人都能設身處地，以各種不同的觀點體察各種不同生命個體所處之各種不同情境，如此就能夠使天下間所有的情境縱之而通、橫之而通，貫穿起來成為統一的系統。

（二）「道論」之要義

首先，他指出上述三家主要的中國形上學體系，都是以「一貫之道」為基礎，據以展開各自的形上思想理論。就「原始儒家」而言，他認為「三極之道」的主張，即是對《周易》形上學原理所做的人文解釋。他說：

> 一曰天之道，天道者、乾元也，即原始之創造力，資始萬物，復涵蓋萬物，一舉而統攝之，納於健動創化之宇宙歷程之中。……二曰地之道，地道者、坤元也，乃順承乾元天道之創始力，而成就之，厚載萬物，而持養之，使乾元之創始力得以綿延久大，賡續無窮，薪向無限圓滿之境。三曰人之道，人道者、參元也。夫人居宇宙之中心位置，兼天地之創造性與順成性。〔註 41〕

在「三極之道」中，他特別強調「人道」的關鍵性角色，指出「人」同時兼具天地之創造性與順成性，自需克盡參贊天地化育之職責。此外，他在〈生命情調與美感〉對《周易》之「三極之道」也有詳盡的說明，他說：

> 天地之大德悉備於生生不已之《易》。舉《易》以言天之經、地之義、人之紀，則智慧之門可得而入也。〔註 42〕

綜上所述，就中國形上學之發展而言，「三極之道」的提出，即代表是儒家對《周易》哲學予以「人文的途徑」解釋的成果。

其次，他明確指出「天之經、地之義、人之紀」三者即是《周易》「三極之道」之具體內容。在天地之道中，方東美特別重視乾元的功能與價值，他以「乾元」象天、「坤元」象地以闡述天地之道的本質，他認為乾元的本質是：

> 乾元就是在宇宙裡面一個「宇宙的創造衝動」，一個有廣大性的宇宙

〔註 41〕方東美：《中國哲學精神及其發展（上）》，台北：黎明文化，2005 年，頁 108～109。

〔註 42〕方東美：《生生之德．生命情調與美感》，台北：黎明文化，2005 年，頁 178。

> 的創造精神，為一切事物的根源，為一切生命的根柢，而以創造的方式把它發洩出來，……這天道就是大生之德。〔註 43〕

乾元是萬有一切生命本體的根源，也是生生不息之創造力的源頭。此外，方東美強調地只能夠配天，它們是不對等關係，他認為坤元的本質是：

> 這是維持生命持續的一個孕育力量，這是創造力量的一個輔助力量，所謂廣生之德！……，把天所創造的東西，使它能夠發育生長、持續。〔註 44〕

由此可知，雖然是乾坤並稱，方東美特別重視乾元所代表之持續不斷創造力，所以他發揮乾卦文言傳「元者，善之長」的精義指出：「『乾元』是一個代表宇宙一切價值的總樞紐的基本符號，是一切卓越價值的來源。」〔註 45〕據此觀之，方東美在《周易》形上學原理論中，特別重視乾元所扮演的創始角色。

第三，方東美分從動態歷程之「始」與「終」兩端闡述人道之要義。他認為天道乃是宇宙自然秩序的法則，人道即是人生的行為準則。天道法則只是「生生之謂歟」，人道之法則，就必須從生初所秉之乾元善端出發，經過「知性知天」的過程，由人道而合天道。要言之，方東美認為人道就是人性不斷向善發展的「原始要終之道」。因此，他不斷強調「中國人的宇宙不僅是機械物質活動的場合，而是普遍生命流行的境界。」〔註 46〕就宇宙而言是天道生生不息的創生；就人道而言即是生命價值的創造。所以，在真實世界、現實人生中，努力實踐生命價值，成己成物，就是人道的極致表現，故他說：

> 中國人酷愛生命，中國人極端尊崇生命的價值，所以對於生命，總求其流衍創化，以止於至善。離掉生命本身的價值，則宇宙即蹈於虛空；撇開生命本身的善性，則人類即趨於誕妄。……生生之易純為天之本體，道之大原，亦即是人之準則，故不能不以至德之善配其廣大。……子思承其家學，發揮天命謂性，率性謂道的奧義。孟子繼起，主張知性知天的顯理，乃遂完成儒家人生哲學的基本義。從此以後，盡己性，盡人性，盡物性，贊化育以與天地參，就是中

〔註 43〕方東美：《方東美先生演講集》，台北：黎明文化，2005 年，頁 92。
〔註 44〕參方東美：《方東美先生演講集》，台北：黎明文化，2005 年，頁 93。
〔註 45〕方東美：《原始儒家道家哲學》，台北：黎明文化，2005 年，頁 179。
〔註 46〕方東美：《中國人生哲學》，台北：黎明文化，2005 年，頁 55。

國人做人的極則。〔註47〕

乾元代表一種創造的生命精神貫注宇宙之一切；坤元代表地面上的生命衝動，孕育支持一切生命的活動；天地之德展現出生生不息、廣大悉備的生命氣象。因此，人類必須透過價值創造以實現其自身之生命價值，據此，人才能夠在宇宙中與天地生生之德並稱，進而與天地參。簡言之，方東美認為人道由生初之善端開始，終於至善之完成，人道即是不斷向善的「原始要終之道」，人生的善必須透過價值的創造來呈現，也就是「即用顯體」，儒家高揚的大人、聖人之精神，就在於聖人能將其價值在現實世界中踐形，成己成物，進而參贊天地之化育。

總而言之，儒家「三極之道」所闡述的天、地、人各自的本質，以及三者之間的互動關係，即是方東美建構《周易》形上學思想的核心要義。他指出萬物皆由乾元之無窮創造力所貫注，因此人道參元之法則即是源自於天道乾元之法則。

（三）「人格的超昇」之要義

首先，方東美指出中國形上學家在談論「個人」的時候，都是先掌握現實世界之實然本質做為基礎，同時從不放棄追求各種自我提升的應然境界：

> 其論個人，恆兼顧其可觀察之現實性（實然）、與理想化之可能性（應然）兩方面著眼。由現實至可能，其間原有一種極細密之自我實現歷程，一種極艱苦之自我修為功夫，以及全幅自我實現之道。……人性之偉大，在於全輻盡性發展，端賴擴而充之，大而化之，藉超脫點化、教化、理想化之過程，而止於至善。〔註48〕

方東美強調，生命本體只要經由持續的價值創造，就可以從現實世界之實然本質漸次昇華至精神理想之應然境界。因此，他高度肯定生命本體透過創造力所展現的偉大價值。值得注意之處是，方東美強調人性可使之偉大完美，但是人性卻不一定能夠達到此一境界，因為要達致完美境界，還有賴於個人在盡性過程中的努力；也就是說，方東美並不是主張人乃生就完美自足。他認為人之生初只具有偉大的潛能，這種可使之完美的可能性，必須經過自覺的努力，存養擴充之盡性發展後，才能止於至善，達致崇高之個人品格境界。也就是儒家之大人或聖人、道家之神人或至人、佛家之覺者。對儒家而言，

〔註47〕方東美：《中國人生哲學》，台北：黎明文化，2005 年，頁 87。

〔註48〕方東美：《中國哲學精神及其發展（上）》，台北：黎明文化，2005 年，頁 111。

人繼承之善與天地不隔，所以人生即是不斷創進的歷程。要言之，他認為人的這種潛能，來自於宇宙普遍生命創化不已之善性貫注，而實踐的關鍵則在於人必須率此天命之善性，充分發展，才能夠有偉大成就。人之所以偉大，乃是可以堅忍奮發，實踐所有潛能，所以偉大的成就即是價值的實現，這就是人生之根本意義所在。

其次，方東美強調中國與西方哲學不同之處就在於，「典型的中國本體論」是既超越又內在的，中國哲學能夠在現實世界中透過存養、擴充以超越自己、提升自己；在人格發展上經由盡性、踐形以實現生命本體之價值：

> 中國哲學採取超越形上學的立場，再與內在形上學貫通；它以宇宙真相、人生現實的總體為出發點，將人生提升到價值理想的境界，再回來施展到現實生活裡，從出發到歸宿是一完整的體系，其中的過程是「機體的程序」。……儒家從宇宙人生向上發展，把握了理想再在現實生命中完成。〔註 49〕

上述要旨即是源自於「超越形上學」與「人文的途徑」之要義。對儒家而言，這種超昇的精神人格，就是〈文言傳〉:「大人者，與天地合其德，與日月合其明，與四時合其序，與鬼神合其吉凶」所指出之大人人格境界。因此，方東美高度讚賞孟子對於提升人格境界所做的貢獻，他認為「大而化之之謂聖，聖而不可知之之謂神」的要義，就是完成至善人格境界的具體修養方法：

> 內聖者，在他的人格達於完美時，應取法於天道的無限創生的精神，立刻起而行，去為全人類，甚至全物類安身立命，使他們都能共臻於完美之境。他好像具有磁鐵般的力量，能吸引周遭的人物去追求內在的價值。但只求個人自己成為神，卻並不是快樂的。他絕不以自己內心的滿足為限，他必須使所有的人類都能心安理得地過活，必須使天下的生物都能發展其才能，他的生命才算充實。〔註 50〕

綜上所述，「人格的超昇」之要義就在於指出圓成偉大人格境界之途徑。首先，生命本體秉「一貫之道」生發之後，繼而在「三極之道」的創進歷程中生長，最後臻入至善「人格的超昇」的生成，即是中國哲學三大通性之奧義所在。

〔註 49〕方東美：《原始儒家道家哲學》，台北：黎明文化，2005 年，頁 69。

〔註 50〕方東美：《生生之德．從比較哲學曠觀中國文化裡的人與自然》，台北：黎明文化，2005 年，頁 338。

三、《周易》形上學原理

如前文所述，方東美根據《周易》記載之三項歷史內容，從「窮則變、變則通、通則久」的時間概念中，提出三大形上學原則，他說：

> 此三者乃是一種「時間論」之序曲或導論，從而引申出一套形上學原理，藉以解釋宇宙秩序。〔註 51〕

他在〈中國形上學中之宇宙與個人〉中，提出三大形上學原則，依序為「旁通之理」、「性之理」（或「生之理）以及「化育之理」。綜觀方東美的重要著作中，皆對此一主題詳加闡釋，可見他對《周易》形上學原理的重視。由於方東美在不同的版本及文脈之下，對此形上學原理有不同內容之表述，因此以下先針對文本進行說明；其次，再根據〈中國形上學中之宇宙與個人〉之內容進行闡釋。

（一）方東美對《周易》形上原理之闡述

方東美針對此項主題曾提出四種不同內容之文本。依發表時間之先後而論，相關主張最早出現在 1937 年〈哲學三慧〉中，他根據儒、道、墨三家思想精神，提出「生之理」、「愛之理」、「化育之理」、「原始統會之理」、「中和之理」與「旁通之理」共六項要義以統攝中國哲學精神。〔註 52〕繼而在 1956 年以英文撰寫之《中國人生觀》中，他將上述六項原理用於說明中國先哲之宇宙論之所以成立的原因，在「旁通之理」的部分則分從邏輯方面、語意方面及哲學方面提出完善之論述，並且明確指出《周易》是一個動態的本體論系統，又是一個通論價值的系統。〔註 53〕第三次即出現於〈中國形上學中之宇宙與個人〉，他在論述儒家形上思想時，站在《周易》時間論的角度上，引申出一套形上學原理，藉以解釋宇宙秩序，此文本中值得注意的是，他首論「旁通之理」，次論「性之理」，最後論及「化育之理」時，輔以「視生命之創造歷程即人生價值實現之歷程」作為副標題，以發揮「繼善成性」之要義，故，整體而言，此文本已經統攝四項原理。〔註 54〕最後的文本則出自《中國哲學精神及其發展（上）》，他說：「總結上述時間本質，卒終為論，余請拈出三大原

〔註 51〕方東美：《生生之德．中國形上學中之宇宙與個人》，台北：黎明文化，2005 年，頁 354。

〔註 52〕方東美：《生生之德．哲學三慧》，台北：黎明文化，2005 年，頁 201～204。

〔註 53〕方東美：《中國人生哲學》，台北：黎明文化，2005 年，頁 185～194。

〔註 54〕方東美：《生生之德．中國形上學中之宇宙與個人》，台北：黎明文化，2005 年，頁 354～358。

理，藉以彰顯大易之形上學意涵。」〔註 55〕依序詳論「性之理」(即生之理)、「旁通之理」、「化育之理」，並增列第四原理「創造生命即價值實現歷程之理」以單獨說明〈繫辭大傳〉「繼善成性」之義，並且特別加強了「性之理」與「旁通之理」的論述內容。以上即為方東美根據《周易》之時間本質所引申出的一套形上學原理，其核心要旨即在於解釋宇宙秩序。本文將根據〈中國形上學中之宇宙與個人〉之文本進行考察。

（二）三項形上學原理之要義

首先，就三項原理之內容觀之，其要旨皆可以上溯至「超越形上學」、「機體主義觀點」與「三大通性」之要義中。「旁通之理」要旨在於闡釋宇宙與人皆不是孤立的系統，而是一個旁通統貫的整體；「生之理」則強調宇宙大千世界不是意蘊貧乏的機械秩序，而是普遍生命流行的境界；「化育之理」就是說明變動不居的宇宙本身絕對不是毫無發展可能的封閉系統，而是生生不息、創進不已的繽紛世界。簡言之，此三項原理乃是方東美發揮「超越形上學」之形上原理，針對儒家形上思想中的時間法則，採用「人文的途徑」方式進行解釋而得。

其次，就三項原理之間的發展關係觀之，乃是發揮自《周易》卦爻符號系統與卦爻辭文字系統隱含的「旁通之理」，也就是說，「旁通之理」乃是整個理論架構的核心。如前述，《周易》之形上學原理乃是用以解釋宇宙理性秩序，他說：「中國哲學所謂的理性之大用，乃是旁通、統貫的精神統一體。」〔註 56〕因此，他在闡釋「旁通之理」的要義時就明確指出其重要性，他說：

> 「性之理」、言之雖玄，然卻應藉「旁通之理」，而予以邏輯地證明之。……是故，「旁通之理」，適成為「化育之理」之前奏或序曲，而「化育之理」，復又為「即創造生命即價值實現歷程之理」提供其基調焉。〔註 57〕

因此，無論是從「時間論」的角度而言，或者從上述之互相對待關係而言，此三項形上學原理並非是各自孤立，而是存在著發展上的前後因果關係。

〔註 55〕方東美：《中國哲學精神及其發展（上）》，台北：黎明文化，2005 年，頁 217。

〔註 56〕方東美：《生生之德．從比較哲學曠觀中國文化裡的人與自然》，台北：黎明文化，2005 年，頁 329。

〔註 57〕方東美：《中國哲學精神及其發展（上）》，台北：黎明文化，2005 年，頁 220～221。

第三、若就三項原理之性質觀之，三者共同構成一套「動態歷程之價值中心本體論」，透過時間之法式以解釋宇宙客觀秩序。也就是說，方東美從人文主義的角度思考《周易》「旁通之理」的要義，從動態發展的觀點，提出此三項形上原理，並且強調此三項原理之功能就在於「使吾人得以據之而領悟瀰貫天地之道及其秩序」〔註 58〕。方東美在《中國哲學精神及其發展（上）》首先即運用《周易》之重要概念，根據「原始要終」的發展歷程觀點，闡釋性之理（生之理）的形上學要義，他說：

> 生命苞容萬類，綿絡大道；變通化裁，原始要終；敦仁存愛，繼善成性；無方無體，亦剛亦柔；趣時顯用，亦動亦靜。——蓋生命本身盡涵萬物一切存在，貫乎大道，一體相聯。〔註 59〕

他從不同的層面詳細闡明生命之本質。萬類分殊的生命本體皆是由大道所出；在各自不同的生命創進歷程中，根據原始實然本質中的善端作為始點，經過變通化裁的盡性歷程予以實踐，最後昇華至要終之應然境界；生命本體之善性乃繼承乾元生物之仁的無窮創造力而來，故生命本體創進歷程之法式，即是依循天道生物之仁的「善」而行，將潛能中的無窮創造力透過成己成物的方式發揮出來。因此，一切萬殊之存在都是源自於乾元之善，生命本體無論就生發、生長或生成階段觀之，都是以乾元天道秩序一以貫之，萬殊之生命本體俱為天道秩序之展現。方東美進一步分從體與用兩個層面，解釋普遍生命本體的特性，他說：

> 就體言，宇宙普遍生命乃一活動創造之實體，顯乎空間，瀰該瀰貫，發用顯體，奮其無限創造宏力之偉大動量，氣勢磅礴，大運斡旋，克服空間一切限制。性體本身，似靜實動。就用言，生命大用外腓，行健不已，奮乎時間，而鼓之發之，推移轉進，靳向無窮。於剛健創進，欲以見其動；於柔綿持續，欲以見其靜。普遍生命、即性。〔註 60〕

故「性之理（生之理）」即是指普遍生命，即是動態歷程中的實踐主體。值得注意的是，方東美強調性體本身似靜實動，不但其中之實然本質即具有無限

〔註 58〕方東美：《生生之德‧中國形上學中之宇宙與個人》，台北：黎明文化，2005 年，頁 356。
〔註 59〕方東美：《中國哲學精神及其發展（上）》，台北：黎明文化，2005 年，頁 217。
〔註 60〕方東美：《中國哲學精神及其發展（上）》，台北：黎明文化，2005 年，頁 218。

的創造力，據以突破空間的限制；同時又能夠在時間之歷程創造生命之價值。即普遍生命繼乾元之善而生，身處旁通統貫、創造化育之宇宙中，不斷發揮創造宏力，透過價值創造以完成自我實現。因此，他運用「人文的途徑」之哲學思考方式，解釋〈繫辭傳〉「原始要終」的奧義，並且將普遍生命之化育過程，發揮成一套原始要終之道。他闡釋「性之理（生之理）」之本體奧義時說：

> 原其始，則根乎性體本初。原始（本初性）之為言，創造宏力之無盡源泉，始乾元也；要其終，則達乎性體後得，經歷化育步驟、地地實現之。要終（後得性）之為言，命運歷程之究極歸趨，止至善也。〔註61〕

> 原始要終之道，由本初而之後得，可釋為至善本質之瀰貫於具體歷程，以求其圓滿實現。……茲所謂之不朽，惟是一種潛在之偉大性，降任吾人，而責無旁貸，惟藉積極努力、奮鬥不懈、始克獲致者。〔註62〕

由上觀之，他提出「原始要終之道」以說明「性之理（生之理）」之目的，即是為了指出人性之所以偉大，就在於人性能夠持續不斷地運用繼承自乾元的創造力，經由價值創造的化育過程而完成自我實現，據以將「原始本體」昇華至「究極本體」之價值應然境界。他直接點出由乾元之本初性善端出發，朝向至善之後得性邁進，「原始要終之道」即是化育成性的發展過程，也是「生之理」形上原理的核心要義，因此也就是《易傳》形上學原理之奧義。同時，「原始要終」也指出「性之理」、「旁通之理」、「化育之理」三者，一方面透過其不同之特質，各自扮演了生發、生長與生成三種角色；另一方面藉由相互間的對待關係，共圖構成一套生命本體的動態發展歷程。因此，考其內容之特質與邏輯順序上之關係，呈現出的即是始於乾元而終於至善之「原始要終之道」。

要言之，根據諸形上原理之要義觀之，方東美提出之四項《易傳》要義，若就哲學範疇而言，即是建構自「旁通之理」所蘊涵之「動態歷程觀的本體

〔註61〕方東美：《中國哲學精神及其發展（上）》，台北：黎明文化，2005年，頁217～218。

〔註62〕方東美：《中國哲學精神及其發展（上）》，台北：黎明文化，2005年，頁219～220。

論」與「價值總論」；若就生命創進歷程之邏輯順序而言，則是建構於「生之理」之「原始要終之道」的精神中。

四、《易傳》形上本體論

首先，在方東美看來，萬物一切生命本體之創進歷程，乃是一個自善端之潛能出發而逐漸邁向至善境界之完成的自我實現歷程。在萬物一切之生命本體，透過價值之創造以圓成生命至善境界的歷程中，所有創生不已的生命事蹟、健行與事功，都是足以與天道乾元媲美的生命價值展現。「原始儒家」之形上學思想特色，即是強調「人性之內在價值」乃根源於「天道的無窮創造力」。人道就是人類自源於天道之善端出發，透過生命價值之踐形，逐步臻入至善境界的生命創進歷程。他發揮「《易》之為書也，原始要終以為質也」（〈繫辭傳．下〉）之義，提出「原始要終之道」的觀點，一方面闡釋「動態歷程觀的本體論」之本體動態發展觀點，另一方面則據以說明「價值總論」之價值實踐觀點。他說：

> 蓋謂「言乎人物之生，則其善與天地繼承而不隔者也。」是故，原其始，則見乎天地宇宙無限生命之所自來；而要其終，則知乎萬物具體有限生命之所必歸。……故原始要終之道，生生不停，善善相繼，蟬聯一貫，以是見天地之常，昭然若揭矣。〔註63〕

萬物一切生命本體不僅繼承乾元之善而生，同時也都繼承了乾元的生物之善，因此萬物一切的生命創進歷程，即是生生不停、善善相繼，遵循天地之常的理性秩序而行之「原始要終之道」。這就是他從「人文的途徑」對《周易》形上學原理進行哲學思考後所提出的主張。他認為這即是孔子所繼承的《周易》傳統，他說：「孔子接受《周易》的傳統，把整個宇宙人類的生命投入時間之流中，不斷地看它發展與變化。」〔註64〕因此，孔子從人文主義角度對《周易》所做的解釋，即是從發展與變化的觀點，說明生命創進歷程之要義，也就是說，方東美認為由《易傳》所建立的「動態歷程之價值中心本體論」，就其本質與精神而言，就是「原始要終之道」。

其次，他認為中國哲學高度重視與追求宇宙與人類之間的「和諧」。因為宇宙就是人類生存、生活的環境，人類必須與其生命之所寓的生存環境保持

〔註63〕方東美：《中國哲學精神及其發展（上）》，台北：黎明文化，2005年，頁223。
〔註64〕方東美：《原始儒家道家哲學》，台北：黎明文化，2005年，頁182。

和諧關係，才能維持生命的生存、展開價值的追求、進而參贊天之化育。因此他說：

> 數千年以來，我們中國人對生命問題一直是以廣大和諧之道來旁通統貫，……而中國人的思想也一直就是以這三個主題為中心：自然、人、以及人的文化成就。〔註 65〕

在「原始儒家」看來，萬有一切之生命本體，都是源自乾元的神奇創造力，所以「人和自然之間也沒有任何隔閡」〔註 66〕。他認為其核心精神就是採用人文的觀點以解釋生命本體，即，「原始儒家」自人為樞紐的立場出發，詳察萬物一切之生命事理後，秉「絜矩之道」與萬物同情，在生生不息的創進歷程中，自覺地透過持續不斷的價值創造，在實踐自我生命本體價值的時候，也要同時成就萬物一切生命本體之價值，共同臻於至善之生命境界。簡言之，作為實踐主體的「人」，生存在旁通統貫、創進不已的「自然」中，持續地進行生命創造活動的「健行」，最後臻於至善理想的「事功」，透過人的「文化成就」參贊天地化育。因此，若就價值論的角度觀之，方東美認為，「人」就是作為價值實踐主體的、「健行」即是價值實踐的功夫、「事功」即是價值實踐的成果，而價值實踐的場域即在於「自然」之現實世界中。故方東美《易傳》哲學要義，就在闡明人乃繼承天道的無窮創造力而生，俯仰天地之間，於生生不息的生命創進歷程中，透過自覺、持續不斷的「健行」以完成「廣大和諧」至善價值實踐之「事功」，最後透過旁通統貫與生生不息的生命之流，參贊天地之化育而使生命價值綿延不朽。要言之，方東美據此所解釋的《易傳》哲學要義，即是以人道合於天道，將廣大和諧之至善境界，實踐於現實世界與人生之中。故他認為：

> 生命之自然秩序與道德秩序，既同資始乾元天道之創造精神，且儒家復謂「人者、天地之心」，居宇宙之中心樞紐位置，故人在創造精神之潛能上，自能侔天配天。準此，儒家遂首建一套人本中心之宇宙觀，復進而發揮一套價值中心之人性論。〔註 67〕

同樣源自於乾元之無窮創造力而生的萬物一切個體生命，依據各自所秉之不同潛能，經由自我實現所創造出來的各種「相對價值差別」，最後必然要將

〔註 65〕方東美：《中國人生哲學》，台北：黎明文化，2005 年，頁 149。

〔註 66〕方東美：《中國人生哲學》，台北：黎明文化，2005 年，頁 149。

〔註 67〕方東美：《中國哲學精神及其發展（上）》，台北：黎明文化，2005 年，頁 224。

之納入廣大和諧之至善「絕對價值」中，因為就「機體主義」觀之，萬物一切個體生命共構成一彼是相因、交融互攝的廣大和諧系統。〔註 68〕方東美認為，這項將差別價值統攝於「絕對價值」的任務，就必須由人類來承擔這項「天人合德」的職責。

綜上，方東美藉由「人文的途徑」進行哲學思考，究其要義即是闡述一套「原始要終之道」。他一方面闡述萬物一切生命本體的實然本質乃源自於乾元天道之創造力，另一方面強調人能夠發揮「人者，天地之心」的精神，將人性昇華至價值之應然境界以侔天配天。究其要義可歸納為三點。以繼善成性之「生命潛能」為實踐之生發始點；以旁通統貫之「健行」為實踐之生長歷程；以價值創造之「事功」為實踐之生成價值。

第三節　以「原始要終之道」為核心之《易傳》形上本體論

本章第一節考察方東美對中國形上學原理的闡釋。最值得關注的部分是，他使用「超越形上學」一辭來形容「典型的中國本體論」並據此闡釋中國形上學思想之要義。如前述，他藉由「超越形上學」所闡釋的各項中國形上學原理，以及透過「機體主義觀點」所補充的內容，不僅僅成為儒家哲學形上學思想的源頭，同時也是《周易》形上學原理之依據。方東美根據「超越形上學」對「天人關係」所提出具體主張，即是儒家據以建構《易傳》哲學之基礎。就其本質觀之，個人與其所寓居之宇宙間的對待，乃是一種彼是相因、交融互攝、旁通統貫的關係，據此共同構成一個以廣大和諧系統為其本質的統一結構。因此，方東美認為宇宙與生活其間的個人間的關係，可用「一以貫之」與「旁通統貫」概括其要義，萬物一切生命本體所生發之善端，必須在此旁通通貫系統中成長，最後完成自我超越的生成。簡言之，「超越形上學」指的是生命本體在旁通統貫的系統中，實踐自我內在超越的形上學。在第二節中，方東美以「透過生命創進而達哲學」詮表如何運用「人文的途徑」進行哲學思考的具體方法。〔註 69〕因此就「原始儒家」人文主義的詮釋觀點而言，創進不已之「生命」就是其哲學思想中的實踐主體，也就是《易

〔註 68〕方東美：《中國哲學精神及其發展（上）》，台北：黎明文化，2005 年，頁 105。
〔註 69〕方東美：《中國人生哲學》，台北：黎明文化，2005 年，頁 136。

傳》哲學中的實踐主體。綜合前兩節所述，人文解釋之下的「超越形上學」，也就是描述生命本體透過價值創造以完成自我超越之歷程，也就是「原始要終之道」。如本文第二章所述，方東美將「旁通之理」視為《周易》最重要之形上學原理。由「旁通」可上溯至「原始儒家」形上學思想、中國哲學之通性，直達他以「超越形上學」所指的「典型的中國本體論」形上學主張；往下發展則自《周易》形上學原理中衍伸出一套「動態歷程觀的本體論」與一套「價值總論」，〔註 70〕方東美認為《易傳》之「動態歷程之價值中心本體論」，即是將上述本體論與價值論整合在動態歷程之中的一套「原始要終之道」。因此，以「原始要終之道」為核心精神建構而成的《易傳》哲學要義，可以分從三個不同層次的觀點掌握其奧義。

首先，若就動態歷程之整體精神觀之。「動態歷程之價值中心本體論」不僅統攝了原始與要終兩個不同發展階段之生命本體狀態，並且涵蓋了宇宙觀、人性觀、價值論、本體論等四個不同哲學範疇之內容，而貫穿整體的就是生生不息的創進歷程，他認為這個歷程就是「道」，他說：

> 所有生命都在大化流行中變遷發展，生生不息，運轉不已。它是一種途徑，一種道路，足以循序漸進，止於至善；這創進不息的歷程就是「道」。〔註 71〕

因此可藉由「原始要終之道」，透過「動態歷程之價值中心本體論」，從整體上掌握《易傳》形上本體論奧義。萬有一切生命本體乃「繼善成性」而來，憑藉乾元貫注之無窮創造力，才能在動態的生命發展歷程中，透過盡性、踐形等自我價值之創造，持續地經由生命本體之內在超越，臻入至善境界。其核心精神就是「原始儒家」形上思想中的「一以貫之」、《周易》形上原理的「旁通之理」。

其次，若就動態歷程之發展階段角度觀之，生命本體可劃分為處於不同價值狀態中之「原始」與「要終」兩個階段，〔註 72〕分別代表了價值創造之前的「原始本體」與價值創造之後的「究極本體」兩個本體狀態。在「原始」階段探討之哲學主題是「原始本體」之「本體實然本質」為何，而探討

〔註 70〕方東美：《生生之德．中國形上學中之宇宙與個人》，台北：黎明文化，2005 年，頁 356。

〔註 71〕方東美：《中國人生哲學》，台北：黎明文化，2005 年，頁 150。

〔註 72〕此語參方東美：《中國哲學精神及其發展（上）》，台北：黎明文化，2005 年，頁 223。

的具體內容則是繼承乾元天道而生之宇宙與人性的本質與潛能；在「要其終」階段的重點則是建構一套「價值總論」，藉以指明萬有一切生命本體的「價值應然境界」，就是臻入廣大和諧至善境界之「究極本體」，同時還要完成一套「價值中心觀的本體論」，透過生命之健行（踐形）——修養功夫與事功——成為聖人，藉由具體的生命事蹟以展現「究極本體」在現實世界中的價值實踐。

第三，若就動態歷程所涵攝之哲學範疇角度觀之，他又將「原始本體」分為宇宙觀、人性觀；將「究極本體」分成價值論、本體論加以深論。方東美對宇宙觀與人性觀所持的立場，就構成了「原始本體」實然本質之內容，一方面呈現價值實踐主體所具備的善端與潛能之所在；另一方面，明確指出宇宙與個人之生命本體皆資始於乾元天道而成。根據他所闡釋之價值論與本體論主張觀之，一方面主張「天人合德」之至善理想即是「究極本體」追求之價值應然境界；另一方面，他明確指出藉由具體之價值創造，才能確保「究極本體」之價值應然境界的完成狀態。

總而言之，若從人文主義角度詮釋《周易》「一貫之道」、「旁通之理」等形上原理之後，即得一套以「原始要終之道」建構而成的《易傳》形上本體論。若進而由「原始」與「要終」兩個階段分論之，則形成一套以「動態歷程觀」為核心的《易傳》哲學。若是經由「本體實然本質」與「價值應然境界」角度觀之，則得到一套統攝本體論與價值論、涵蓋四個不同哲學範疇的《易傳》哲學要義。以下依此三個層面，依序考察方東美提出的《易傳》哲學要義。

一、《易傳》形上本體論之奧義在於「原始要終之道」

如前述，方東美以「動態歷程之價值中心本體論」闡述《易傳》形上本體論之要義。此外，他又分從三個不同角度闡釋這套形上本體論。以下分從原始要終之道、動態歷程觀本體論、與究極本體論三個層面考察他的主張。

（一）原始要終之道

方東美在 1956 年英文著作《中國人的人生觀》中，即根據〈繫辭傳（下）〉「原始要終以為質」之義理，將《易傳》哲學之核心思想與具體內容發揮成一套「原始要終之道」。他透過「原始要終之道」以推原萬物一切原始本初之實然本質，進而探求萬物一切要終究極之應然境界，將中國形上學、儒家形上學與《周易》形上學諸原理所共具之「一以貫之」、「旁通統貫」要義，整合成系統化的形上本體論。他視「自然」為一個不斷創進發展的歷程，視「人」為創進歷程中參贊化育之共同創造者，視「創進歷程」為生命本體實現自我超越的途徑，即「道」。據此，他完整地闡明「動態歷程之價值中心本體論」之奧義。他說：

> 根據中國哲學，整個宇宙乃由一以貫之的生命之流所旁通統貫，……所有生命都在大化流行中變遷發展，生生不息，運轉不已。它是一種途徑，一種道路，足以循序漸進，止於至善；這創進不息的歷程就是「道」，若是「原其始」，則為善之本質，由此源頭而流衍出一切生命原動力，超乎一切價值之上，所以必然是超越性的，不只是超絕性而已，若是「要其終」，則為善之完成，所謂「道」也就是在此歷程之中盡性踐形，正己成物；又因其包容萬類，扶持眾妙，所以也必然是內在性的，在萬有之中彰顯出造物主的創造性，如此在「原始要終」之間，正是大道生生不息的創進歷程，蔚成宇宙的太和次序。〔註 73〕

由上可知，他認為《易傳》形上本體論，乃是以「本體實然本質」與「價值應然境界」為原始、要終兩端的「原始要終之道」，總賅宇宙觀、人性觀、價值論、本體論四個地地進升之哲學範疇而成。

（二）動態歷程觀之本體論

他在《中國哲學精神及其發展（上）》，刻意從動態歷程的角度，強調這四項要義之間存在著地地進升的密切關係。如他在闡述第二項「提倡一種性善論之人性觀」之內容時，首先就直接強調「性善論之人性觀」與前項「萬有含生論之新自然觀」之間在發展脈絡上的邏輯順序關係。他說：

> 據萬物含生論之自然觀而深心體會之，油然而興成就人性內具道德價值之使命感，發揮人性中之美善秉彝。〔註 74〕

也就是說，第二項的人性觀乃是建基於第一項的新自然觀之上。又如他闡釋第三項「價值總論」時說：

> 繼完成上述系統化之新自然觀與提倡美善合一、薪向人格究竟圓滿之人性論之後，孔子復引伸發揮一套價值總論，將流行於全宇宙中

〔註 73〕方東美：《中國人生哲學》，台北：黎明文化，2005 年，頁 150。
〔註 74〕方東美：《中國哲學精神及其發展（上）》，台北：黎明文化，2005 年，頁 215。

之諸相對價值差別，使之一一含章定位，悉統攝於「至善」，而化為絕對價值。〔註 75〕

此處方東美不僅僅指明第三項之「價值總論」與第二項要義「性善論的人性觀」之間發展上的邏輯關係，同時更強調第三項要義乃是以前兩項要義為前提，漸次發展而來。由上可知，他認為《易傳》哲學乃是一套依循「原始要終之道」建構之系統化理論與具體內容。

（三）究極本體論

根據「超越形上學」與「內在形上學」的主張，方東美認為中國形上學思想乃一套統攝各項哲學範疇之「究極本體論」，包含了實有、存在、生命、價值等範疇。相對於西方哲學將存有與價值，實然與應然分為對立之兩橛，方東美透過「究極本體論」的主張，一方面突出中國形上學之特質，另一方面指出西方「超絕形上學」的問題所在。據此，他堅決反對任何型態的二元對立，也不同意將萬物視為孤立的、機械的、封閉的系統，而不再具有任何發展可能性的主張。因此，所有主張「道器二分」、「理氣二分」、「天理、人欲二分」之先驗的、自足的觀點，以及要求人們「復其初」的主張，皆在方東美極力打破之範圍。在他以「原始要終之道」為核心精神的《易傳》哲學要義中，即指出萬有一切之生命本體，本身就內具無窮的創造力，又同處於彼是相因、旁通統貫的宇宙秩序中，共同在創進歷程中盡性踐形、成己成物，參贊天地之化育；在他提出之「內在形上學」要義中，即明確指出個體生命的理想境界就存在於現實世界中、個體生命憑藉著自我完善的生命力，透過持續不斷地努力實踐，使原始本體藉由種種創造之價值臻入究極本體之至善境界。因此，方東美認為形上學從來就不會與真實世界脫節，絕對可以在現實人生中實現。

由前節對儒家《周易》形上學原理的考察中可知，方東美認為《易傳》哲學要義乃是整合「本體論」與「價值論」二項哲學範疇而成。也就是說，《易傳》這套「動態歷程之價值中心本體論」的構成要素，乃是整合了一套「動態歷程觀的本體論」與一套「價值總論」而成。簡言之，他主張的是一套在動態歷程中、生命本體藉由持續不斷地價值創造，以完成生命本體自我實現、臻入廣大和諧至善理境之「究極本體論」。也就是由「原其始」原始本

〔註 75〕方東美：《中國哲學精神及其發展（上）》，台北：黎明文化，2005 年，頁 215。

體的善之始出發，透過價值創造的生命歷程，臻入「要其終」究極本體的善之成境界。故在「原其始」階段又可分為「萬物含生論之新自然觀」與「性善論之人生觀」這兩個源自於天道乾元之價值實踐原始本體；「要其終」階段又可分為確立以「天人合德」至善境界作為價值應然境界之內涵的「價值總論」，與以「忠恕一貫之道」作為實踐「天人合德」至善價值之「價值中心之本體論」。

二、原始本體之「本體實然本質」與究極本體之「價值應然境界」

方東美提出之《易傳》哲學要義，就「原始要終」的觀點而言，乃是發揮自原始儒家《周易》之兩大形上學特色，即他指出：

> 儒家形上學具有兩大特色：第一、肯定天道之創造力充塞宇宙、流衍變化，萬物由之而出。(《易》曰：「大哉乾元！萬物資始，乃統天」)；第二、強調人性之內在價值翕含闢弘、發揚光大，妙與宇宙秩序合德無間。(《易》曰：「大人者，與天地合其德，與日月合其明，與四時合其序，與鬼神合其吉凶，先天而天弗違，後天而奉天時。」簡言之，是謂「天人合德」)〔註 76〕

首先，由發展歷程觀之，「原始要終之道」包含三個主要部分，即「原其始」的善之本質、「要其終」的善之完成、以及在「原始要終」之間的生生不息之創進歷程，即「道」。因此，方東美不斷強調《周易》哲學中的本體論與價值論之間存在著密切關係，他根據「原始要終之道」的歷程觀點，將代表實然本質的本體論與代表應然境界的價值論兩者，緊密的聯繫在一起。他曾經多次表達此一立場，他說：「《易經》哲學是一套「動態歷程觀的本體論，同時亦是一套價值總論」〔註 77〕、「中國哲學上面一切萬有論、一切本體論，……一定要同最高的價值哲學融會貫通起來成為一個整體的系統。」〔註 78〕據此，方東美從形上學角度提出《易傳》乃是一套「動態歷程之價值中心本體論」之主張，強調生命本體根據善之本質內具的生命創造力，在創進不息的歷程中，一方面盡性踐形、成己成物，另一方面包容萬類、扶持眾

〔註 76〕方東美：《生生之德．中國形上學中之宇宙與個人》，台北：黎明文化，2005 年，頁 354。

〔註 77〕方東美：《生生之德．中國形上學中之宇宙與個人》，台北：黎明文化，2005 年，頁 356。

〔註 78〕方東美：《方東美先生演講集》，台北：黎明文化，2005 年，頁 155。

妙，最後臻於善之完成的至善境界。也就是說，生命的意義與生活的價值，就在於不斷提升生命本體的價值狀態，臻入廣大和諧的至善境界。在《易傳》形上本體論中，價值論的角色就在於轉化「原始本體」之實然本質，達致「究極本體」之應然境界。同時，他認為《易經》對此觀點的說明最為詳盡，他說：「這一種視「自然」為創進歷程的理論在中國《易經》闡述得最精彩：『成性存存，道義之門。』」〔註79〕綜上，他對本體論與價值論兩者各自的本質，以及兩者之間的對待關係，作出如下結論：

> 根據中國哲學的傳統，本體論也同時是價值論，一切萬有存在都具有內在價值，在整個宇宙之中更沒有一物缺乏意義。各物皆有其價值，是因為一切萬物都參與在普遍生命之流中，與大化流行一體並進，所以能夠在繼善成性，創造不息之中綿延長存，共同不朽。〔註80〕

簡言之，繼乾元之善而生的「原始本體」，在旁通統貫、創進不息的生命歷程中，發揮「本體實然本質」中的無窮創生潛能，將生命本體之境界昇華到至善境界之「究極本體」。

其次，方東美將《易傳》四項哲學要義依照不同哲學範疇與發展歷程，分成兩個不同之主題論述。就其要義中所使用之動詞觀之，前二項要義他使用「主張」、「高揭」或「提倡」作為動詞；而後兩項要義他使用「形成」、「完成」作為動詞。就其涵蓋的哲學範疇而言，前二項要義之標的物是他提出的兩項觀點，即「新自然觀」與「人性觀」；而後兩項則是提出了兩項理論，即「價值總論」與「價值中心觀之本體論」。總而言之，他先用乾元天道之「繼善成性」定義他的宇宙觀與人性觀，藉此提出他對這兩個價值實踐主體之實然本質的預設；然後再以這兩個觀點做為前提與基礎，根據主體之實然本質加以發揮、引伸之後，以人為樞紐，完成有關價值應然境界的兩項理論。要言之，就是先根據充塞宇宙之乾元無窮創造力，闡釋「本體實然本質」所具有之本質與潛能，再將這些本質與潛能發揮成一套「價值應然境界」之理論，以強調人性之內在價值翕含闢弘、妙與宇宙秩序合德無間。也就是根據「原始儒家」《周易》形上學特色為基礎，進一步發揮而成。因此方東美闡釋「原始要終」之要義時指出：「原其始，則見乎天地宇宙無限生命

〔註79〕方東美：《中國人生哲學》，台北：黎明文化，2005年，頁150。
〔註80〕方東美：《中國人生哲學》，台北：黎明文化，2005年，頁151。

之所自來；要其終，則知乎萬物具體有限生命之所必歸。」〔註 81〕以下依序分論之。

（一）原始本體之「本體實然本質」

方東美認為在討論「宇宙」之本質時，不能將「宇宙」僅視為是「實然狀態」，而是要把它超化成道德宇宙；同時他發揚儒家「立人極」之立場，強調人應該無止境的追求自我實現。〔註 82〕他闡述「超越形上學」之要義：

> 「超越的」則是指它的哲學境界雖然由經驗與現實出發，但卻不為經驗與現實所限制，還能突破一切現實的缺點，超脫到理想的境界；這種理想的境界並不是斷線的風箏，由儒家、道家看來，一切理想的境界乃是高度真相含藏之高度價值，這種高度價值又可以迴向到人間的現實世界中落實，逐漸使理想成為現實，現實成就之後又可以啟發新的理想。這是我用「超越形上學」的根據。也就是說，一切超越價值的理想不是只像空氣般在太空中流動，而是可以把它拿到現實的世界、現實的社會與現實的人生裡，同人性配合起來，以人的努力使它一步步實現。〔註 83〕

《易傳》哲學乃是一套「動態歷程之價值中心本體論」，因此在探討「本體之實然本質」的時候，重點就在於強調其內具之種種發展潛能，而不只是描述「原始本體」之當下狀態。

他以「萬有含生論」與「性善論」為核心精神的「新自然觀」及「人性觀」作為前提，說明「原始本體」具有之「本體實然本質」具體內容，以此作為其《易傳》哲學體系中的發展起點。他使用「新自然觀」一辭取代傳統「宇宙觀」或「自然觀」的目的，即是為了突顯「萬有含生論」源自於乾元的無窮創造力，藉此與西方習於二分法之「自然」概念進行區隔。而在「萬有含生論之新自然觀」為基礎的觀點上，他從存養與擴充的角度出發，認為孟子為性善所奠下的基礎就在於「內心的至善須待擴充，善端擴充後便成為完美的人格」〔註 84〕。據此他將「性善論」定義為人性秉持乾元之善的潛能，可以透

〔註 81〕方東美：《中國哲學精神及其發展（上）》，台北：黎明文化，2005 年，頁 223。

〔註 82〕參見方東美：《生生之德·中國形上學中之宇宙與個人》，台北：黎明文化，2005 年，頁 352～353。

〔註 83〕方東美：《原始儒家道家哲學》，台北：黎明文化，2005 年，頁 50～51。

〔註 84〕方東美：《生生之德·從比較哲學曠觀中國文化裡的人與自然》，台北：黎明文化，2005 年，頁 337。

過自我實現的努力而成就完美至善之人格境界。故方東美的「人性觀」特別強調人性中之能動性的獨特價值，他說：「因為『自然』乃是一個生生不已的創進歷程，而人則是這歷程中參贊化育的共同創造者。」〔註85〕

總而言之，方東美透過「萬有含生論之新自然觀」與「性善論的人性觀」這二項前提，明確指出萬有一切的實然本質中，皆具有源自於乾元的無窮創造力：

> 自原始儒家所出諸原理而觀之，宇宙之客觀秩序，乃是成於乾元之充沛創造精神，表現於時間綿絡旁通、變易歷程之中。人類個人所面對者，正是一大創造之宇宙，故個人亦必須同其富於創造精神，方能德配天地、妙贊化育。〔註86〕

在《中國人生哲學概要》之〈中國先哲的宇宙觀〉與〈中國先哲的人性論〉兩篇演說稿中，方東美發揮動態歷程的發展概念，從生發、生長、生成三個層面，提出宇宙觀與人性論之核心要義。此三個層面，依序代表「原始本體實然本質」、「創進歷程之道」、「究極本體之應然境界」三個不同階段之特質。在「宇宙觀」中，他以「萬有含生論」論生發之實然本質、以「沖虛中和」論生長之創進原則、以「道德價值」論生成之應然境界（「天道法則之理性秩序」）；在「人性論」中他則依序分從「情理一貫論」、「原始要終向善論」、「人性偉大論」三個主題闡明其主張。

（二）究極本體之「價值應然境界」

他是以「絕對價值」與「價值中心觀」為主旨的價值論與本體論，對「究極本體」之「價值應然境界」進行解釋，以此作為動態歷程「要其終」的實踐成果。首先，方東美發揮《周易》「強調人性之內在價值」的特色，以至善對「絕對價值」進行定義，以此統攝前述萬物一切生命本體所創造之「相對價值」，突顯出「價值總論」之要義，就是要藉由人的創造力去實現「天人合德」的境界，與宇宙秩序合德無間。其次，他主張以「忠恕一貫之道」為憑藉，據以將「價值總論」之至善境界在現實世界、真實人生中付諸實踐。故方東美一再強調《周易》哲學不僅是一套「動態歷程觀的本體論」，同時也是一套「價值總論」的理由，就是用來說明究極本體之「價值應然境界」的具體內涵與實踐方法。他在〈從比較哲學曠觀中國文化裡的人與自然〉中，透過中西方

〔註85〕方東美：《中國人生哲學》，台北：黎明文化，2005年，頁151。

〔註86〕方東美：《中國哲學精神及其發展（上）》，台北：黎明文化，2005年，頁223。

哲學比較，指出兩方的關鍵差異所在，他說：「中國文化最大的特色，就是能觀照在人和世界中生命的全面。古代的三大哲學傳統，儒、道、墨三家，可說都是致力於人和自然的合一。」〔註87〕又說：

> 我以為西方思想是充滿了這種分歧性，使得所有的事物含有敵意。宇宙好像是戰場，在這個大戰場中，實體和現象怒目相視。……由於人和自然的對立，因此就個人自己來說，受拘的自我無法和超越的真我合一。……推求其原因，主要是因為西方人不是忽視，便是誤解了這種理性的和諧。〔註88〕

因此，他認為上述之「天人合德」與「忠恕一貫」即是中國思想之所以異於西方的關鍵所在，也就是「廣大悉備的和諧」，他闡釋曰：

> 由於這種和諧，人和世界上的一切生命結成一體，而享受到和平、安寧的妙樂。要把這個理想化為事實，唯一的條件就是我們要確信人和自然（也即是宇宙），都是生元所發，都是中和的，這樣才能從根本上拔除矛盾及不幸。〔註89〕

總言之，生命從「原始本體」出發，透過萬有一切生命本體之價值創造、「絕對價值」之至善理想追求，持續不斷地在旁通統貫、生生不息的互動關係中與時偕行，使自己的生命狀態永遠處於「天人合德」之廣大和諧狀態下的至善境界。所以，動態歷程本體論與價值總論的核心意義就在於「與時偕行」，永保廣大和諧、天人合德之秩序，就是方東美以「至善」名之的「價值應然境界」。

三、人文主義詮釋下的宇宙論、人性論、價值論與本體論

方東美《易傳》哲學要義之理論架構是建立在四項哲學基本範疇之上，乃是藉由「人文的途徑」，對「旁通之理」所做的解釋成果。因此，透過他在哲學範疇前面所加上的前提，不僅呈現出各項要義之精神，同時也明確與西方哲學概念做出區隔。以下依序論述之。

〔註87〕方東美：《生生之德．從比較哲學曠觀中國文化裡的人與自然》，台北：黎明文化，2005年，頁319。

〔註88〕方東美：《生生之德．從比較哲學曠觀中國文化裡的人與自然》，台北：黎明文化，2005年，頁323。

〔註89〕方東美：《生生之德．從比較哲學曠觀中國文化裡的人與自然》，台北：黎明文化，2005年，頁324。

（一）主張「萬有含生論」之新自然觀

方東美認為儒家的宇宙觀乃是對宇宙論之形上原理所做的人文解釋。他說：「宇宙就是人類藉以生存的環境，宇宙觀就是人類對於生命環境所下的合理解釋。」〔註 90〕因此，他提出之「萬有含生論之新自然觀」乃是《易傳》哲學要義中最基礎、也是最重要的部分；後於〈中國形上學中之宇宙與個人〉中，他將《易傳》宇宙論定義為「主張『萬有含生論』之新自然觀」並釋其要義如下：

> 視全自然界為宇宙生命之洪流所瀰漫貫注。自然本身即是大生機，其蓬勃生氣，盎然充滿；創造前進，生生不已；宇宙萬有，秉性而生；復又參贊化育，適以圓成性體之大全。〔註 91〕

就本質言，此要義即是從「萬有含生論」的立場解釋《易傳》的宇宙論要義。此處值得注意的是，他使用「新自然觀」一詞代替慣用之宇宙論，也藉此區別「自然」一詞的慣用語意，其目的在於呈現出中國人眼中具有無窮創造力的「自然觀」。他認為近代科學將宇宙視為是空間與時間的系統、為一切物體產生動靜變化之場合的觀點，把空間與時間僅僅當作機械物體存在的場合，因此不能充分解釋中國先哲對宇宙的看法，他說：「生命除掉物質條件之外，更兼有精神的意義和價值。中國先哲所謂宇宙，其實包括物質世界和精神世界兩方面，並須使之渾然化為一體，不像西洋哲學往往把它們截作兩個片段來看。……中國人的宇宙是精神物質浩然同流的境界。這浩然同流的原委都是生命。」〔註 92〕由上可知，方東美以「新自然觀」代替「宇宙觀」的用意，即在於呈現出中國先哲們，對於萬有一切生命本體之精神意義和價值的重視。簡言之，方東美透過「萬有含生論」的解釋，一方面闡明「超越形上學」之核心精神所在，即明確指出「典型的中國本體論」絕不是意蘊貧乏之機械秩序、也不是相互對立之孤立系統、更不是毫無再發展可能的封閉系統，而是創進不息、生生不已之旁通統貫的整體；另一方面，他從人文的角度詮釋宇宙論，分從「繼善成性」、「健行」、「事功」三個觀點，闡釋「萬有含生論」的內在超越之道，從不同的層面解釋其主張「宇宙論」之內涵。因此，方

〔註 90〕方東美：《中國人生哲學》，台北：黎明文化，2005 年，頁 54。

〔註 91〕方東美：《生生之德．中國形上學中之宇宙與個人》，台北：黎明文化，2005 年，頁 355。

〔註 92〕方東美：《中國人生哲學》，台北：黎明文化，2005 年，頁 55。

東美認為「萬有含生論」的核心精神，就在於明確指出一切現象中都含藏生命。他說：

> 中國人的宇宙不僅是機械活動的場合，而是普遍生命流行的境界。這種說法可叫做「萬物有生論」。世界上沒有一件東西真正是死的，一切現象裡邊都藏著生命。〔註93〕

他運用「人文的途徑」進行哲學思考，認為宇宙中最珍貴的就是「生命」，由生生的觀點上溯生命之源，將萬物一切生命稱為「普遍生命」〔註94〕：

> 「自然」對我們來說，是普遍生命流行的境界，其真力瀰漫，貫注萬物，因此自然是無窮的，它不被任何事物所局限，也沒有什麼「超自然」駕凌其上。「自然」本身就是無窮無盡的生機。〔註95〕

他認為「宇宙」、「自然」乃是普遍生命流行的境界，並且根據此觀點闡釋「新自然觀」的具體內容。總而言之，他運用「萬有含生論」的觀點將《易傳》的「宇宙論」定義為「新自然觀」的主要目的，即是為了突顯中國人眼中的宇宙是生生不息的宇宙，而絕不是機械秩序運作下的宇宙。因此，他說：「中國先哲不常用宇宙這個名詞，正是因為他們不願意把宇宙看作機械的空間時間系統。」〔註96〕

此外，他認為中國先哲們曾經運用了許多不同含義的觀念與名詞以說明宇宙的理體與秩序，〔註97〕共同之處都是強調：「宇宙是一個包羅萬象的大生機，無一刻不發育創造，無一地不流動貫通。」〔註98〕他引清儒戴震《原善》

〔註93〕方東美：《中國人生哲學》，台北：黎明文化，2005年，頁55。

〔註94〕方東美在《中國人生哲學》中首次提出「普遍生命」的概念，他以萬物有生論來表述宇宙是普遍生命流行的境界，此外他曾對普遍生命進一步闡述，他說：「宇宙乃是普遍生命流行的境界，天為大生，萬物資始，地為廣生，萬物咸亨，合此天地生生之大德，遂成宇宙，其中生氣盎然充滿，旁通統貫，毫無窒礙，我們立足宇宙之中，與天地廣大和諧，與人人同情感應，與物物均調浹合，所以無一處不能順此普遍生命，而與之全體同流。」由此段闡述可知，方東美以「普遍生命」取代《易》以陰陽作為生生之兩儀。參方東美：《中國人生哲學》，台北：黎明文化，2005年，頁248～249。

〔註95〕方東美：《中國人生哲學》，台北：黎明文化，2005年，頁149。

〔註96〕方東美：《中國人生哲學》，台北：黎明文化，2005年，頁56。

〔註97〕「我們在經書子書上，常遇到天、天地、乾坤、道、自然、陰陽、五行、虛、理、氣、心一類的觀念，……其實都是說明宇宙的理體和秩序的。我們如果執著這些差異的名詞，不求會通，那末，中國先哲的宇宙觀幾乎是紛亂如麻。」方東美：《中國人生哲學》，台北：黎明文化，2005年，頁56～57。

〔註98〕方東美：《中國人生哲學》，台北：黎明文化，2005年，頁57。

之言為他此觀點作結:「氣化之於品物，可以一言盡也，生生之謂歟」〔註 99〕並以此總括天地之大德、揭露自然無窮的創造力。其精義就在於宇宙萬物之生生，不僅僅只是造物者從自然中不斷地生出萬物而已，而是所有生出的萬物皆直接從乾元大生之德中繼承了無窮之創造潛能。因此萬物之生不僅僅是生命賜予，更是在所賜生命的基礎上，發揮繼承自乾元之善的創造潛能，在萬物各自的生命創進歷程中，持續地創造出新的生命價值。故作為天地之大德之「生」，其意義不在於複製，而是將大生之德不斷地傳承。

方東美在〈中國先哲的宇宙觀〉中，分三個層次闡述中國先哲「宇宙觀」。首先從「萬物有生論」的角度言，他說:「宇宙根本是普遍生命之變化流行，其中物質條件與精神現象融會貫通，而毫無隔絕。……精神與物質合在一起，如水乳交溶，共同維持宇宙和人類的生命。」〔註 100〕也就是說，人類以及所寓居的宇宙並非僅是物質條件的存有，他認為更重要的是藉由精神現象所展現的普遍生命流行境界，普遍生命藉著物質與精神之融合方能生存。其次，從「體用創造」的角度言，他說:「中國人的宇宙是一種冲虛中和的系統，其形質雖屬有限，而功用卻是無窮。我嘗說，這是體質的有限觀，功用的無窮觀。」〔註 101〕他認為中國人能夠將宇宙普遍生命，化其有限之體而創生無窮之用，其關鍵就在於《中庸》的「致中和，天地位焉，萬物育焉」的道理上。他說:「不偏為中，相應為和。……所以能夠使萬物感應以相與，生出無窮的和悅之氣來。」〔註 102〕也就是說，普遍生命的靜態存有與動態之變化流衍，都是循著《周易》「旁通原理」而行，藉著成己成物，而創生出無窮之妙用來。第三，就「道德價值根源」的角度言，他說:「中國先哲把宇宙看作普遍生命的表現，其中物質條件與精神現象融會貫通，至於渾然一體而毫無隔絕。一切至善盡美的價值理想，儘管可以隨生命之流行而得著實現，……宇宙一切現象都含道德價值，故可說中國人的宇宙乃是道德的宇宙。」〔註 103〕方東美以至善形容精神現象之理想境界，以盡美形容物質條件之理想境界。同時他指出無論是物質或者精神，兩者都蘊涵著道德價值，中國先哲就是根據道德價值的根源，說明宇宙的秩序。也就是說，普遍生命在變化流行的歷

〔註 99〕方東美:《中國人生哲學》，台北：黎明文化，2005 年，頁 58。
〔註 100〕方東美:《中國人生哲學》，台北：黎明文化，2005 年，頁 56。
〔註 101〕方東美:《中國人生哲學》，台北：黎明文化，2005 年，頁 58。
〔註 102〕方東美:《中國人生哲學》，台北：黎明文化，2005 年，頁 60。
〔註 103〕方東美:《中國人生哲學》，台北：黎明文化，2005 年，頁 60～61。

程中所創造出的一切價值理想，皆是依循著宇宙之秩序而生，宇宙秩序（包含人道法則）乃源自於天道法則。綜上，方東美提出「萬物含生論的新自然觀」之關鍵概念可歸納為下列三項：

> 一、是普遍生命創造不息的大化流行。二、是一個將有限形體點化成無窮空靈妙用的系統。三、是一個盎然大有的價值領域，足以透過人生的各種努力加以發揚光大。〔註 104〕

（二）提倡「性善論」之人性觀

方東美在〈中國形上學中之宇宙與個人〉首次提出「提倡性善論之人性觀」：

> 發揮人性中之美善諸秉彝，使善與美俱，相得益彰，以「盡善盡美」為人格發展之極致，唯人為能實現此種最高的理想。〔註 105〕

他提出「性善論」的主張來定義《易傳》的「人性觀」。綜觀其論述可知，他主張的「性善論」並不是指先驗地、自足地「性善論」，而是一套「不斷向善論」。他強調身為萬物之一的人類生命，應該發揮「萬物含生論」的精神，一方面象效萬物一切生命本體生生不息之創造精神，另一方面繼承乾元天道之無盡創造力，透過盡性、踐形的持續努力，不斷地超越生命本體之內在狀態，最後臻入至善完美之境。他重視的是「要其終」的人性至善境界之完成，而不是「復其初」之回歸先驗本始人性。要言之，方東美認為「原始本體」包含「新自然觀」與「人性觀」兩項實然本質，方東美以「萬有含生論」定義宇宙論，又以「性善論」定義《易傳》人性論，即是在「萬有含生論」的基礎上，進一步強調人的能動性，以及「原始儒家」對人性內在價值的重視。因此他特別闡釋了「善性」的要義，他說：

> 中國先哲所體驗的人生不是沈晦的罪惡淵藪，而是一種積健為雄的德業。在這裡面，我們也可以察覺中和昭明的善性。它的本原是天賦的，它的積累是人為的。因為是天賦的，所以一切善性在宇宙間都有客觀的依據，不隨人之私心而汩沒；因為又是人為的，所以一切善行，均待人人之舉凡自為，不任天之好惡而轉移。我們先天的秉賦兀自與善性混然同體，我們後天的德業兀自與善性

〔註 104〕方東美：《中國人生哲學》，台北：黎明文化，2005 年，頁 184。

〔註 105〕方東美：《生生之德．中國形上學中之宇宙與個人》，台北：黎明文化，2005 年，頁 355。

浩然同流。〔註106〕

簡言之，方東美的「人性觀」是依據儒家積健為雄立場而建立之「性善論」。這種「向善論的人性觀」主張生命本體的發展，是不斷創新、積累的發展模式，最後藉由生命價值的創造，圓成生命的意義與價值。也就是說，善來自於乾元天道，於是善便有了普遍的合法性；又因為是人為的，所以不是先驗、自足的賦予，而是需要人人自覺、運知以進於神明之境、同情以達於絜矩之道。善的價值根源於乾元天道，所以具有普世的標準而不是個人的臆見。這樣的「善」即是《孟子・盡心下》中對人性所具之「善」提出的觀點：

> 口之於味也，目之於色也，耳之於聲也，鼻之於臭也，四肢之於安佚也，性也。有命焉，君子不謂性也。仁之於父子也，義之於君臣也，禮之於賓主也，智之於賢者也，聖人之於天道也，命也。有性焉，君子不謂命也。

也就是說，「善」必須靠人類的具體行動在現實世界中去實踐，所以人性的「善」並不是宿命的、先驗式的「善」；而是主張要努力地發揮生命價值以至於至善。

「性善論之人性觀」之關鍵要義有三：第一、情理一貫人性論；第二、原始要終向善論；第三、人性偉大論。後文將據此考察方東美各項觀點之思想淵源與戴震之間的關聯。

（三）形成一套「價值總論」

方東美對「價值總論」要義作出如下之闡釋：

> 發揮一部價值總論——繼完成上述系統化之新自然觀與提倡美善合一、薪向人格究竟圓滿之人性論之後，孔子復引伸發揮一套價值總論，將流衍於全宇宙中之諸相對價值差別，使之一一含章定位，悉統攝於「至善」，而化為絕對價值。此〈繫辭傳〉之主旨也！亦為《大易》全書總綱及其主腦所在。〔註107〕

> 形成一套「價值總論」。將流衍於全宇宙中之各種相對性的差別價值，使之含章定位，一一統攝於「至善」。〔註108〕

〔註106〕方東美：《中國人生哲學》，台北：黎明文化，2005年，頁86。

〔註107〕方東美：《中國哲學精神及其發展（上）》，台北：黎明文化，2005年，頁215。

〔註108〕方東美：《生生之德・中國形上學中之宇宙與個人》，台北：黎明文化，2005年，頁355。

首先，在方東美的新自然觀與人性觀中並不包含任何價值評價在內；也就是說，他認為萬有一切生命本體的價值創造，必須透過存養與擴充的創進歷程之後才有可能達致。故他根據「萬有含生論之新自然觀」與「性善論之人性觀」為前提，定義出萬有一切所具有的「自然本質」——即作為生命本體的潛能、善端，價值的創造必須透過生命本體在創進歷程中的努力而實踐。也就是說「原始本體」經過價值創造而完成自我實現後的本體狀態，即是所謂「究極本體」之價值應然境界。方東美提出的第三項要義「價值傯論」，即是闡釋萬有一切生命所創造的分殊價值，都是天道乾元之善的具體呈現，共同構成宇宙整體之存有，因此在完成自我價值實現之後，還必須化分殊之價值為廣大和諧的至善價值，也就是他所提出的「絕對價值」，這就是「價值應然境界」之具體內容。而要實現此一境界，則有賴於生命主體之實踐，於是他提出第四項《易傳》要義，即「形成一套價值中心觀之本體論」，指出「究極本體」之理想境界必須將「價值總論」之應然境界在現實世界、真實人生中賦予實踐之後才算完成。

其次，方東美在「價值總論」的主張之前，運用了「形成」、「發揮」這組動詞，表述他的立場。根據他對此要義所做的闡述觀之，其重點有二。第一，關鍵字是「形成」這個動詞，也就是如何建立一套理想的、系統化的價值理論，故必須闡明其理論基礎之根據所在。第二，是「價值總論」這個名詞所涵攝的具體內容。要言之，至善境界之「價值總論」的形成，乃是具有盡善盡美理想人格之大人（聖人），與已經圓成性體大全的宇宙萬有，兩者在「原始要終之道」的歷程中，遵循天道「自然之極則」而共同完成的「自然之極致」。自「人文的途徑」解釋，其具體內容就是聖人之懿德，如他指出《中庸》之「唯天下至誠」、《大學曰》之「絜矩之道」、《孟子》之「上下與天地同流」等言即是。〔註109〕從「超越形上學」觀之，其系統化理論之根據，則是源自於天地生生之大德，即乾元之無限創造力，所以人與萬物均能繼天地之善而不隔、通天地之仁而不遺；明天地之順、察天地之常、通天地之德。故方東美總結前述之言並指出：「宇宙與個人互逆雙運，和合無間，儒家謂之『天人合德論』。」〔註110〕並且徵引「夫大人者、與天地合其德；與日月合其明；與四時

〔註109〕參方東美：《中國哲學精神及其發展（上）》，台北：黎明文化，2005年，頁224。

〔註110〕方東美：《中國哲學精神及其發展（上）》，台北：黎明文化，2005年，頁226。

合其序；與鬼神合其吉凶」(〈乾・文言傳〉) 為證，詳盡說明天人合德所建構之廣大和諧境界。

第三，他用「價值總論」取代「價值論」，即是發揮「一以貫之」、「旁通統貫」之要義，統攝分殊生命本體所創造之「相對性的差別價值」，成為天人合德之「絕對價值」。簡言之，方東美認為個體生命除了本身所具有之內相之外，還有生命賴以生存的外境，因此，當萬有一切之個體生命都透過盡性、踐形而達於盡善盡美之狀態後，也只是完成了各自內相的善，所以如何將所有個體生命的相對差別的善，統攝於廣大和諧的秩序之下，才是所有生命賴以生存與發展的最佳外境，才是真正的善的完成，也就是至善的「絕對價值」的實現。這即是他提出「價值總論」的要義，也是《周易》「天人合德論」的精神所在。方東美從天人合德的角度詮釋他的「至善」之義，他說：

> 天大其生，萬物資始，地廣其生，萬物咸亨，合天地生生之大德，遂成宇宙，其中生氣盎然充滿，旁通統貫，毫無窒礙。我們託足宇宙中，與天地和諧，與人人感應，與物物均調，無一處不隨順普遍生命，與之合體同流。〔註 111〕

綜上所述，究其要義可分為二，即「旁通統貫之天人合德論」與「絕對價值之廣大和諧境界」。下章將根據這兩個概念，考察方東美觀點之內容，以及論證其觀點乃淵源自戴震。

（四）形成一套「價值中心觀」之本體論

方東美提出「形成一套價值中心觀之本體論」作為《易傳》哲學形上本體論之最後蓋頂石。他說：

> 形成一套「價值中心觀」之本體論，以肯定性體實有之全體大用。〔註 112〕

> 以個人之創造性為基礎，藉求圓成人性，齊昇宇宙萬般生命，止於至善。經孔子詮表之，形成一部價值總論，肯定性體實有，盎然充滿，彌貫天地，澈上澈下，莫非價值。實乃一套價值中心之本體論也。堪稱代表儒家哲學之最高成就，俱見《易經》。〔註 113〕

〔註 111〕方東美：《中國人生哲學》，台北：黎明文化，2005 年，頁 81。

〔註 112〕方東美：《生生之德．中國形上學中之宇宙與個人》，台北：黎明文化，2005 年，頁 355。

〔註 113〕方東美：《中國哲學精神及其發展（上）》，台北：黎明文化，2005 年，頁 216。

上述內容可歸納成以下要點。第一、除了對「價值總論」的理論內涵提供更全面的描述之外，他直接指出「價值總論」就是「一套價值中心之本體論」，故本項要義可改寫為「完成一套『價值總論』」，而「價值總論」之內容他已於前項述及，故本項要義之重點就在於「完成」的意義上。也就是如何建立一套將「價值總論」付諸實踐的系統化理論。第二、他把「價值中心之本體論」視為儒家哲學之最高成就，就代表他將「價值總論」之理論內容與實踐方法結合後所完成的一套系統化理論，就是代表孔子賦予人文主義解釋的「新易理」的完成，也就是本章前述所謂「究極本體論」之完成。第三、這個新完成的「究極本體論」是用來肯定「性體實有之全體大用」，點出本要義的重點即在於以生命價值的具體實踐為中心的本體論，同時強調善即是透過人性在現實世界中具體的價值創造成果來呈現。簡言之，《易傳》形上本體論之要義，就是首次出現在《莊子．天下篇》的儒家主要教義「內聖外王」。他說：「內聖外王卻完全代表儒家思想的精髓，人就是由於通過內聖外王的工夫，而成為內外合一的典範。」〔註 114〕是故，他認為在儒家看來一個內聖者不會永遠停留在內心的樂園之中，也不只是順著自然而行：「他的心具有理性的偉大作用，為天地立心，為生民立命。偉大文化的創造，慈善機構的建立以及生命安樂的維護，這些都是天道之所賜。但依照孔子與荀子的看法，這一偉大工作的完成，還須靠人去代行、去補充。」〔註 115〕由此可知，他認為《易傳》形上本體論，不僅僅只是追求個體生命「存有」之自我完善而已，更重要的是在成己之時也要成物。因為只追求個體生命「存有」之完善只會造成與生存環境間的疏離，最後將使個體生命「存有」產生虛無感，他說：

> 凡存有者皆天命之所賦予、天力之所維護。人類以萬物之靈的卓越身分分享神性「存有」，其他萬有亦平等無差地分而享之。……儘管我們分享的才性各不相同，但是我認為在「存有」的全部宇宙資產中，大家應該相輔相成。……使萬有在不同的存在領域中各安其位。……中國人應當從形上與道德的層次落實到自然世界的層次，以學習欣賞現代科學的成就。〔註 116〕

〔註 114〕方東美：《生生之德．從比較哲學曠觀中國文化裡的人與自然》，台北：黎明文化，2005 年，頁 337。

〔註 115〕方東美：《生生之德．從比較哲學曠觀中國文化裡的人與自然》，台北：黎明文化，2005 年，頁 338。

〔註 116〕方東美：《生生之德．從宗教、哲學與哲學人性論看「人的疏離」》，台北：

方東美提出「完成一套價值中心觀的本體論」之目的，就在於指出至善理想之「絕對價值」得以徹底實踐的憑藉所在，並且是以「萬有含生論的新自然觀」與「性善論的人性觀」的本體實然本質為作為理論實踐的基礎。他以「價值中心觀」一詞清楚的解釋《易傳》本體論的特色，乃是追求「絕對價值」的至善，而不是復其初、先驗的善。就儒家而言，「價值中心觀的本體論」所描述的「究極本體」呈現之「價值應然境界」，就是與天地合德的大人或聖人之生命狀態。因此，「完成」這套「價值中心觀的本體論」的憑藉有二，一方面是作為實踐主體的聖人養成之道；另一方面是具體價值的實踐途徑。就前者而言，方東美指出孔子的「忠恕一貫之道」即是成聖的修養方法；就後者言，方東美認為「原始儒家」基於「時際人」的踐形精神，必須將至善的「絕對價值」理想，具體地落實在現實世界之中。方東美在《中國人生哲學概要》〈中國先哲的道德觀念〉中，對實踐之道有詳細地闡述，茲概述如下。

方東美認為，孔子所說的「吾道一以貫之」，指的是儒家的思想是一貫的系統。而如果要了解儒家方面的一貫精神，就要了解《論語》中孔子語曾參曰：「吾道一以貫之」。《論語》孔子告子貢：「予一以貫之」，又告曾子：「吾道一以貫之」，曾子最能體會此義，故說「夫子之道忠恕而已矣」。大戴《禮記》以「知中必知恕」闡明忠恕要義，強調「知」的重要性，明確指出忠恕一貫之道是建立在「知」的基礎上而開展的，並且是透過循序漸進的步驟來完成，依序由知忠、知中，進而知恕、知外、最後才能知德。〔註 117〕儒家所謂「中」，都是指大公無私的生命精神，所以「內思畢心曰知中」就是直透天地生物之心的核心，即乾元之「仁」也。恕字從如從心，所以「中以應實曰知恕」，「恕」就在於探求天地生物之心而如如。簡言之，「知」為忠恕一貫之道的前提；「恕」的功夫就在於從自我生命的切實體會出發，進而對他人、人人，萬物的生命皆能同情旁通，萬物所有的生命與善性都與我合體同流；合而言之，《易》之無妄，《中庸》之至誠，《大學》之藏心以恕、正心以誠，都是發揮忠恕一貫之道。善由是生，仁由此成，是儒家道德觀念的最勝義。凡是體會到儒家這一勝義之人，必然會己立立人，己達達人，知性知天，存心養性，成己成物，

黎明文化，2005 年，頁 411～412。

〔註 117〕「所謂忠恕，究竟何取義呢？大戴禮記孔子答哀公問小辨，說：『知忠必知中，知中必知恕，知恕必知外，知外必知德。』又說：『內思畢心曰知中，中以應實曰知恕，內恕外度曰知外，外內參意曰知德。』」引自方東美：《中國人生哲學》，台北：黎明文化，2005 年，頁 90。

轟轟烈烈，完成至善生命的道德品格，以參與天地，贊其化育。〔註 118〕孔子貫忠恕之道，行忠恕之德，故消極地說「己所不欲，勿施於人」；積極地說「己立立人，己達達人」。子思在《中庸》更申之以盡己、盡人、盡物之性。《大學》為孔門遺書，再闡之以絜矩之道，以藏恕喻人，孟子進一步發揮，主善與人同，樂取於人以為善，他所謂盡心，蓋求一心而同萬善。這正是貫忠恕至道，貫到窮根澈底處。行仁親美德，行到纖維無憾處。

方東美上述價值實踐之道，即為「完成一套價值中心觀之本體論」的核心要義，可歸納成四個關鍵概念，據以考察其思想淵源：第一、情理一貫論；第二、「知中」的理性之知；第三、「知恕」的絜矩之道；第四、據才質斷人之性善。

下一章，將依序考察其提出之四項《易傳》哲學要義，並論證其思想淵源。

〔註 118〕本段整理自方東美：《中國人生哲學》，台北：黎明文化，2005 年，頁 90～91。

第五章　方東美《易傳》哲學思想溯源

如前章所述，方東美分從不同的角度闡釋《易傳》哲學要義。首先，就「超越形上學」角度觀之，《易傳》哲學視宇宙與生活其間之個人，共同構成一大完整立體式之統一結構，在處處旁通統貫的對待與時時創造化育的歷程之中，透過不斷的超越而臻入無上理境；其次，就「人文的途徑」角度觀之，同樣淵源自天道乾元之善的萬物一切生命本體，都充滿了價值，個人之生命本體必須透過價值之創造以自我實現；第三，就「形上本體論」角度觀之，《易傳》哲學是一部「動態歷程之價值中心本體論」，將價值論與本體論整合在發展歷程中的一套「原始要終之道」；第四、就「動態發展歷程」角度觀之，《易傳》哲學是一部從「原始本體」實然本質邁向「究極本體」應然境界之創進歷程；第五，就「哲學範疇」角度觀之，《易傳》哲學包含四項哲學範疇，依序是宇宙論、人性論、價值論與本體論。本章將從哲學範疇的角度，依序考察方東美提出之四項《易傳》哲學要義之內容，並且論證其思想乃淵源自戴震。

首先，方東美視宇宙萬物與人為《易傳》哲學思想中的價值實踐主體，他藉由「萬有含生論」與「性善論」定義了價值實踐主體的實然本質。「宇宙」與「人」可說是方東美《易》學思想中最核心的兩個範疇，綜觀他歷年來的重要著作中，大多是以「宇宙」（自然）與「人」做為研究之主題。〔註1〕從方

〔註 1〕如 1936 年《科學哲學與人生》中他討論了〈科學的宇宙觀與人生問題〉、1960 年他以〈從比較哲學曠觀中國文化裡的人與自然〉為題在美國大學進行巡迴演講、1964 年以〈中國形上學中之宇宙與個人〉及 1969 年以〈從宗教、哲學與哲學人性論看「人的疏離」〉為名發表之英文論文、以及其晚年鉅作《中國哲學精神及其發展》之第三章以〈原始儒家：第二期創化宇宙中人性之偉大〉為標題，綜論《周易》哲學的始末。

東美所下之標題中，即可以充分感受到「宇宙觀」與「人性觀」這二個哲學範疇，在其《易傳》哲學思想中所扮演的關鍵性與基礎性的角色。這二個觀點即源自於《周易》所代表之儒家形上學特色：「肯定天道之創造力充塞宇宙，流衍變化，萬物由之而出」及「強調人性之內在價值翕含闢弘、發揚光大，妙與宇宙秩序合德無間」。〔註 2〕方東美指出「原始儒家」宇宙觀的核心精神就在於「宇宙是一個包羅萬象的大生機，無一刻不發育創造，無一地不流動貫通」。這就是方東美從「萬有含生論之新自然觀」〔註 3〕及「性善論之人性觀」的立場闡釋萬物一切「原始本體」之實然本質的核心要義。他一方面以「一以貫之」總賅天道之實然本質狀態，另一方面則藉天道之本質進一步闡明人道本質的根源所在。這也是他在「超越形上學」原理中所不斷強調之「一切事理均相待而有、交融互攝，終乃成為旁通統貫的整體」〔註 4〕要義所在，以及他藉由「機體主義觀點」直接點明賾然紛呈之宇宙萬象處處皆是機體統一的真諦。

其次，方東美提出「形成一套價值總論」與「形成一套價值中心觀之本體論」兩項要義，據以闡釋《易傳》哲學思想中之「天人合德論」。前者是探討代表生命意義的至善理想價值之具體內涵為何，後者則是指出代表生命意義的至善理想價值得以徹底實踐之憑藉為何。簡言之，就是建立一套價值應然境界之具體內容的理論，以及完成一套實踐價值應然境界的系統化理論。方氏強調，這就是〈繫辭傳〉之主旨，也是《大易》全書總綱及其主腦所在。〔註 5〕也就是說，「天人合德」之「價值總論」乃是方東美所主張之「究極本體」至善境界之具體內容，即方東美《易傳》哲學價值論之具體內容。以「價值總論」為內涵，方東美進一步提出「完成一套價值中心觀之本體論」，指出人類應如何在原始要終的創進歷程中，由「原始本體」出發，將「究極本體」之價值應然境界付諸實踐的路徑。根據方東美自「人文的途徑」與「三極之道」的詮釋觀之，《易傳》哲學強調的是「人道」的功能與角色。因此，方東

〔註 2〕方東美：《生生之德．中國形上學中之宇宙與個人》，台北：黎明文化，2005 年，頁 354。

〔註 3〕方東美為了凸顯中國人之宇宙觀特色，刻意使用「新自然觀」一詞取代「宇宙觀」，詳後述。

〔註 4〕方東美：《生生之德．中國形上學中之宇宙與個人》，台北：黎明文化，2005 年，頁 348。

〔註 5〕方東美：《中國哲學精神及其發展（上）》，台北：黎明文化，2005 年，頁 215。

美指出：

> 《易經》中之「創生宇宙論」與「人性崇高論」，抑又彼此互涵，人天一貫，澈通不隔。是謂「天人合德論」。〔註6〕

他認為，當萬有一切生命本體盡性發展後，接下來必然是依循天道之極則，朝著萬物一切之間的廣大和諧境界邁進，即方東美所說的化「相對差別價值」為「絕對價值」的至善「價值總論」之要義，這就是生命意義與價值之所在。一如方東美在《中國哲學精神及其發展》第三章之標題〈原始儒家——第二期創化宇宙中人性之偉大——德合天地，妙贊化育〉所示之精義。

本章依照宇宙論、人性論、價值論與本體論之順序，分四節考察並論證其思想淵源。每節之論證步驟，首先考察各項要義並歸納成關鍵概念，其次再論證每項關鍵概念之思想淵源。〔註7〕

第一節　「主張萬有含生論之新自然觀」思想溯源

方東美在《中國哲學精神及其發展（上）》，闡釋其要義如下：

> 高揭一部萬有含生論之新自然觀——其說，與稍後之陰陽家唯物主義者視自然莫非一套但由物質元素與物理變化而表現為機械秩序者，迥乎不同；而視全自然界為宇宙生命之洪流所瀰漫貫注，一脈周流。由此種新自然觀看來，「自然」云云、略近於斯賓諾薩與歌德所謂之創造能生之自然，而非西方古典科學中所謂被造所生之自然。自然本身即是大生機，其蓬勃生氣，盎然充滿，創造前進，生

〔註6〕方東美：《中國哲學精神及其發展（上）》，台北：黎明文化，2005年，頁85。

〔註7〕本章研究工作之主要參考資料茲簡述如下。首先，四項《易傳》哲學要義首先出現在1964年第四屆東西方哲學會議所發表的〈中國形上學中之宇宙與個人〉英文論文中，稍後詳述於其晚年鉅作《中國哲學精神及其發展（上）》。其次，四項哲學範疇之系統性論述，最早出現在1937年《中國人生哲學概要》之〈中國先哲的宇宙觀〉、〈中國先哲的人性論〉、〈中國先哲的生命精神〉、〈中國先哲的道德觀念〉中，方東美依序闡述了他的宇宙觀、人性觀、價值論與本體論之要義。（參方東美：《中國人生哲學》，台北：黎明文化，2005年，頁54～95。）第三，方東美對戴震思想之詮釋部分，主要出現在《中國哲學精神及其發展（下）》中，他以「物理派之自然主義」指稱戴震的哲學思想，並且藉由重新詮釋《緒言》與《原善》之要義，據以提出他的個人觀點；次要之論述則出自上述《中國人生哲學概要》相關篇章中，以及在《中國哲學精神及其發展（上）》中，方東美引戴震「生生者化之原，生生而條理者化之流」之著名主張，據以闡釋「原始要終之道」要義。

生不已，宇宙萬有，秉性而生，復又參贊化育，適以圓成性體之大全。此種主張「和諧實現、化育歷程內具生機論」，孔子實首發之，俱載〈象傳〉、〈繫辭傳〉、及〈說卦傳〉前部分。〔註8〕

方東美曾經於《中國人生哲學概要》中，總結中國先哲之宇宙論精神，從論述中可以全面了解他的宇宙論觀點，他說：

中國先哲所觀照的宇宙不是物質的機械系統，而是一個大生機。在這種宇宙裡面，我們可以發現旁通統貫的生命，它的意義是精神的，它的價值是向善的，惟其是精神的，所以生命本身自有創造才能，不致為他力所迫脅而沈淪，惟其是向善的，所以生命前途自有遠大希望，不致為魔障所錮蔽而陷溺。我們的宇宙是廣大悉備的生命領域，我們的環境是渾浩周遍的價值園地。〔註9〕

他開宗明義指出中國的宇宙論絕不是機械系統、孤立系統與封閉系統，而是普遍生命流行的大生機，這樣的宇宙觀即是來自於「超越形上學」所闡釋的「典型的中國本體論」形上原理。宇宙中旁通統貫的生命彼是相因、互融互攝，生命稟受自乾元的無窮創造力、以及廣大和諧的宇宙秩序，因此生命的創造力必然是致力於朝向自我價值實踐之至善理想境界前進，宇宙萬物透過自我價值的圓滿實現，共同參與了廣大和諧宇宙秩序的創造歷程。

一、「主張萬有含生論之新自然觀」之核心要義

理解方東美「宇宙觀」核心要義的關鍵，就在於掌握「萬有含生論」與「新自然觀」這兩個概念之具體內容。值得注意的是，他沒有直接使用「宇宙觀」或「自然觀」，而是代之以「新自然觀」；並且在「新自然觀」之前加上條件式的前提「萬有含生論」以闡明其要義。以下即分從這二部分考察其「宇宙觀」要義。

（一）「新自然觀」之要義

他以「新自然觀」取代「宇宙觀」與「自然觀」一詞的主要原因，是為了與近代西方科學運用這二個概念的慣用方式作出區別。如前述，本文所討論之《易傳》哲學要義乃出自方東美之英文著作中，他為了避免讓西方讀者誤解中國人「宇宙觀」之確實含義，所以刻意迴避使用「宇宙」與「自然」等字

〔註8〕方東美：《中國哲學精神及其發展（上）》，台北：黎明文化，2005年，頁215。
〔註9〕方東美：《中國人生哲學》，台北：黎明文化，2005年，頁86。

辭，而創造「新自然觀」以說明他的「宇宙觀」。他認為西方看待「宇宙」一辭，只是視之為機械物體存在的場合，無法將中國人視宇宙為「普遍生命流行的境界」的精義確實表達出來。因此他將中國人「宇宙觀」之具體內涵與特色表述如下：

> 生命除掉物質條件之外，更兼有精神的意義和價值。中國先哲所謂宇宙，其實包括物質世界和精神世界兩方面，並須使之渾然化為一體，不像西洋哲學往往把它們截作兩個片段來看。……中國人的宇宙是精神物質浩然同流的境界。這浩然同流的原委都是生命。〔註 10〕

方東美對「宇宙觀」之內涵提出他的見解，他說：「宇宙就是人類藉以生存的環境，宇宙觀就是人類對於生命環境所下的合理解釋。」〔註 11〕因此，方東美不滿意近代西方科學將「宇宙」一辭解釋為空間與時間系統的觀點，在他看來生命不只是物質條件的存有，還兼有精神的意義與價值，所以西方科學在運用「宇宙」概念時候的慣用詮釋，並不能完整地、精確地表達出中國人的「宇宙觀」。他不斷強調中國人的宇宙觀將物質世界與精神世界視為渾然一體，而這個渾然一體之原即是生命，因此他用「自然」來取代「宇宙」。進而，他分從本體論、宇宙論與價值論的角度闡釋「自然」之要義，他說：

> 自然，顧名思義該是指世界的一切。就本體論來說，它是絕對的存有，為一切萬象的根本；它是最原始的，是一切存在之所從出。……從宇宙論來看，自然是天地相交、萬物生成變化的溫床。從價值論來看，自然是一切創造歷程遞嬗之跡，形成了不同的價值層級，如美的形式、善的品質，以及通過真理的引導，而達於最完美之境。〔註 12〕

要言之，方東美從動態、歷程的角度闡釋中國人對「自然」的觀點，此觀點即一脈相承自「超越形上學」、「內在形上學」、「機體主義觀點」、「中國哲學三大通性」、「旁通原理」、「原始要終之道」之精神，同時又秉持《周易》「輪轉而無窮」的時間觀念，闡釋生生不息、與時偕行、成己成物之要義。

〔註 10〕方東美：《中國人生哲學》，台北：黎明文化，2005 年，頁 55。

〔註 11〕方東美：《中國人生哲學》，台北：黎明文化，2005 年，頁 54。

〔註 12〕方東美：《生生之德．從比較哲學曠觀中國文化裡的人與自然》，台北：黎明文化，2005 年，頁 340～341。

此外，基於中西方對於「自然」一辭的含義有不同的認識，於是他又使用「新自然」取代「自然」。〔註13〕他說：「『自然』云云，略近於斯賓諾薩與歌德所謂之創造能生之自然，而非西方古典科學中所謂被造所生之自然。」〔註14〕因此，方東美特別強調中國的自然思想是把自然視為生生不息的創造力。他認為《周易》最能道出中國人眼中的「自然」深意，他說：

> 不論有何困難，中國人都喜歡用「自然」兩字，遠勝過宇宙兩字。主要的理由有三：第一點在《易經》中有說明：『成性存存，道義之門。』這是因為中國哲學裡的自然和性稟是一體的，所以用「自然」兩字可以使天人合一。〔註15〕

因此，他又在「新自然觀」之前加上「萬有含生論」的前提，以突顯生生不息之乾元創造力在《易傳》宇宙觀中所扮演的關鍵角色。

（二）「萬有含生論」〔註16〕之要義

「萬有含生論」的核心精神，可以上溯至「超越形上學」、「內在形上學」與「機體主義觀點」。就「原始要終之道」的歷程觀點而言，「萬有含生論」徹底發揮《易傳》生生不息的生命創造力真義，他說：「中國人的宇宙不僅是機械物質活動的場合，而是普遍生命流行的境界。這種說法可叫做『萬物有生論』。世界上沒有一件東西真正是死的，一切現象裡邊都藏著生命。」〔註17〕從「人文的途徑」觀之，他認為宇宙中最珍貴的就是「生命」，由生生的觀點上溯生命之源，並將之稱為「普遍生命」〔註18〕——他說：「『自然』」對我們

〔註13〕他指出中國人對於「自然」的觀點並不包含下列西方人觀念中的「自然」概念。首先，在後期希臘哲學中，自然是指不具有或否定了價值意義的「物質的素材」；其次，在希伯來宗教思想中，「自然」意指人受到慾望、自私、虛偽等愚妄迷惑，而一任罪惡擺佈的狀態；第三，「自然」是指整個宇宙的機械秩序，無神聖價值意義；第四，「自然」是指一切可認識現象的總和。他認為西方觀念中比較接近中國人的「自然」觀點的是「能產的自然」的概念，他說：「斯賓諾薩所謂「能產的自然」，是指具有無限力量的無限本質，在它之下都充滿了創造的性能。」參方東美：《生生之德．從比較哲學曠觀中國文化裡的人與自然》，台北：黎明文化，2005年，頁339。

〔註14〕方東美：《中國哲學精神及其發展（上）》，台北：黎明文化，2005年，頁215。

〔註15〕方東美：《生生之德．從比較哲學曠觀中國文化裡的人與自然》，台北：黎明文化，2005年，頁341。

〔註16〕方東美在不同的文脈中，使用「萬物有生論」或「萬有含生論」表述同一概念。

〔註17〕方東美：《中國人生哲學》，台北：黎明文化，2005年，頁55。

〔註18〕方東美在《中國人生哲學》中首次提出「普遍生命」的概念，他以萬物有生

來說，是普遍生命流行的境界，……「自然」本身就是無窮無盡的生機。」〔註 19〕方東美即是根據「宇宙」、「自然」乃是普遍生命流行境界的觀點，闡釋「新自然觀」之要義。他視全自然界為宇宙生命之洪流所瀰漫貫注，所以他用「萬有含生論」將《易傳》的「宇宙觀」定義為「新自然觀」的主要目的，即是為了突顯中國人眼中的宇宙是生生不息的宇宙，而絕不是機械秩序運作下的宇宙。

以上所述，為方東美詮釋「萬有含生論的新自然觀」之要義，而宇宙在「生發」、「生長」與「生成」這三個階段中所呈現的特質，即是其宇宙觀的「關鍵概念」。「生發」的「萬物含生論」、「生長」的「沖虛中和論」與「生成」的「道德價值論」。下文中將根據這三個關鍵概念，對方東美主張之《易傳》宇宙觀進行思想淵源考察。

二、方東美《易傳》「宇宙觀」思想溯源

從人類的角度觀之，方東美認為作為萬物與人類生存環境的宇宙，不僅是一個充滿著普遍生命之盎然生機的創生宇宙、也是一個能夠讓普遍生命旁通統貫、生化不已的生長宇宙、最後還是一個讓普遍生命都臻於廣大和諧至善秩序的生成宇宙。因此，他特別指出中國形上學看待「世界」或「宇宙」的時後，必須具備的心態是：

> 不可執著於自然層面而立論，僅視其為實然狀態，而是要不斷地加以超化。對儒家而言，超化之，成為道德宇宙。……自哲學眼光曠觀宇宙，至少就其理想層面而言，世界應當是一個超化的世界。中國形上學之志業即在於通透種種事實，而蘊發對命運之了解與領悟。超化之世界即是深具價值意蘊之目的論系統。〔註 20〕

論來表述宇宙是普遍生命流行的境界，此外他曾對普遍生命進一步闡述，他說：「宇宙乃是普遍生命流行的境界，天為大生，萬物資始，地為廣生，萬物咸亨，合此天地生生之大德，遂成宇宙，其中生氣盎然充滿，旁通統貫，毫無窒礙，我們立足宇宙之中，與天地廣大和諧，與人人同情感應，與物物均調浹合，所以無一處不能順此普遍生命，而與之全體同流。」由此段闡述可知，方東美以「普遍生命」取代《易》以陰陽作為生生之兩儀。方東美：《中國人生哲學》，台北：黎明文化，2005 年，頁 248～249。

〔註 19〕方東美：《中國人生哲學》，台北：黎明文化，2005 年，頁 149。

〔註 20〕方東美：《生生之德．中國形上學中之宇宙與個人》，台北：黎明文化，2005 年，頁 352。

從儒家超化的立場觀照宇宙，萬物一切生命本體在宇宙道德秩序的統攝下，最後必然要實踐廣大和諧之至善價值作為其終極目的。普遍生命挾其盎然之創造力，在創進歷程中察萬物之理、體萬物之情以領悟生命的意義，最後在道德宇宙之廣大和諧至善秩序之中完成生命的價值。方東美這種從生命發展的動態觀點出發，以道德宇宙秩序之完成為目的之《易傳》「新自然觀」，與清代戴震的哲學思想有密切的關聯。以下逐項論證兩人之間的思想淵源關係。首先，考察方東美對戴震《緒言》、《原善》二書的重詮內容，作為思想溯源之重要依據；其次，分三個層次論證其思想淵源，即「萬有含生論」、「冲虛中和論」、與「道德價值根源論」。

（一）方東美對戴震思想的重新詮釋

戴震是方東美《中國哲學精神及其發展》一書中，向西方讀者介紹的最後一位中國哲學家，也是方東美所定義之「自然主義型態」新儒家哲學的最後一位哲學家。他將戴震哲學思想稱之為「物理派之自然主義」，以與王船山之「功能派自然主義」，顏元、李塨之「實用派之自然主義」進行區別。〔註 21〕書中他一方面藉由重詮戴震《緒言》之要義，向西方讀者介紹戴震「物理派自然主義」之哲學思想體系以及他與宋儒思想間的差異；另一方面他又藉著重詮《原善》之要義，以闡明戴震系統化的宇宙論。〔註 22〕關於戴震各式著作間之思想發展關係，他明確指出：「戴震自命其乃貫徹孟子之高志云。所撰闡釋《孟子》要義之著作兩篇、《緒言》與《疏證》，必然引歸《原善》。雖然，《疏證》之定稿較後也。」〔註 23〕即《緒言》與《孟子字義疏證》是以《原善》為基礎加以擴充發揚而成，三者之間有許多關鍵核心概念乃是共通的，《緒言》之要旨在於透過理氣之辨，重新定義「理」的哲學意涵，而在《孟子字義疏證》中，除了強化「理」的論述之外，更探討了理與情欲之間的關係。

〔註 21〕參方東美：《中國哲學精神及其發展（下）》，台北：黎明文化，2005 年，頁 171、180。

〔註 22〕方東美於《中國哲學精神及其發展（下）》以「戴震反宋儒之理由，計有十項，縷數於次」一語闡明其重詮戴震思想的主題，但是並沒有指出這十點反宋儒之理由是出自《緒言》或《孟子字義疏證》。經考察他列舉的十項內容與順序，方東美此處是以《緒言》之序進行詮釋，而非稍後定稿之《孟子字義疏證》。錢穆指出：「《緒言》則頗排宋，其最要者則為理氣之辨。」參錢穆：《中國近三百年學術史》，台北：台灣商務，1957 年，頁 339。

〔註 23〕方東美：《中國哲學精神及其發展（下）》，台北：黎明文化，2005 年，頁 202。

為了使西方讀者能夠掌握戴震思想的核心要義，方東美以自己對戴震哲學融會貫通後的理解為基礎，將《緒言》與《原善》之核心主張歸納成條列式的要點，予以邏輯化、系統化地創造性詮釋。

就其詮釋內容觀之，重新詮釋《緒言》時，他先點出戴震本書是從反對程、朱形上二元論之立場出發，〔註 24〕繼而系統化地將戴震哲學歸納成十項戴震反宋儒之理由依序表述；此外他在關鍵處會加上個人的主觀讚賞與批評，這些超出原典內容之正反面意見，即是方東美個人的具體觀點，〔註 25〕亦成了論證其思想淵源之最直接證據。他在重詮《原善》時，特別撰述一組新的辭句，將原典予以重組而闡明之：即依原典上、中、下篇之序，分成三大範疇予以系統化重組，每一範疇再依不同主題，按照條列之方式層層詳論；此外方東美視其詮釋之需要，會在特定要點後加上個人補充意見，這些個人意見也是考察方東美與戴震思想淵源關係的直接資料。〔註 26〕

就方東美對這兩部書的詮釋架構而言，其詮釋並未依照原典內容與順序進行，而是依方東美個人觀點所形成的詮釋架構。如戴震《原善》上篇篇首，開宗明義論「善」的具體內容是仁、義、禮；「善」的功能是「天下之大衡」；「善」的根源來自於天道；「善」的形式呈現於具體的德行；「善」的作用存於分理。而方東美之詮釋則說：「第一、夫道，其形而上者也，與器和合，形成宇宙萬物一體。精神元氣體人、物之性，唯茲一本。」〔註 27〕他將上篇之要

〔註 24〕「程、朱將任何事物皆打成形上形下，兩橛二分。對二程言，是乃道器二分；對朱熹而言，道，復等同於太極或理，故乃道（太極）與陰陽二分。前者為先件，為原始本初，乃後者作為後件之所以然。是項二分法，後竟用諸人性之生成，與價值之考慮。率將人性判裂為二，曰理義之性，與氣質之性，復以善惡二值，分屬人性二元。」參方東美：《中國哲學精神及其發展（下）》，台北：黎明文化，2005 年，頁 192。

〔註 25〕如：「《易》言陰陽，但表生生之兩儀。戴震則將之約化為元氣之流行」；「余以為斯乃戴震所崇信之理性，表現為天地宇宙之真實情調，而可以見之於孔、孟者也」；「戴震由此分殊之性與全盡之心『結合一體』著眼，盡窺中國古代一切人性論之破綻，至謂除孟子之論性外，幾無一不謬。盡性即盡心！」參方東美：《中國哲學精神及其發展（下）》，台北：黎明文化，2005 年，頁 195～196、197～198、200。

〔註 26〕如「精神既出矣，其必終極於天。斯孟子之教也，前文已及」；「故戴震常言：智慧睿見、兼人性之自然與道德之必然，人之才，由之而參與天地之德，贊其化育，以達其生生創造之大用也。」參方東美：《中國哲學精神及其發展（下）》，台北：黎明文化，2005 年，頁 205、207。

〔註 27〕方東美：《中國哲學精神及其發展（下）》，台北：黎明文化，2005 年，頁 203。

旨統攝於道器合一，宇宙萬物一體的一本論中，也就是他在「超越形上學」中所闡述的形上原理。又如他重詮《緒言》，通篇之旨致力於辨明「理」之具體內容，以「有物有則」論證古人所言之「天理」即是自然之分理、條理，為天地人物事為之不易之則。故就他詮釋的架構觀之，乃直接從氣化流行、道器一元的天道觀掌握戴震哲學的架構，他由天道論性，再由性論人道的觀點，是採用《緒論》之論述結構為本。由上可知，方東美對《緒言》之重詮與品評，其目的著重在闡釋與肯定戴震一本論的立場。根據他引用《戴震》之言即可掌握要旨，他說：

> 故戴震曰：「天下惟一本，無所外。有血氣，則有心知；有心知，則學以進於神明，一本然也。有血氣心知，則發乎血氣心知之自然者，明之盡，使無幾微之失，斯無往非仁義，一本然也。苟歧而二之，未有不外其一者。」〔註28〕

方東美重詮《緒言》，借戴震之文，充分表述他自己反對二元論的主張，如同他在「超越形上學」、「中國哲學通性」中之所主張之形上學原理。

就方東美詮釋戴震思想內容觀之，讀者很難在他對戴震思想的重新詮釋文字中，區別出何者僅是表述戴震的主張而已，何者又是方東美加入自己立場與觀點的詮釋。因此考察之關鍵處繫於三點：其一，比對方東美重詮《緒言》與《原善》之內容與其《易傳》宇宙觀內容之異同處；其二，方東美對戴震宇宙論觀點所做的評價與意見；其三，他在對兩書的創造性詮釋中，基於同一關鍵概念所做之不同詮釋內容。以下分三方面考察方東美「宇宙觀」之觀點，並論證其《易傳》宇宙觀乃淵源自戴震系統化的宇宙論思想。

（二）「宇宙觀」思想溯源

1.「萬有含生論」思想溯源

根據方東美對《原善》內容所做之詮釋，即可發現方東美闡述之「萬有含生論」乃是源於戴震《原善》之觀點。如前述，方東美指出「萬有含生論」之要義就在於「一切現象裡邊都藏著生命」，他說：

> 宇宙根本是普遍生命之變化流行，其中物質條件與精神現象融會貫通，而毫無隔絕。因此，我們生在世界上，不難以精神寄色相，以

〔註28〕方東美：《中國哲學精神及其發展（下）》，台北：黎明文化，2005年，頁201。

> 色相染精神，物質表現精神的意義，精神貫注物質的核心，精神與物質合在一起。如水乳交溶，共同維持宇宙和人類的生命。〔註 29〕

方東美認為在「宇宙」與「自然」之中，生命除了物質條件之外，更具有精神方面的意義和價值，中國先哲的宇宙觀皆在追求物質世界與精神世界之統一，根據現實物質世界之本質為基礎，進而追求超越精神之理境。方東美此一觀點即源自於戴震《原善》中。他在《中國哲學精神及其發展（下）》對《原善》重新詮釋如下：

> 語乎全宇宙之發展，初由物質層、而進於生命層，其中萬物，皆資養於物質，於創造之存在中，唯至優者、為能突進昇入生命之有機層，繼之則由生命層而進於心靈層，其中原有之物質因素皆轉化之，成為自然知覺之諸行相，種種愛憎好惡之欲情，乃隨之而滋焉。欲、宜導之合理，遂之至當，故須巧；情、宜昇之唯美，弘之盡善，故須智。必兼通智、巧，故能底於神明靈昭，藉以洞見人、物性相，風貌萬般，非止於自然而如其實然耳，乃為其必然而如其應然也。是乃心靈之進於精神層，自復其良知，俾君子之士得以了知萬物，而權衡之，如聖人然。〔註 30〕

他認為《原善》指出普遍生命在創進歷程中的必然發展歸趨，皆是從物質層出發，逐層上躋至生命層，最後達致心靈層。也就是說普遍生命皆是由「原始本體」的「生發」階段出發，進而在歷經大化流行、成己成物的「生長」階段的存養，最後圓成性體大全的「生成」。在歷程中，物質條件與精神境界必須統一，才能維持生命之生存。因此，根據上述兩段論述之內容觀之，方東美「萬有含生論」的觀點乃源自戴震《原善》。此外，更直接的證據則是，方東美在重詮《緒言》要義時，對於上述由戴震發明之創見，給予其極高的讚譽。他說：

> 然其一本《大易》生生之理，在大旨上，竟首開「突創進化論」長足進展之先河。氣化流行，生生不已，於初期物質狀態，始創生命層，繼創心靈層，終昇入精神命運層，道德價值於是而著焉。故自然進化之歷程中，原有一股上躋精神命運之衝動力，由物質而生命，

〔註 29〕方東美：《中國人生哲學》，台北：黎明文化，2005 年，頁 56。

〔註 30〕方東美：《中國哲學精神及其發展（下）》，台北：黎明文化，2005 年，頁 204～205。

> 由生命而心靈，由心靈而精神，層層突現，地地昇進。〔註31〕

據此，更足以證明戴震之宇宙論對方東美的影響。他進而發揮〈繫辭傳〉「原始要終」之奧義，進一步說明生命層層遞進的必然之理，他說：「原其始，則見乎天地宇宙無限生命之所自來；而要其終，則知乎萬物具體有限生命之所必歸。」〔註32〕生命本體循「原始要終之道」，完成自我生命價值的實現。最後方東美引戴震「氣化之於品物，可以一言盡也，生生之謂歟！」為「萬有含生論」之闡釋做出結論。綜上所述，方東美之思想乃淵源自戴震。

2.「冲虛中和論」思想溯源

就「體有限而用無窮」的宇宙觀而言，方東美認為生命在遞進的過程中，要發揮「致中和，天地位焉，萬物育焉」（《中庸》）所昭示的「不偏為中，相應為和」至理，才能將有限的宇宙形體化作無窮的微妙作用。他主張要先明察「不偏為中」乃是宇宙之常，才能夠生發「相應為和」之同情交感，他說：「我們放眼觀察宇宙，處處都中正不偏，所以能夠使萬物感應以相與，生出無窮的和悅之氣來。」〔註33〕即普遍生命就是在冲虛中和的宇宙中流行著，宇宙提供其持續成長之所需，所以他說：「普遍生命在宇宙中流行貫注，處處可以起善，處處可以改過。」〔註34〕因此方東美指出宇宙中統攝精神與物質為一的普遍生命，經由察萬物之理，而通萬物之情，而達於神明之知，最後就能夠使「一切至善盡美的價值理想，儘管可以隨生命之流行而得著實現。」〔註35〕綜上所述，即是他在「超越形上學」所強調之「一切事理均相待而有、交融互攝，終乃成為旁通統貫的整體」〔註36〕要義所在。因此冲虛中和的宇宙才能化有限之體為無限之用。方東美上述觀點，乃是發揮自戴震之「生生」要旨」。戴震《原善》說：

> 《易》曰：「天地之大德曰生。」氣化之於品物，可以一言盡也，生生之謂歟！觀於生生，可以知仁；觀於其條理，可以知禮；失條理而能生生者，未之有也，是故可以知義。禮也，義也，胥仁之顯乎！

〔註31〕方東美：《中國哲學精神及其發展（下）》，台北：黎明文化，2005年，頁202。
〔註32〕方東美：《中國哲學精神及其發展（上）》，台北：黎明文化，2005年，頁223。
〔註33〕方東美：《中國人生哲學》，台北：黎明文化，2005年，頁60。
〔註34〕方東美：《中國人生哲學》，台北：黎明文化，2005年，頁66。
〔註35〕方東美：《中國人生哲學》，台北：黎明文化，2005年，頁60。
〔註36〕方東美：《生生之德．中國形上學中之宇宙與個人》，台北：黎明文化，2005年，頁348。

若夫條理得於心，其心淵然而條理，是為智；智也者，其仁之藏乎！生生之呈其條理，顯諸仁也，惟條理，是以生生，藏諸用也。〔註37〕

也就是說，由宇宙冲虛中和系統中所展現出來的廣大和諧秩序，就是一切生命價值創造的基礎。他說：「宇宙是一個包羅萬象的大生機，無一刻不發育創造，無一地不流動貫通。」〔註38〕即，只要發揮「中和之理」，萬有一切生命本體就能將有限之體化為無窮之用。由此可知，方東美此一觀點也是源自於戴震。

3.「道德價值根源論」思想溯源

就道德價值根源於宇宙秩序而言，方東美說：「宇宙一切現象都含道德價值，故可說中國人的宇宙乃是道德的宇宙。」〔註39〕他將戴震上述「生生之謂歟」予以重新詮釋，明確的指出仁、義、禮等道德價值的根源，都是源自於宇宙的秩序。方東美將上述文句重新詮釋如下：

統觀宇宙，天地之大德曰生，創造之乾能也。氣化流行不息，以生萬物，而生之不已，未有生生而不條理者。故觀於生生，可以知天地之德，曰仁，仁之德、著乎人倫庶物；觀於生生之條理，可以知禮，禮之德、著乎條理之秩然而有序，或修養之高尚而中節；觀於條理之截然不可亂，可以知義，義之德、著乎大公而至正。〔註40〕

首先，方東美直接將戴震表述天地大德之「生」定義為「乾能」，即乾元的創造力，也就是他所說的「普遍生命」；繼而，乾元的創造力經由氣化流行而創生萬物；在創生萬物後，乾元的創造力仍然持續地、不停歇地生之不已。「生生之德」是方東美宇宙觀的核心，所以他不斷地強調《易經》中「生生」一辭應解釋成「生之又生」或「創造再創造」，他說：「『天地之大德曰生』，然並非生只一度而已，如尋常所謂靜態一度之生者，而是動態往復的歷程。」〔註41〕宇宙萬有創生之後，即各自秉持乾元所賦予的創造力，在創化不已的宇宙中與萬物旁通統貫緊密互動，在時間之流中成己成物。故他在闡述「宇宙觀」時，就以「生生」概括宇宙「生發」的創造力，而生生之條理就代表「生長」

〔註37〕戴震：《原善》（卷上）。〔清〕戴震：《戴震集》，台北：里仁書局，1980年，頁333。

〔註38〕方東美：《中國人生哲學》，台北：黎明文化，2005年，頁57。

〔註39〕方東美：《中國人生哲學》，台北：黎明文化，2005年，頁61。

〔註40〕方東美：《中國哲學精神及其發展（下）》，台北：黎明文化，2005年，頁203。

〔註41〕方東美：《中國哲學精神及其發展（上）》，台北：黎明文化，2005年，頁222。

過程中的宇宙秩序，並且從價值的根源，說明宇宙的秩序，將道德價值賦予在一切自然現象之上。所以我們的宇宙是一個具有無限創造潛力的宇宙，而這個創造性的宇宙的客觀秩序不是「機械秩序」，同時也絕不是「孤立系統」與「封閉系統」。他多次引用戴震《原善》「生生者化之原，生生而條理者化之流」的概念來表達他的宇宙觀：他認為生生不已的宇宙中存在著客觀秩序，只要深入觀察宇宙客觀秩序即可發現其中存在著仁、義、禮的道德價值根源。方東美認為宇宙間所有的現象都充滿了道德價值，一陰一陽之道即是萬物一切之源，宇宙客觀秩序即成於乾元的創造精神，人類生存在創生不已的宇宙中，自當效法客觀之秩序為善，因此仁、義、理不僅僅是天道的極則，同時也是宇宙萬物實踐生命價值的極則。要言之，方東美認為生命之自然秩序及道德秩序都源自於乾元（天道），這個觀點即源自於《原善》。方東美高度讚揚戴震對此觀點的闡釋，並且引《原善》之言為證：

> 宇宙一切現象都含道德價值，故可說中國人的宇宙乃是道德的宇宙。清儒戴震對此層更說得極透澈，他在《原善》中說：「一陰一陽，蓋言天地之化不已也，道也。一陰一陽其生生乎，其生生而條理乎，以是見天地之順，故曰一陰一陽之謂道。生生，仁也，未有生生而不條理者。條理之秩然，禮至著也；條理之截然，義至著也；以是見天地之常。」〔註42〕

綜上所述，方東美以「生生之謂歟」總賅宇宙生化之源與客觀秩序，並且藉生生與條理定義了善的核心精神、賦予善之大目以仁、義、禮的道德價值根源的主張，即是源自於戴震。

最後，藉由方東美對《原善》宇宙論系統特色所做的評論，進一步呈現出兩人之間關於宇宙論的見解具有高度思想關聯性。他說：

> 統觀《原善》全文，……但見一套自然主義形上學之系統，而言之足詑者，卻又與西方任何同名之說不類，企圖由自然知識之效能，激明道德價值之本質。是乃一套宇宙論系統，卻以得自《易經》、《中庸》、與孟子心學之根本思想為憑藉，而融會貫通之，處處以價值為主宰，兼認知與道德性兩面。〔註43〕

〔註42〕方東美：《中國人生哲學》，台北：黎明文化，2005年，頁61～62。
〔註43〕方東美：《中國哲學精神及其發展（下）》，台北：黎明文化，2005年，頁202～203。

就上述方東美對戴震宇宙論所做的評論，也可以總賅方東美宇宙觀的所有主張。由上可證，方東美的宇宙觀與戴震《原善》的宇宙論乃透過「生生而條理」的闡述，將創生宇宙的「原始要終之道」統攝於宇宙客觀秩序之中，進而從價值根源說明宇宙秩序，視宇宙一切現象都含道德價值。故就方東美《易傳》哲學中的提出之宇宙觀而言，其思想內容乃是淵源於戴震系統化的宇宙論。

第二節　「提倡性善論之人性觀」〔註 44〕思想溯源

本節在「萬有含生論的新自然觀」之基礎上，進一步考察方東美《易傳》哲學的人性觀。根據他對《中國哲學精神及其發展（上）》第三章所命名之標題——〈原始儒家：第二期創化宇宙中人性之偉大〉觀之，即可得知他主張的人性觀，就在於突顯人應該如何在創化的宇宙中展現出人性的偉大。他闡釋「性善論之人性觀」要義如下：

> 據萬物含生論之自然觀而深心體會之，油然而興成就人性內具道德價值之使命感，發揮人性中之美善秉彝，使善與美俱、而相得益彰，以「盡善盡美，善美合一」為人格發展之極致，猶希臘人所嚮往之「即美即善，美善合一」之理想，而實現此一最高理想，惟人為能。此義亦孔子首發之，具載〈乾坤文言傳〉，尤系統發揮於〈象傳〉，強調偉大人格之道德成就。〔註 45〕

如前述，方東美從動態歷程觀點闡釋宇宙觀之要義，並且以「人文的途徑」解釋道德價值之根源即來自於宇宙客觀秩序。也就是說，宇宙本體實然本質中就包含生生之「仁」、條理秩然之「禮」、條理截然之「義」，組合成為和諧的自然之極則。因此，同樣承受乾元貫注之創造力的人類，其人性中本就具備了生成偉大人格所需的條件，「繼善成性」的人性實然本質中，不僅有無窮的創造力，還有自我實現的生命衝動，只要以生生之仁的善端為基礎，透過自覺地盡心、盡性、踐形的自我生長，最後必然會生成盡善盡美的偉大人格。方東美說：「根據中國哲學，人之所以偉大，乃是可以堅忍奮發，實踐所有潛能，所以偉大的成就即是價值的實現，這就是人生之根本意義所在。……因

〔註 44〕方東美在不同文本中，曾用不同的標題指稱。主要如下：「提倡一種性善論之人性觀」、「道德實踐論」、「價值中心觀的人性論」。

〔註 45〕方東美：《中國哲學精神及其發展（上）》，台北：黎明文化，2005 年，頁 215。

為生命之善或價值之光都不是自然禮物，必需經由新的良心、新的激發與新的天才，才能積健為雄，完成德業。」〔註 46〕「正因先天的秉賦與善性混然同體，故後天的德業更應與善性浩然同流，唯有如此，生命格局才能顯示出恢宏的氣宇。」〔註 47〕

以下先闡釋方東美「人性觀」之核心要義，並歸納其中之關鍵概念作為思想淵源考察的對象；繼而論證方東美與戴震人性觀之間的思想淵源關係。

一、「性善論之人性觀」之核心要義

（一）「情理一貫論」之要義

兼採「理」與「情」的觀點論性，是方東美「人性觀」的最大特色之一。如前述，方東美將「性」與「善」視為是兩個不同哲學範疇的概念，「繼善成性」之「善」是乾元之「善」，是源自於對宇宙客觀秩序的應然狀態之稱謂，屬於價值評價的範疇；「繼善成性」之「性」則是指涉萬物一切個體生命的實然本質，屬於本體性質之範疇。在「人性論」的研究方法上，他自述是採用縱貫法進行人性分析，從整體的、動態的角度對人性予以結構性分析。他指出縱貫法的特性是「確立一個主腦，然後據以貫串許多心理作用，使他們先後相承，本末有序，表現次第。」〔註 48〕他將人性中的心理作用結構，歸納成作為主腦的「心」與由心所發洩的生命「性」；再將「性」分成「理」與「情」兩大部分，「理」則下涵「意與知」，「情」則下涵「情與欲」；而當「理」與「情」和諧一致時就能長養美德，完成偉大的人格。他將「心與性」、「情、欲與意、知」稱為心理名詞，合而言之，就是一個完整的人格。〔註 49〕他強調這些心理名詞在中國哲學欠缺統一、公認的解釋，他依自己的觀點對這些心理名詞做出他的詮釋，從他的詮釋中即呈現出其人性觀的主張與立場，是考察其思想淵源的重要資料。以下依照縱貫法之結構，首論作為主腦的「心」以及表述生命內容的「性」，其次將「性」的心理結構歸納成「理」與「情」兩部分，細論意與知、情與欲之性質。

首先，方東美以下列表述概括「心」的全體大用，他說：

> 心乃是個主腦，其勢用可以統御人類一切知能材性。這個心有體有

〔註 46〕方東美：《中國人生哲學》，台北：黎明文化，2005 年，頁 154。
〔註 47〕方東美：《中國人生哲學》，台北：黎明文化，2005 年，頁 155。
〔註 48〕方東美：《中國人生哲學》，台北：黎明文化，2005 年，頁 66。
〔註 49〕方東美：《中國人生哲學》，台北：黎明文化，2005 年，頁 209。

用。它的體能容能藏，包管萬慮，無物不貫。它的用能任能行，或主於身，為形之君；或主於道，為生之本；或以貫理，神明變化；或以宅情，慈惠精誠。〔註 50〕

要言之，他所詮釋的人性結構是以「心」之體用統攝物質與精神二方面，這也就是他不斷強調之主張，即生命乃是由精神與物質所組成。

「性」，方東美一貫地以「生」予以詮釋，他說：「性字在中國哲學上，大都做生字解。自周、秦以迄於漢、唐，殊少例外。人類受命以生，或依天志，或本天命，或法自然，成就在人，形於一體，都可叫做性。」〔註 51〕同時他又引戴震《緒言》「舉生生即賅條理，舉條理即賅生生」之言，強調「生生而條理」原是一般中國哲學精義所在。〔註 52〕此處方東美對「性」提出二個觀點，其一是在人性結構上他將「性」視為是「人類以心的體用為主腦，所發洩的生命」，即以「形之君」與「生之本」所表述的身體與精神兩部分所構成的生命；其二是他引戴震「生生而條理」的觀點解釋「性」，已經表明他對於「性」所做的詮解即是吸收了戴震的觀點，「性」一如自然之客觀秩序一般，不是玄妙難以捉模之物，「性」與生俱來就包含了客觀的條理，可以為人的理性所明察。值得注意的是，在結構上方東美首先以性承心，性出自心的體用，乃是一種發展性的上下關係，而不是宋儒所主張的心統性情的二元論。繼而他把「理」與「情」置於「性」之下，視為構成「性」的兩個部分，即生命中精神性、知覺的「理」與物質性、感官的「情」。這是方東美人性論上的顯著特色，這個主張與戴震以血氣、心知論性的創見，有異曲同工之妙，是考察兩人思想上的淵源關係的重點之一。後文詳論之。

有關「情」與「理」的概念，最早出現於方東美首部著作《科學哲學與人生》，繼而在〈哲學三慧〉中予以詳細的闡釋。《科學哲學與人生》透過「境的認識」（時空上事理之了解）與「情的蘊發」（事理上價值之估定），闡釋兩者間的關係，他說：

哲學思想，自理論看，起於境的認識；自實踐看，起於情的蘊發。我們如把境的認識與情的蘊發點化了，成為一種高潔的意境，自能產生一種珍貴的哲學。孩提之童辨箕斗、別烏鵲，習知晝夜之明暗、

〔註 50〕方東美：《中國人生哲學》，台北：黎明文化，2005 年，頁 67。
〔註 51〕方東美：《中國人生哲學》，台北：黎明文化，2005 年，頁 67。
〔註 52〕方東美：《中國人生哲學》，台北：黎明文化，2005 年，頁 67。

> 親朋之死生，即是境的認識；膳雌而憐惜母子之愛，即是情的蘊發；生以長，能提神太虛，看萬象有無明滅，隱隱迢迢，感人世酸酸楚楚，歡歡喜喜，而領悟莊嚴的理想，造成芳潔的意境，體大思精的哲學系統多由此種情境中烘托出來的。〔註53〕

他認為珍貴的哲學中必須兼融「理」與「情」，有了境的認識之後，更要追求情的蘊發，如此哲學才不會純為科學的化身，在宇宙事理之中才能體會到價值意味。「所謂情的蘊發即是指著這些美化、善化及其他價值化的態度與活動。」〔註54〕「就境的認識言，哲學須是窮物之理；……就情的蘊發言，哲學須是盡人之性。」〔註55〕方東美明確指出「情」在宇宙人生之中扮演了極為重要的正面角色，對宇宙客觀秩序不僅僅給予事理上的觀察與描述，還需要予以同情之了解，如此才能成為盡心知性、明理察物、才德兼美之人，因此，對於「情」的價值給予高度肯定與讚揚，就成為方東美獨特的人性觀點之一。他進一步闡釋兩者之間的密切關係。他說：

> 情由理生，理自情出，因為情理本是不可分割的全體，所謂「彼亦因是，是亦因彼」。……生命以情勝，宇宙以理彰。生命是有情之天下，其實質為不斷的、創進的欲望與衝動；宇宙是有法的天下，其結構為整秩的、條貫的事理與色相。〔註56〕

在〈哲學三慧〉中，他開宗明義就把「情」與「理」視為其哲學體系中不可分割的兩個核心部分，並且強調這是哲學家應該致力探索的兩個不可或缺的範疇；同時「情」與「理」也是哲學家們由知進智、化欲成慧的關鍵法門。他在〈哲學三慧〉序言，即直接闡明「情」與「理」的重要性，他說：

> 哲學所造之境，應以批導文化生態為其主旨，始能潛入民族心靈深處，洞見其情與理，而後言之有物，所謂入乎其內者有深情，出乎其外者乃見顯理也。〔註57〕

> 太初有指，指本無名，熏生力用，顯情與理。〔註58〕

方東美於開篇之首就直接將二者並舉，作為他哲學中的原始意象，也就是構

〔註53〕方東美：《科學哲學與人生》，台北：黎明文化，2005年，頁50。
〔註54〕方東美：《科學哲學與人生》，台北：黎明文化，2005年，頁55。
〔註55〕方東美：《科學哲學與人生》，台北：黎明文化，2005年，頁63～64。
〔註56〕方東美：《科學哲學與人生》，台北：黎明文化，2005年，頁65。
〔註57〕方東美：《生生之德．哲學三慧》，台北：黎明文化，2005年，頁184。
〔註58〕方東美：《生生之德．哲學三慧》，台北：黎明文化，2005年，頁184。

成方東美哲學體系最基本的兩個組成部分，「情緣理有，理依情生，妙如連環，彼是相因。」〔註 59〕而這兩個原始意象之間，則是存在著一種彼是相因、相互憑恃的關係，「總攝種種現實與可能境界中之情與理，而窮其源、搜其真、盡其妙，之謂哲學」、「哲學意境內有勝情，無情者止於哲學法門之外；哲學意境中含至理，違理者逗於哲學法門之前，兩俱不入」。〔註 60〕他指出哲學就是探索遍存於宇宙萬物中的「情」與「理」，偏於一邊者即不能一窺哲學之堂奧，綜上所述即可得見方東美哲學體系的核心要素。哲學之精義既已明晰，則對於哲學家的探索工作來說或者自身的智慧修養而言，「情」與「理」必然是其中關鍵。他說：「衡情度理，遊心於現實與可能境界，妙有深造者謂之哲學家」、「人類含情而得生、契理乃得存」；「人生而有知，知審乎情合乎理，謂之智；……人生而有欲，欲稱乎情切乎理，謂之慧」、「智與慧本非二事，情理一貫故，知與欲俱，欲隨知轉」。〔註 61〕

於〈哲學三慧〉發表之後，1937 年方東美以「中國人生哲學」為題，透過廣播發表公開演講，講稿則集結成《中國人生哲學概要》一書發行。書中他對「理」與「情」之具體內容做出詳細的說明。他說：

> 依「理」著想，心的歷程轉運生命，遂起思慮測度，發為系統的知識，所謂正心盡性，誠意致知，乃是屬於理的一貫生活。就「情」著想，心的作用斡旋生命，調節好惡哀樂，引發創造的衝動，所謂存心養性，達情遂欲，乃是屬於情的一貫生活。理與情的生活交融互攝，趨於一致，內得於己身，外得於人物，便可長養忠恕慈愛的美德，完成恢宏偉大的人格了。〔註 62〕

此處，方東美完整的闡述他在人性論上所持的觀點。他指出「理」包含了意與知兩範疇，就「理」的修養而言，對內、面對己身而言是要正心盡性；對外、面對人物而言則要誠意致知，簡言之即「不偏之中」。「情」則包含情與欲，在修養方面，對內、對己身而言要存心養性；對外、對人物而言則是達情遂欲，簡言之即「相應之和」。如〈哲學三慧〉所示，要由知進智，知必須審乎情合乎理；要化欲（情）成慧，欲必須稱乎情切乎理。由情理一貫角度觀

〔註 59〕方東美：《生生之德．哲學三慧》，台北：黎明文化，2005 年，頁 185。

〔註 60〕方東美：《生生之德．哲學三慧》，台北：黎明文化，2005 年，頁 185。

〔註 61〕方東美：《生生之德．哲學三慧》，台北：黎明文化，2005 年，頁 185～186。

〔註 62〕方東美：《中國人生哲學》，台北：黎明文化，2005 年，頁 67～68。

之，智貫欲而稱情合理，生大智度；欲隨知而悅理怡情，起大慧解。要言之，「情」與「理」的和諧才能生成恢宏偉大的人格，即方東美所說：「知有是非，故智分真偽；欲有染淨，故慧分圓缺。演事理而如如，趣於真智，挈性情而化化，依乎圓慧，是哲學家之理想生活。」〔註63〕

在方東美的觀點中，「性」就是由「情」與「理」兩部分交融互攝所構成。因此，本段最後回到他首部著作《科學哲學與人生》，透過他將人生表述成「情理集團」的論述，考察其情理一貫的主張。他說：

> 情與理原非兩截的，宇宙自身便是情理的連續體，人生實質便是情理的集團。哲學對象之總和亦不外乎情與理的一貫性。〔註64〕

對照戴震之言，即可發現兩人觀點相同之處，戴震說：

> 人生而後有欲，有情，有知，三者，血氣心知之自然也。……惟有欲有情而又有知，然後欲得遂也，情得達也。天下之事，使欲之得遂，情之得達，斯已矣。……道德之盛，使人之欲無不遂，人之情無不達，斯已矣。〔註65〕

由上可知，兩人在人性的組成成分以及結構方面，具有相同的主張。尤其是對情與欲給予正面評價的觀點，大異於其他先哲之立場。此一觀點，即為考察兩人思想淵源的重點之一，這種強調情理和諧的主張，可稱之為「情理一貫論」。

（二）「原始要終向善論」之要義

方東美認為在原始儒家之中，孔子與孟子都沒有直接主張「性善」，荀子認為人性本來是惡的，只是通過了教化後，人性之惡卻能昇華為善，成為把道德理想和理性知識加以實踐的聖人。孔子只是指出人性具有向善的潛能；而孟子只提出需要經過擴充的善端。他說：

> 孔子說：「性相近，習相遠」。孔子並沒有斷定性是善或是惡的，但如果通過了倫理的教化，卻可以為善。也就由於這點向善的潛能，可使自然人變化氣質而為有道德的君子。這種道德的陶冶並非由外力的強制，也非由奇特的咒語，而完全是一種理性的磨鍊。……理

〔註63〕方東美：《生生之德．哲學三慧》，台北：黎明文化，2005年，頁186。
〔註64〕方東美：《科學哲學與人生》，台北：黎明文化，2005年，頁64。
〔註65〕戴震：《孟子字義疏證》（卷下），才三十條。〔清〕戴震：《戴震集》，台北：里仁書局，1980年，頁308。

> 性人知道如何遵循天命之性。〔註66〕
>
> 孟子深入研究人類行為的善良和好義，奠下了性善的道德基礎。內心的至善須待擴充，善端擴充後便成為完美的人格。這種完美的人格，光風霽月，不失其為大，所謂「大而化之之謂聖，聖而不可知之之謂神」，人的理想就是要趨向於神聖。〔註67〕

無論是孔子、孟子還是主張化性起偽的荀子，方東美認為「原始儒家」對於人性保持著正面的觀點，他說：「當下肯定人性之『可使之完美性』」，〔註68〕「主張『立人極』，都是視個人應當卓然自立於天壤間，而不斷地、無止境地追求自我實現。」〔註69〕因此，方東美提出之「性善論之人性觀」，並不是就生發階段、原其始的「本初性」言性善，而是站在完成階段、要其終的「後得性」角度論性善，「原始要終之道」即是展現人性之所以偉大的創進歷程、即是透過人生的努力將人性的善端存養、擴充成為至善的歷程。方東美不斷高揚人性的偉大，然而他並不認為人乃生就偉大的，人之創生只是具有得自乾元天賦之潛在偉大性，生命的價值就是必須在生命歷程中盡性、盡才、踐形之後方能徹底實現，故人性之所以偉大即在於人性能夠自覺地追求自我實現、與時偕行，生成盡善盡美的人格。以「超越形上學」觀點而言，即是「由卑至高，直到蓋頂石之落定為止」；〔註70〕以「人文的途徑」言，即是「不因其事功，便因其健行而與至高上天相埒相抗」；〔註71〕以「中國哲學通性」言即是「人格超昇論」。要言之，他提出「性善論」的精神不是「復其初」的性善、也不是「如有物焉，得於天而具於心」〔註72〕的先驗、自足之「性善」，

〔註66〕方東美：《生生之德·從比較哲學曠觀中國文化裡的人與自然》，台北：黎明文化，2005年，頁336。

〔註67〕方東美：《生生之德·從比較哲學曠觀中國文化裡的人與自然》，台北：黎明文化，2005年，頁337。

〔註68〕方東美：《生生之德·中國形上學中之宇宙與個人》，台北：黎明文化，2005年，頁352。

〔註69〕方東美：《生生之德·中國形上學中之宇宙與個人》，台北：黎明文化，2005年，頁353。

〔註70〕方東美：《生生之德·中國形上學中之宇宙與個人》，台北：黎明文化，2005年，頁348。

〔註71〕方東美：《生生之德·從宗教、哲學與哲學人性論看「人的疏離》》，台北：黎明文化，2005年，頁409。

〔註72〕戴震：《孟子字義疏證》（卷上），理十四條。〔清〕戴震：《戴震集》，台北：里仁書局，1980年，頁279。

而是指人性實然本質中具有不斷向善的潛能與精神追求。

就方東美對「性善論的人性觀」之闡釋內容觀之，「原始要終之道」的動態歷程觀點是其「性善論」之核心要義。因此，藉由他對「原始要終之道」的闡釋，可完整地掌握「性善論的人性觀」之精髓。他說：

> 原其始，則根乎性體本初。原始（本初性）之為言，創造宏力之無盡源泉，始乾元也；要其終，則達乎性體後得，經歷化育步驟、地地實現之。要終（後得性）之為言，命運歷程之究極歸趨，止至善也。〔註 73〕

> 原始要終之道，由本初而之後得，可釋為至善本質之瀰貫於具體歷程，以求其圓滿實現。〔註 74〕

> 若是「原其始」，則為善之本質；……若是「要其終」，則為善之完成。〔註 75〕

方東美認為中國的人性論從來都不是詛咒人生的、不是復其初的、不是後退的，而是透過存養以擴充成長，是向前展望的、不斷創新、持續積累的生長歷程。以天賦的潛能作為出發點，不斷的積累，於是這種善貫穿天人，也就是說，善來自於天德，天德瀰漫宇宙中示現為普遍的客觀秩序，作為向善與成善的指引；又因為是人為的，所以不是先驗的賦予，而是需要人人自覺之後，將知進於神明之境、將情達於絜矩之道後，才能完成。善的價值根源於天，有其普徧的客觀標準而不是個人的臆見。實踐靠人的行動，所以不是宿命的機械主義，而是生命主體自覺地參與的。故方東美「性善論的人性觀」中的性善不是就先驗的、復其初的善之本質而為言，而是從動態歷程觀出發，強調的是後天的、人為的向善與成善。綜上所述，方東美這種向善發展之性善論可稱之為「原始要終向善論」，與戴震「語其至非原其本」、「要其後非原其先」的主張之間有高度的相似性，這是考察兩人思想淵源的重點之一。

（三）「人性偉大論」之要義

若將方東美提出「性善論的人性觀」，放在「超越形上學」、「中國哲學通性」、「人文主義途徑」或「動態歷程本體論」的觀點下予以考察，將會發現他

〔註 73〕方東美：《中國哲學精神及其發展（上）》，台北：黎明文化，2005 年，頁 217～218。

〔註 74〕方東美：《中國哲學精神及其發展（上）》，台北：黎明文化，2005 年，頁 219。

〔註 75〕方東美：《中國人生哲學》，台北：黎明文化，2005 年，頁 150。

提出的「性善論」之人性觀，是一種必須透過自覺地、持續地人為努力、積健為雄，將天賦善端在現實世界中化為至善理想人格的「性善論」。他說：

> 惟是一種潛在之偉大性，降任吾人，而責無旁貸，惟藉積極努力、奮鬥不懈、始克獲致者。〔註 76〕

方東美強調人性的偉大之處就展現在人能自覺地將天所賦予的善，投入現實世界之具體歷程中，透過存養與盡性的生長，將潛在的偉大性以價值創造的形式展現至善之本質。這是方東美「性善論之人性觀」的特點之一，積極的肯定人性實然本質中本具的向善與成善的天賦。他說：「宇宙的普遍生命創化不已，挾其善性以貫注於人類，使之漸漬感應，繼承不隔，所以說人人生而偉大，只要能率此天命之性，人人充分發展，則不可能沒有偉大成就。」〔註 77〕這種「惟人為能」的觀點可稱之為「人性偉大論」。

要言之，方東美透過「性善論之人性觀」表達出人生是一個積健為雄的德業。第一，方東美以「情理集團」表述人生之奧義與哲學之對象，故可稱之為「情理一貫論」；第二，以「向善之歷程」而言，人生是一個從乾元天賦的「原始本體」（本初性）出發，堅定的朝向止於至善的「究極本體」（後得性）追求的自我實現歷程，這就是人道，可稱之為「原始要終向善論」；第三，以「惟人為能」而言，它必須依靠人為的積累才能實現，也唯有依靠人的理性之知，才能以人道合於天道，將人之潛在偉大性實踐於現實世界上，可稱之為「人性偉大論」。下文將以此三個核心概念為中心，逐項論證方東美的人性觀思想乃出自戴震的哲學思想。

二、方東美《易傳》「人性觀」思想溯源

方東美於《中國人生哲學概要》中，將中國先哲們對性的解釋歸納成五種：性善論、性惡論、性無善無惡論、性有善有惡論、性上中下三品說，並列出歷代主張性善論的代表性人物，「以孔子、子思、孟子、許慎、李翱、王陽明、王夫之、戴震、焦循為代表」。〔註 78〕在這份名單中孔子、子思、孟子代表「原始儒家」思想之源，方東美正是透過對這三者的詮釋而建立其人性觀，若再由「超越形上學」、「人文主義途徑」、「中國哲學通性」等觀點綜合考察

〔註 76〕方東美：《中國哲學精神及其發展（上）》，台北：黎明文化，2005 年，頁 219～220。

〔註 77〕方東美：《中國人生哲學》，台北：黎明文化，2005 年，頁 154。

〔註 78〕方東美：《中國人生哲學》，台北：黎明文化，2005 年，頁 69。

之，他提出之人性觀與戴震、焦循之觀點最為接近。方東美將「性善論」的理論基礎闡釋如下：

> 「性善論」是先將人之性追溯其本——也就是「心」，然後再向上追溯本原——也就是「天」，如此，以性承心，以心繼天，天既以生物為心，生生為德，所以純粹是善，而性順承天心，所以也絕無惡理。〔註 79〕

方東美把「性善」的根源歸於天，也就是乾元的創造力、生生之仁，而人性之所以能繼承天道之善則是因為「心」的作用，人性透過乾元生物之心以體察天人之間的共同點——「仁」，將人道與天道之精神聯繫起來。他引戴震《原善》證之，闡明天地之德與人之心不過是「仁」的至理，〔註 80〕人性也就與天心的生生之德聯繫起來。所以方東美盛讚孟子繼承子思「天命之謂性，率性之謂道」的奧義之後，進一步發揮為「知性知天」的創見，他說：「孟子繼起，主張知性知天的顯理，乃遂完成儒家人生哲學的基本義。」〔註 81〕並指出「知性知天」的主旨就在於闡明合人道於天道的要義。他說「《孟子》第十三章開宗明義揭示『盡其心者，知其性也；知其性，則知天矣！』是謂合人道於天道。」〔註 82〕如此「知其性」就成為人之所以能夠合人道於天道的關鍵，也正是人之所以為萬物之靈的關鍵，也就是人之所以偉大的主因，即知性乃盡心，盡心乃知天，故知性即知天也。簡言之，方東美對於理性之「知」是高度肯定的。他說「原其始，則見乎天地宇宙無限生命之所自來；要其終，則知乎萬物具體有限生命之所必歸。」〔註 83〕此處即闡釋了「惟人為能」的理由，「人性偉大論」的基礎就在於人能「知」，而這個「知」不只能知自然之原始，更重要的是它能知必然之要終，這才是人之所以偉大的憑藉。「知」生於人的自覺心，發為原始要終之道，成於知性知天。上述方東美對「知」的精髓之闡釋，與戴震、焦循之主張是一致的。以下分從三個層面考察方東美之觀點與戴震之間的關聯性。

〔註 79〕方東美：《中國人生哲學》，台北：黎明文化，2005 年，頁 211。

〔註 80〕「是故人也者，天地至盛之徵也，惟聖人然後盡其盛。天地之德，可以一言盡也，仁而已矣；人之心，其亦可以一言盡也，仁而已矣。」戴震：《原善》（卷中）。〔清〕戴震：《戴震集》，台北：里仁書局，1980 年，頁 337。

〔註 81〕方東美：《中國人生哲學》，台北：黎明文化，2005 年，頁 87。

〔註 82〕方東美：《中國哲學精神及其發展（下）》，台北：黎明文化，2005 年，頁 199。

〔註 83〕方東美：《中國哲學精神及其發展（上）》，台北：黎明文化，2005 年，頁 223。

（一）「情理一貫論」思想溯源

在方東美以縱貫法所做的人性結構分析中，其最顯著的特色之一即是把「理」與「情」視為人性中的兩大要素。觀其於《科學哲學與人生》、〈哲學三慧〉與《中國人生哲學》所闡述之「情」與「理」本質，以及兩者間之互涵互攝關係，即可明晰其「情理一貫論」的具體內涵。究其要點有二。

第一，他以「理」總賅意與知；以「情」統攝情與欲，並強調情與理之間必須互融互攝、趨於一致，才能長養忠恕的美德、完成恢宏人格。方東美以情、理建立的人性觀架構以及兩者之間的運作模式，考之戴震以「血氣心知」為核心元素所建立的人性架構，即可發現兩人之間的相似觀點。如，戴震以欲、情、知作為血氣心知之自然的觀點，即與方東美論「情」與「理」的內容相同；戴震所定義的「理」乃是萬物的分理與條理，與方東美視「理」為觀察自宇宙客觀秩序的事理相符；戴震認為心之所同然的「理」必須以「情」為其基礎，故用「以情絜情」取代宋儒「以理絜情」的主張，以心之所同然的「理」去消除以個人意見為理所造成的弊端，方東美亦主此立場；戴震認為源自血氣之「欲」與心知之「知」兩者和合無間即是孟子所謂性善，即方東美之情理一貫。第二，在「欲惡論」已是中國哲學上普遍共識學說的氛圍下，方東美對「欲」本質所持的立場，明顯的是站在戴震這一方的，如他說：「誠意致知可以達理，達情遂欲可以養生，縱有惡端亦不難改變。」〔註 84〕以下分從這二點論證方東美與戴震之間的思想淵源。

首先，戴震是採取「一本論」的立場論「性」，他以血氣心知為綱，將欲、情、知，都納入其人性之目中，成為其人性論的組成元素。戴震說：

> 天下惟一本，無所外。有血氣，則有心知；有心知，則學以進於神明，一本然也：有血氣心知，則發乎血氣心知之自然者，明之盡，使無幾微之失，斯無往非仁義，一本然也。〔註 85〕

> 性者，分於陰陽五行以為血氣、心知，品物區以別焉，舉凡既生以後所有之事，所具之能，所全之德，咸以是為其本，故易曰「成之者性也」。〔註 86〕

〔註 84〕方東美：《中國人生哲學》，台北：黎明文化，2005 年，頁 71。

〔註 85〕戴震：《孟子字義疏證》（卷上），理十五條。〔清〕戴震：《戴震集》，台北：里仁書局，1980 年，頁 286。

〔註 86〕戴震：《孟子字義疏證》（卷中），性二十條。〔清〕戴震：《戴震集》，台北：里仁書局，1980 年，頁 291。

> 人生而後有欲、有情、有知，三者，血氣心知之自然也。……惟有欲有情而又有知，然後欲得遂也，情得達也。〔註 87〕

「情」與「理」對戴震而言乃是不可分割的綜合體。他說「理也者，情之不爽失也，未有情不得而理得者也。……自然之分理，以我之情絜人之情，而無不得其平是也」、〔註 88〕「在己與人皆謂之情，無過情無不及情之謂理」、〔註 89〕「惟以情絜情，故其於事也，非心出一意見以處之，苟舍情求理，其所謂理，無非意見也」。〔註 90〕戴震認為人性中與生俱來的血氣心知乃是自然之作用，承天道之善本就相輔相成、和合無間，整合物質與精神二者共同維持生命之存續，所以，二者缺一不可、無一不善，同時就兩者的相互作用而言，乃是不可分割的一個整體。戴震對此有精闢的闡述：

> 常人之欲，縱之至於邪僻，至於爭奪作亂；聖人之欲，無非懿德。欲同也，善不善之殊致若此。欲者，血氣之自然，其好是懿德也，心知之自然，此孟子所以言性善。心知之自然，未有不悅理義者，未能盡得理合義耳。由血氣之自然，而審察之以知其必然，是之謂理義；自然之與必然，非二事也。就其自然，明之盡而無幾微之失焉，是其必然也。如是而後無憾，如是而後安，是乃自然之極則。若任其自然而流於失，轉喪其自然，而非自然也；故歸於必然，適完其自然。〔註 91〕

人性是一個共同運作的整體，在運作的歷程中血氣與心知又扮演不同的功能，血氣之欲自然湧出後，心知之懿德也自然參與運作，如前述，這就是人道逐步向善發展的必然歷程，直臻於自然之極則。比之於方東美對情理一貫的主張，他以正心盡性、誠意致知論「理」，以存心養性、達情遂欲言「情」，進而主張「理與情的生活交融互攝、趨於一致，內得於己身、外得於人物，便

〔註 87〕戴震：《孟子字義疏證》（卷下），才三十條。〔清〕戴震：《戴震集》，台北：里仁書局，1980 年，頁 308～309。

〔註 88〕戴震：《孟子字義疏證》（卷上），理二條。〔清〕戴震：《戴震集》，台北：里仁書局，1980 年，頁 265。

〔註 89〕戴震：《孟子字義疏證》（卷上），理三條。〔清〕戴震：《戴震集》，台北：里仁書局，1980 年，頁 266。

〔註 90〕戴震：《孟子字義疏證》（卷上），理五條。〔清〕戴震：《戴震集》，台北：里仁書局，1980 年，頁 269。

〔註 91〕戴震：《孟子字義疏證》（卷上），理十五條。〔清〕戴震：《戴震集》，台北：里仁書局，1980 年，頁 285。

可以長養忠恕慈愛的美德，完成恢宏偉大的人格。」〔註 92〕綜上可知，兩者對情理一貫的立場是一致的。

其次，方東美與戴震兩人皆肯定「情」與「欲」在生命中扮演的角色與功能。戴震將「情」與「欲」視為是與人類存在有關的重要元素，而不是進行道德價值判定上的問題所在。「欲」不過是人類本性自身的活動性，而「理」無非是內在於欲自體中的理法，是人類生存及活動的基本條件。戴震說：

> 天下必無舍生養之道而得存者，凡事為皆有於欲，無欲則無為矣；有欲而後有為，有為而歸於至當不可易之謂理；無欲無為又焉有理！〔註 93〕

戴震依據客觀事實，將「欲」還原成倫理學中必須面對及妥善處理的問題，而不是道德價值判斷的問題。「欲」是通過外界作用於感官的聲色臭味以滿足自己的機能。「情」則是由於主體與外界接觸而流露出的喜怒哀樂的心理活動。「知」的功能在於對是非、美醜進行認識判斷、價值判斷的精神評價作用。戴震對「欲」、「情」、「知」三者的詳細分類、定義與正反面作用力的描述，在人性的動態發展歷程中將「欲」和「情」安置於一個有價值的位置上。因為人性中有了這三項功能，人才能夠與生存環境中的萬物一切，處於毫無障礙的旁通統貫狀態之中，才能達成真正的廣大和諧之至善價值境界。同時，在方東美與戴震的觀點上，「欲」與「情」是構成人性的組成元素，而人性是向善發展的，所以「欲」與「情」也是隨動態歷程而向善發展的。因此，由方東美與戴震兩人肯定「情」、「欲」價值之立場觀之，可證明方東美的人性觀點淵源自戴震。

（二）「原始要終向善論」思想溯源

由前述可知，方東美的「性善論」指的是一個原始要終的實踐歷程，原其始為乾元善之本質，要其終為至善的善之完成，因此在「原始要終」之間就是不斷向善的歷程，方東美稱之為「原始要終之道」，即是透過盡性、踐形、成己成物以展現人性所以偉大的歷程，所以也是合人道於天道，由自然而歸於必然，最後臻於自然之極致的發展過程。簡言之，即人性由善端持續存養擴充以達於至善的歷程。其中的要點在於，第一、人性原始的善端是源於乾

〔註 92〕方東美：《中國人生哲學》，台北：黎明文化，2005 年，頁 68。

〔註 93〕戴震：《孟子字義疏證》（卷下），權四十三條。〔清〕戴震：《戴震集》，台北：里仁書局，1980 年，頁 328。

元的創造力，即生生之仁；第二、人性要終的善之完成，就是成為具有至善理想人格的「聖人」；第三、人性向善之歷程就是人道，人道遵循純善之天道本質及意向，持續不間斷的自我實現。無論天道與人道，都求其盡善盡美也。即，由乾元大生創造力，循不可易之則，最後達到無憾無失之盡善盡美境界。以下分兩部分考察方東美以上觀點的思想淵源。

首先，方東美以「原始要終之道」所形成之向善人性觀，闡發〈繫辭傳〉「原始要終，以為質」的要義，進一步說明「性善論的人性觀」在現實世界中實踐的必然性。這一觀點乃是受到《原善》「生生者化之原，生生而條理者化之流」之啟發。因此可證其人性觀乃淵源自戴震。方東美對此原由有明確的說明，他說：

> 清儒戴震（東原）著《原善》，疏證《大易》哲學兼發揮孟子性善之論，倡「生生者、化之原；生生而條理者、化之流。」蓋謂「言乎人物之生，則其善與天地繼承而不隔者也。」是故，原其始，則見乎天地宇宙無限生命之所自來；而要其終，則知乎萬物具體有限生命之所必歸。《易》曰「原始要終，以為質也」。一是皆存乎創造變易之歷程中，而生生不已，新新相續。〔註 94〕

他先運用戴震此語，闡明人道的法則乃是本於天道的法則，人性之善也是繼承自天地之善。繼而以原始要終說明人性善端的本質乃源自乾元創造力的貫注，人性至善之成乃是遵循天道法則的必然結果，而原始要終之道就是人道，就是生生不已，新新相續的創造變易的歷程，人道遵循天道之純善，故乃是一持續向善的歷程。方東美透過對戴震「生生而條理」之詮釋，完整的建立其「原始要終向善論」的人性觀點後，他進一步說明「原始要終之道」中三個不同階段的本質。他說：

> 天道變化，象效乾元（本初），亹亹而出，是以大生焉。夫元者、眾善之長，在本質上超越一切相對價值。道即無限，綿綿賡續，展向無窮，現為要終（後得）；要終者、即是善之成。語乎天道本質及意向，則純然至善，故能化裁萬類而統之，以顯示其生生之妙於其如是所創之宇宙大千世界也。故原始要終之道，生生不停，善善相繼，蟬聯一貫，以是見天地之常，昭然若揭矣。茲倣傚《易經》辭句以

〔註 94〕方東美：《中國哲學精神及其發展（上）》，台北：黎明文化，2005 年，頁 222～223。

傳之曰：「成性存仁，智慧之門，顯道之善，兼義之理。」〔註95〕

故方東美以乾元、善之長指稱原始（本初）的狀態與性質；以要終（後得）說明遵循至善天道之後的善之成；以「生生不息、善善相繼、蟬聯一貫，以是見天地之常，昭然若揭矣」，闡明人道的本質與法則。儒家是以「聖人」作為善之成的至善境界表徵，因此由戴震對聖人本質與存養的觀點中，更能說明兩人之間的密切關聯性。方東美強調人道依循天道是為了求盡善盡美，但是只有臻於聖人境界後才能達成，成聖的目的是為了遵循天道無憾之理，以求人道無失之理。所以戴震說：

> 天地、人物、事為，不聞無可言之理者也。《詩》曰「有物有則」是也。物者，指其實體實事之名；則者，稱其純粹中正之名。實體實事，罔非自然，而歸於必然，天地、人物、事為之理得矣。夫天地之大，人物之蕃，事為之委曲條分，苟得其理矣，如直者之中懸，平者之中水，圓者之中規，方者之中矩，然後推諸天下萬世而準。……孟子曰：「規矩，方圓之至也；聖人，人倫之至也。」語天地而精言其理，猶語聖人而言乎其可法耳。……聖人亦人也，以盡乎人之理，群共推為聖智。盡乎人之理非他，人倫日用盡乎其必然而已矣。推而極於不可易之為必然，乃語其至非原其本。〔註96〕

> 聖人而後盡乎人之理，盡乎人之理非他，人倫日用盡乎其必然而已矣。……期於無憾無失之為必然，乃要其後，非原其先。〔註97〕

戴震認為，聖人之所以被公推為「聖智」，也不過是將人道之理發展至極致而已，因為聖人依循的理乃是推諸天地、人物、事為皆準之理，也就是遵循天道之理。人只要明察萬物之理以極於神明之知，並且徹底落實於人倫日用之實踐中，即可成為聖人。所以戴震特別重視「語其至」的價值實踐成果，而不是「原其本」的先驗賦予之機械秩序。要言之，戴震「語其至非原其本」與方東美「原始要終」的人性向善論觀點是一致的，透過對「原始要終向善論」之

〔註95〕方東美：《中國哲學精神及其發展（上）》，台北：黎明文化，2005年，頁222～223。

〔註96〕戴震：《孟子字義疏證》（卷上），理十三條。〔清〕戴震：《戴震集》，台北：里仁書局，1980年，頁278。

〔註97〕戴震：《緒言》（卷上）。〔清〕戴震：《戴震集》，台北：里仁書局，1980年，頁355。

考察後可知方東美的人性觀點，乃淵源自戴震。

其次，「人性向善論」即是把「性」與「善」分而論之。「性」為實踐本體的實然本質，「善」為價值屬性的應然境界，「人性向善論」即是闡述「性」的實然本質往「善」的應然境界發展。在這個部分，方東美引證戴震《原善》分論「性」與「善」的觀點，予以重新詮釋以建立他的觀點。他說：〔註98〕

> 善曰仁、曰禮、曰義，斯三者，天下之大衡也。上之見乎天道，是謂順；實之昭為明德，是謂信；循之而得其分理，是謂常。道，言乎化而不已也；德，言乎不可喻也；理，言乎其詳緻也；善、言乎知常體信達順也。

> 性，言乎本天地之化，分而為品物者也。限於所分曰命，成其氣類曰性。各如其性以有形質，而秀發於心，徵於貌色聲，曰才。資以養者存乎事，節於內者存乎能……呈其自然之符，可以知始，極於神明之德，可以知終。

戴震將「善」與「性」分論，也就是將「純粹中正」的價值屬性與「實體實事」的存在本質，這兩種不同哲學範疇的概念分而論之。方東美上引戴震之語，前者總論天道，論其善源自天道，顯其善於具體的價值（明德），依善而行則可獲得善之分理。善來自於天道之化而不已的歷程，落實為具體的德行，展現為詳細的分理，而「善」即包含順應天道化而不已的歷程，實現成具體的德行，遵循之則得其分理。後者總論人道，詳論「性」乃天地大化流行，分而成萬物而言。受限於大化流行所分之質為命，即來源也；形成為不同氣類的萬物所各具的本質叫做性；不同氣類萬物的性透過具體的形質、心智的活動、而以呈現出外在的貌色聲叫做「才」，戴震以命、性、才，三個角度詮釋性的來源、本質與呈現，即以生命整體歷程而言性，不以始源論性。由上可知，方東美的「原始要終向善論」源自於戴震的主張。

（三）「人性偉大論」思想溯源

方東美認為人性之偉大包含三個部分。「人生而偉大」是因為人類稟受乾元創造力而生，其善性則與天地繼承而不隔；「人所以偉大」是因為人能夠堅忍奮發，實踐所有天賦潛能；「偉大的成就」就是率「人生而偉大」的天命之

〔註98〕本文《原善》之句讀引自方東美：《中國人生哲學》，台北：黎明文化，2005年，頁152。

性，將「人所以偉大」之天賦潛能充分發展，最後透過價值的實現而展現。方東美強調，這就是人生之根本意義所在。若僅就自然層面而觀，人明其所具天賦之所能為；而就歷史之流觀之，人知其生命價值之所應為，才能與生存環境和諧一致，達致廣大和諧之境界。他認為人因為有理性之知，能夠將生命提高它的意義及價值，所以才成為萬物之靈。〔註 99〕

如前述，方東美認為孟子最大的貢獻在於提出「知性知天」創見，使得人心與天心繼承不隔，天道法則即是自然之極則，即是人道之極致：天地生物之純善，即是人心、人性之純善的保障。他指出人之所以是萬物之靈的原因在於「因為人不僅是物質狀態，也是心靈狀態，從心靈狀態中表現欲望、情緒、情感、意志，和廣大的理性，如此一步步充實發揮起來，人就是萬物之靈了」；〔註 100〕「只有人在知識上面，有廣大的知識，並且把這廣大的知識提煉成很高的智慧」。〔註 101〕也就是說，人必須透過理性之知以徹底掌握人性之全德，將人性中「情」與「理」之所有面向都充實發揮之後始成萬物之靈。這就是孟子所說的「知其性」。如此一來，透過「知其性」就能「盡其心」，進而可以「知天」。於是人性由人道出發，最後合於天道，成為理想的聖人境界，憑藉的是個人的理性作用，也就是「知」。根據考察所得的結果，在這一個關鍵立場上可以明確的指出，方東美的思想是源自於戴震的「理性之知」。證據是，方東美對於戴震僅運用理性之知，就能以自然知識貫通道德知識、由人道出發進而合於天道之說，給予高度的肯定。即戴震由生生之自然，透過心知功能掌握生生條理無憾無失之必然，最後總結以「歸於必然，適完其自然，此之謂自然之極致，天地人物之道於是乎盡。」〔註 102〕他認為戴震完整地詮釋了《孟子》「知性知天」之義，合人道於天道。

他後來對戴震《緒言》進行闡釋。他一方面藉著重新詮釋以梳理戴震理論要義，另一方面透過讚賞評價以傳達他個人的人性觀立場。他對戴震論理性之知，曾經提出三項高度讚賞之評價，如下：

> 人既通乎自然道德二界，悠然而為天地之樞紐，資成乎二界之積，燦著乎中和之美。余以為斯乃戴震所崇信之理性，表現為天地宇宙

〔註 99〕參方東美：《方東美先生演講集》，台北：黎明文化，2005 年，頁 93。

〔註 100〕方東美：《原始儒家道家哲學》，台北：黎明文化，2005 年，頁 209。

〔註 101〕方東美：《方東美先生演講集》，台北：黎明文化，2005 年，頁 93。

〔註 102〕戴震：《孟子字義疏證》（卷下），道三十二條。〔清〕戴震：《戴震集》，台北：里仁書局，1980 年，頁 312～313。

之真實情調，而可以見之於孔、孟者也。〔註 103〕

不斷擴充心知，即可進於神明。此自然知識與道德知識之所由分也。余以為戴震本此發現，據為優勢立場，一方面更大可發揮其對中國人性論之卓見，……戴震於是實深契孟子精神。《孟子》第十三章開宗明義揭示：「盡其心者，知其性也；知其性，則知天矣！」是謂合人道於天道。〔註 104〕

心知之極致，合自然與必然為一體。……戴震由此分殊之性與全盡之心「結合一體」著眼，盡窺中國古代一切人性論之破綻，至謂除孟子之論性外，幾無一不謬。盡性即盡心！〔註 105〕

第一點，方東美肯定戴震之人性觀統攝「理」與「情」，以客觀自然秩序之事理為基礎，參酌以同情的絜矩之道，才能確保理性的普遍妥效性，而不會蔽於自智，淪為個人之意見。因此才能夠反映出宇宙之真實情調，而這樣的精神也是孔、孟之道的要義。第二點、方東美認為戴震最重要的貢獻就在於他高度肯定人性中的心知功能，即心知能透過知性而盡心，盡心而知天，合人道於天道，與天道之法則取得聯繫、合而為一，徹底發揮《孟子》「知性知天」的精髓，由人道中成就的「自然之極致」，正是以天道中生生的「自然之極則」為準繩。第三點，方東美以「盡性即盡心」的觀點讚賞戴震之慧眼，將呈現為生物兼物理之現象組合的「血氣之自然」，與代表心理兼生理之初步機能的「心知之自然」，二者同步發展、不斷擴充，最後將人性中的「情」與「理」、仁與智發揮到極致，就是「心知之極致」，合自然與必然成統一的系統。綜合上述三點的要義，可以明確證得方東美的「性善論之人性觀」中，惟人為能的原因是因為人性的偉大，而偉大的原因則來自於上述之「心知之極致」。「心知之極致」即戴震主張的「天下惟一本」，也正是方東美於〈哲學三慧〉中一再強調的「情理一貫」的核心精神。因此經由對前述三點的考察可知，由方東美對戴震建立之理論系統的高度肯定與詮釋，正與他自己對《易傳》人性觀所持的立場是一致的。足證方東美人性觀之思想乃源於戴震。

綜上所論，方東美在「情理一貫論」、「原始要終向善論」及「人性偉大

〔註 103〕方東美：《中國哲學精神及其發展（下）》，台北：黎明文化，2005 年，頁 197～198。

〔註 104〕方東美：《中國哲學精神及其發展（下）》，台北：黎明文化，2005 年，頁 199。

〔註 105〕方東美：《中國哲學精神及其發展（下）》，台北：黎明文化，2005 年，頁 200。

論」三方面的觀點，皆深受戴震的影響。故方東美提出《易傳》哲學之「人性觀」，溯其思想淵源，乃來自於戴震。

第三節　「形成一套價值總論」思想溯源

方東美提出「價值總論」以闡明他的《易傳》哲學價值論，並將之視為是萬物一切所追求的生命意義之所寄。他以戲劇中的舞台背景與演員戲情為喻，說明上章所闡述之「萬有含生論的新自然觀」與「性善論的人性觀」如何產生圓滿的關係。他說：

> 宇宙是舞台及其背景；人類即是這舞台裡面高貴的演員；人性之流露即是些可歌可泣的戲情。戲情如何串演，離不了舞台，舞台如何布景，要適合戲情。舞台上的戲目演來是否精彩，全看這劇情與那舞台的配合是否圓滿和諧。宇宙與人生的關係，也應該如此解釋，纔覺得體。〔註 106〕

方東美指出人類在生活方面的最大盲點就是「只覺得自身生活重要，外面環境不甚重要，……只注重生命的內相，忽略了生命的外緣，其實脫離了環境的憑藉，我們一時一刻也不能繼續生存。……拿通俗的話來講，宇宙就是人類藉以生存的環境。」〔註 107〕他認為若將個體生命視為是生存與生活之唯一焦點，必定會因為個體與外在環境的隔閡，造成萬物一切生存與發展之困境。因此，方東美以戲劇演出隱喻宇宙與人生關係的要義，就是為了指出「天人關係」的重要性，他認為《易傳》哲學主張的「究極本體」之價值應然境界，就是以人道合天道所達成之天人合德廣大和諧至善境界，人類必須深體一切事理均相待而有，因此絕非是孤立系統、機械秩序與封閉系統，而是一套「一以貫之」、「旁通統貫」的廣大和諧系統。因此，方東美說：「中國人的天人關係是『彼是相因』的交感和諧。」〔註 108〕此處的「天」代表宇宙及其真相，「人」代表人性及其德業。他藉趙孟頫夫人管仲姬的情詞作比方，以「我泥中有你，你泥中有我」來形容這種廣大和諧的至善境界。〔註 109〕所以對萬有一切生命本體而言，生命本體的完善只是宇宙創進不已動態歷程的初

〔註 106〕方東美：《中國人生哲學》，台北：黎明文化，2005 年，頁 74。
〔註 107〕方東美：《中國人生哲學》，台北：黎明文化，2005 年，頁 54。
〔註 108〕方東美：《中國人生哲學》，台北：黎明文化，2005 年，頁 74。
〔註 109〕方東美：《中國人生哲學》，台北：黎明文化，2005 年，頁 75。

步而已，「盡己性」只是作為人生舞台之演員的基本工作，要將人生舞台之戲目演得精彩，則在「盡己性」之外，還要盡人之性、盡物之性、贊天地化育。如此演員與整體舞台和諧一致，才能徹底發揮生命的意義。方東美引〈文言傳〉「大人者與天地合其德」、《中庸》「能盡其性，則能盡人之性……則可以與天地參矣」、《孟子》「夫君子所過者化，所存者神，上下與天地同流」等辭句，具體地表述原始儒家這種廣大和諧精神人格的境界。聖人如何能化萬殊之生命現象而一以貫之？方東美指出：「蓋謂《易》言乾元之創造精神原屬於天，今則轉移於人，而為人所共有。」〔註 110〕即人與宇宙萬物同樣繼天之善而不隔，人道之極致乃遵循天道之極則而成，故聖人能夠以天道生生之仁貫通萬物之殊，最後完成一套「價值總論」。

簡言之，方東美認為在中國哲學家的心目中，「人與宇宙處處融通一致，形成一個廣大和諧的系統，這個和諧關係正是傳統中所說的『天人合一』。」〔註 111〕又說：「這個天人合德的關係可稱為『參贊化育』之道，簡單的說，它肯定天道之創造力充塞宇宙，而人道之生命力翕含闢弘，妙契宇宙創進的歷程，所以兩者足以合德並進，圓融無間。」〔註 112〕方東美認為達到此等天人合德境界的理想人格之人，即是中國先哲所指出的大人或聖人；他強調能夠以人道合天道之聖人，才能發揮典型的中國本體論的精神，才能確實達致「究極本體」之價值應然境界。即他在「超越形上學」中以「蓋頂石之落定」為終極目標的至善境界。

> 宇宙與生活於其間之個人，雍容洽化，可視為一大完整立體式之統一結構。其中以種種互相密切關聯之基本事素為基礎，再據以締造種種複雜繽紛之上層結構，由卑至高，直到蓋頂石之落定為止。據一切現實經驗界之事實為起點，吾人得以拾級而攀、層層上躋，昂首雲天，嚮往無上理境之極詣。同時，再據觀照所得的理趣，踞高臨下、「提其神於太虛而俯之」，使吾人遂得憑藉逐漸清晰化之理念，以闡釋宇宙存在之神奇奧妙，與人類生活之偉大成就，而曲盡其妙。〔註 113〕

〔註 110〕 方東美：《中國哲學精神及其發展（上）》，台北：黎明文化，2005 年，頁 224。
〔註 111〕 方東美：《中國人生哲學》，台北：黎明文化，2005 年，頁 241。
〔註 112〕 方東美：《中國人生哲學》，台北：黎明文化，2005 年，頁 241～242。
〔註 113〕 方東美：《生生之德．中國形上學中之宇宙與個人》，台北：黎明文化，2005 年，頁 348。

以「天人合德」形成之廣大和諧系統與以「絕對價值」統攝之至善價值應然境界，就是上述方東美以完成蓋頂石之落定所象徵的境界，聖人處此境界方能「提其神於太虛而俯之」。

一、「形成一套價值總論」之核心要義

方東美對「價值總論」要義之闡釋如下：

> 形成一套「價值總論」。將流衍於全宇宙中之各種相對性的差別價值，使之含章定位，一一統攝於「至善」。〔註 114〕

方東美認為，人類自身向善的生命，生存在最好的宇宙中。他說：「與天地和諧，與人人感應，與物物均調，無一處不隨順普遍生命，與之合體同流。……任何生命的衝動，都無滅絕的危險；任何生命的希望，都有滿足的可能；任何生命的理想，都有實現的必要。『保合大和，各正性（性訓生）命』，真是我們宇宙的全體氣象。」〔註 115〕因此，向善的生命即可象效宇宙之偉大美滿，而趨於至善。

以下由此觀點出發，檢視方東美對「價值總論」的表述內容，以掌握其核心要義。若由價值實踐主體之角度言，就是探討宇宙與人之間的天人關係，也就是《周易》以「天人合德論」統攝宇宙與人在生命創進歷程中所創造之分殊價值，可稱之為「旁通統貫之天人合德論」。若由價值實踐境界之角度言，則是探討如何將宇宙與人所創造出來的分殊之「相對差別價值」，統攝於至善之「絕對價值」應然境界中，即「絕對價值之廣大和諧境界」。究其要義可分為二，即「旁通統貫之天人合德論」與「絕對價值之廣大和諧境界」，以下分述之。

（一）旁通統貫之天人合德論

根據方東美提出之要義觀之，他首先指出「價值總論」乃是引伸發揮自「萬有含生論之新自然觀」與「性善論之人性觀」。所謂宇宙中的「相對差別價值」，指的是宇宙萬物一切生命本體，從各自之實然本質出發，經過自我價值創造之後，所完成的分殊之善。如前述，生命本體之外的萬物一切，都是生命本體生存與生活的環境，因此如何從整體性的至善觀點統攝萬物一切生

〔註 114〕方東美：《生生之德．中國形上學中之宇宙與個人》，台北：黎明文化，2005 年，頁 355。

〔註 115〕方東美：《中國人生哲學》，台北：黎明文化，2005 年，頁 81。

命本體分殊之善，就決定了萬物一切生命本體是否能圓成性體之大全，臻入廣大和諧之「究極本體」境界。這種將宇宙中生命本體分殊的善「一以貫之」而臻入廣大和諧至善境界的主張，即是方東美提出「絕對價值」的要義。他在闡釋「旁通之理」時表示：

> 《易經》哲學乃是一套動態歷程觀的本體論，同時亦是一套價值總論，從整體圓融、廣大和諧之觀點，闡明「至善」觀念之起源及其發展。〔註 116〕

「旁通之理」即是「超越形上學」所說的「一以貫之」，萬物一切乃是一大完整立體式之統一結構，簡言之，即是《周易》所說的「天人合德論」。也就是說，「至善」的核心精神即在於根據「整體圓融、廣大和諧」的天人合德觀點，統攝萬物一切「原始本體」所創造的分殊之善，共同建構出「究極本體」盡善盡美的至善。因此，以「至善」統攝「諸相對差別價值」並化為「絕對價值」，站在價值實踐本體的角度而言，即是強調萬物一切生命之發展，不僅僅止於盡己之善而已，還必須對生存環境予以同情的了解，如此才不會與外境陷入「以己之是非為天下之是非」的衝突矛盾中，才不會戕害人類自身與萬物之生命。所以「天人合德論」所完整呈現出之「至善」境界，即是「究極本體」之價值應然境界，也就是方東美主張之「形成一套價值總論」核心要義，其具體內容就在於與天地和諧、與人人感應、與物物均調，萬有一切生命本體均是相待而有、交融互攝，終乃成為旁通統貫的一個整體。

（二）絕對價值之廣大和諧境界

方東美在「價值總論」中描述的至善人格理想境界，就是與天地合德、與大道周行，與兼愛同施的盡善盡美人格，也就是儒家不斷強調的大人與聖人的人格境界。他認為其中之精義就在於：

> 宇宙間的普遍生命有些微隳敗，有些微缺失，有些微殘害，便足以阻礙人道之止於至善，中國善人的同情心是博施普及，旁通統貫的，有一物損其性，有一人傷其生，即是因為我們做人未盡其善。〔註 117〕
>
> 如果有人不能充分實現自我而有缺憾，也就是自然的缺憾，宇宙生

〔註 116〕方東美：《生生之德．中國形上學中之宇宙與個人》，台北：黎明文化，2005 年，頁 355。

〔註 117〕方東美：《中國人生哲學》，台北：黎明文化，2005 年，頁 82。

命便也因不夠周遍而有裂痕。〔註 118〕

他認為做人的極則就是「盡己性，盡人性，盡物性，贊化育以與天地參。」〔註 119〕是故「價值總論」之內容就具體地呈現在聖人懿德之上，方東美強調這是中國人做人的極則，而不是只關注個人精神生命的完成而已，他說：「這種廣大精微，高明博厚的思想，可說是世界上最哲學的哲學。」〔註 120〕值得注意的是，方東美主張的「一以貫之」並不是要以一個所謂至善的「絕對價值」去取代萬物的「相對價值」，也就是說，他並不是主張訂立一個叫做「至善」的價值應然標準作為萬物的規範，反之，他是站在肯定與欣賞萬物分殊之善的多元性與豐富性之前提下，從「天地之大德曰生」的根源處，將宇宙萬物一切個體生命價值展現出來的分殊之善、看似不齊的「相對價值」，統攝在乾元仁與善之「絕對價值」中，進而將萬物一切表面上呈現出來之「相對差別價值」賦予同等地價值評價。這就是方東美發揮《易經》「保合太和，各正性命」之精神，不斷地強調所有生命都具有價值的要義所在。他說：「任何生命的衝動，都無滅絕的危險；任何生命的希望，都有滿足的可能：任何生命的理想，都有實現的必要。」〔註 121〕所以，「價值總論」之意義是肯定萬物的價值，以消除萬物之間的矛盾，形成廣大和諧的宇宙秩序。

「價值總論」的理論基礎乃是根源於「原始要終之道」而來。方東美認為只有乾元大生之德才能在本質上超越一切相對差別價值，最後臻於至善。他說：

> 天道變化，象效乾元（本初），亹亹而出，是以大生焉。夫元者、眾善之長，在本質上超越一切相對價值。道即無限，綿綿賡續，展向無窮，現為要終（後得）；要終者、即是善之成。語乎天道本質及意向，則純然至善，故能化裁萬類而統之，以顯示其生生之妙於其如是所創之宇宙大千世界也。故原始要終之道，生生不停，善善相繼，蟬聯一貫，以是見天地之常，昭然若揭矣。茲做傚《易經》辭句以傳之曰：「成性存仁，智慧之門，顯道之善，兼義之理。」〔註 122〕

〔註 118〕方東美：《中國人生哲學》，台北：黎明文化，2005 年，頁 153。

〔註 119〕方東美：《中國人生哲學》，台北：黎明文化，2005 年，頁 87。

〔註 120〕方東美：《中國人生哲學》，台北，黎明文化，2005 年，頁 87。

〔註 121〕方東美：《中國人生哲學》，台北：黎明文化，2005 年，頁 81。

〔註 122〕方東美：《中國哲學精神及其發展（上）》，台北：黎明文化，2005 年，頁 223。

上論乃發揮自戴震《原善》「生生者化之原，生生而條理者化之流」、「言乎人物之生，則其善與天地繼承而不隔者也」之旨。與前述之宇宙觀、人性觀一樣，都是根源於乾元「一以貫之」的無限創造力。聖人遵循天道之則，合人道於天道，故能深體乾元大生之德，化差別價值為絕對價值。這就是「價值總論」的理論依據。

聖人之懿德乃體天道盡人道而已。方東美以聖人之存養與踐形闡釋「價值總論」之內容與理論根據，他說：

> 宇宙的普遍生命遷化不已，流衍無窮，挾其善性以貫注於人類，使之漸漬感應，繼承不隔。人類的靈明心性虛受不滿，存養無害，修其德業以輔相天與之善，使之恢宏擴大，生化成純。天與人和諧，人與人感應，人與物均調，處處都是以體仁繼善，集義生善為樞紐，……我們的宇宙是價值的增進，我們的生活是價值的提高，宇宙與人生同是價值的歷程。〔註 123〕

如前文論「人性觀」所述，人道的極致就是遵循天道的極則，進而存養擴充至神明之知而成，故天與人和諧。同樣的宇宙中之萬物與人也是同稟天道而生，故人與人感應，人與物均調，同體生生之仁與乾元之善。整個宇宙中的萬物共同參與了宇宙價值增進的過程，因此「至善」就是宇宙的「價值總論」，也就是天人合德之廣大和諧境界。

綜上所述，方東美提出「形成一套價值總論」之主張，其關鍵概念第一是「旁通統貫之天人合德論」；第二是「絕對價值之廣大和諧境界」。

二、方東美《易傳》「價值論」思想溯源

（一）「旁通統貫之天人合德論」思想溯源

方東美提出「價值總論」解釋《易傳》價值論的要義。他以至善之「絕對價值」統攝宇宙中人類與萬物一切分殊之「相對價值」，故「價值總論」之精神即在於強調人類及宇宙萬物一切之間，必須具備同情之了解。因為宇宙萬物一切個體生命所具分殊之善，其核心價值都是淵源自乾元的創造力，所以結合個體生命分殊之價值，進一步發展成為宇宙整體的價值，就是人道合天道的必然，也就是《周易》「天人合德論」要義。這個一以貫之的「至善」之「絕對價值」是什麼呢？方東美說是「仁」與「常」。他在《中國人生哲學概

〔註 123〕方東美：《中國人生哲學》，台北：黎明文化，2005 年，頁 86。

要》第四章論及中國先哲的生命精神時，引用戴震《原善》之言詮釋「天人合一說」或「天人無間論」的具體內容與廣大和諧精神之所在：〔註 124〕

> 《易》曰：「一陰一陽之謂道，繼之者善也，成之者性也。」一陰一陽，蓋言天地之化不已也，道也。一陰一陽，其生生乎，其生生而條理乎？以是見天地之順，故曰「一陰一陽之謂道」。生生，仁也，未有生生而不條理者。條理之秩然，禮至著也；條理之截然，義至著也；以是見天地之常。三者咸得，天下之懿德也，人物之常也；故曰「繼之者善也」，言乎人物之生，其善則與天地繼承而不隔者也。……明乎天地之順者，可與語道；察乎天地之常者，可與語善；通乎天地之德者，可與語性。〔註 125〕

> 天地之德，可以一言盡也，仁而已矣；人之心，其亦可以一言盡也，仁而已矣。〔註 126〕

首先，仁、禮、義三者是天下言行的模範標準，也是所有人物都應該遵循的不易常則，也就是聖人所言所行的懿德。而作為這個「人物之常」具體內涵的仁、禮、義，則是根源於天道的「天地之常」，也就是生生之仁與生生條理之禮與義。故天人一以貫之也，一貫於生生與生生條理。戴震曰：

> 一陰一陽，流行不已，生生不息。主其流行言，則曰道；主其生生言，則曰德。道其實體也，德即於道見之者也。「天地之大德曰生」，天德不於此見乎？……故舉生生即賅條理，舉條理即賅生生；實言之曰德，虛以會之曰理，一也。〔註 127〕

所以天地萬物之道，一以貫之也，由生生及其條理即可盡之。

其次，方東美進一步用「仁」，將人之心與天地之德予以貫通，故方東美「價值總論」之具體內容即來自於戴震《原善》之主張。此外，方東美前述對聖人人格要義的表述與戴震之言有異曲同工之妙，戴震說：「人之生也，莫病於無以遂其生。欲遂其生，亦遂人之生，仁也。欲遂其生，至於戕人之生而不

〔註 124〕方東美：《中國人生哲學》，台北：黎明文化，2005 年，頁 79。

〔註 125〕戴震：《原善》（卷上）。〔清〕戴震：《戴震集》，台北：里仁書局，1980 年，頁 332。

〔註 126〕戴震：《原善》（卷中）。〔清〕戴震：《戴震集》，台北：里仁書局，1980 年，頁 337。

〔註 127〕戴震：《緒言》（卷上）。〔清〕戴震：《戴震集》，台北：里仁書局，1980 年，頁 356。

顧者，不仁也」；〔註 128〕「仁者，生生之德也，……一人遂其生，推之而與天下共遂其生，仁也。」〔註 129〕綜上觀之，方東美之主張乃是源自戴震。

（二）「絕對價值之廣大和諧境界」思想溯源

就「究極本體」之價值應然境界而言，方東美肯定分殊之善、相對差別價值的觀點，也與戴震之立場相同。戴震用「類」的觀點，區分宇宙萬物分殊之善與相對差別價值，戴震曰：

> 氣化生人生物以後，各以類滋生久矣；然類之區別，千古如是也，循其故而已矣。……然性雖不同，大致以類為之區別。故《論語》曰：「性相近也」，此就人與人相近言之也。孟子曰：「凡同類者舉相似也，何獨至於人而疑之！聖人與我同類者」，言同類之相似，則異類之不相似明矣。〔註 130〕

戴震運用「類」概念區分宇宙萬物性質上的差異，如人、牛、犬之性不同；同時他指出即使在同一類中不同個體的性質也有不同，因此萬物透過自我實現而呈現出各自的相對價值。戴震對這些來自不同生命本體之相對價值給予同樣的價值肯定，他說：

> 醫家用藥，在精辨其氣類之殊。不別其性，則能殺人。使曰「此氣類之殊者已不是性」，良醫信之乎？……凡植禾稼卉木，畜鳥獸蟲魚，皆務知其性。知其性者，知其氣類之殊，乃能使之碩大蕃滋也。〔註 131〕

唯有能明察萬物之相對價值，才能真正的使萬物一切個體生命透過其展現之價值以呈現其善，也才能參與天地化育的偉大工作。所以戴震是從「生生之德」的角度去肯定不同個體生命都具有其價值。在這一觀點上，方東美與戴震兩人之思想是一致的。

因此，對於戴震而言，所謂「相對價值」與「絕對價值」，不過是源自於

〔註 128〕戴震：《孟子字義疏證》（卷上），理十條。〔清〕戴震：《戴震集》，台北：里仁書局，1980 年，頁 273。

〔註 129〕戴震：《孟子字義疏證》（卷下），仁義禮智三十六條。〔清〕戴震：《戴震集》，台北：里仁書局，1980 年，頁 316～317。

〔註 130〕戴震：《孟子字義疏證》（卷中），性二十條。〔清〕戴震：《戴震集》，台北：里仁書局，1980 年，頁 291～292。

〔註 131〕戴震：《孟子字義疏證》（卷中），性二十七條。〔清〕戴震：《戴震集》，台北：里仁書局，1980 年，頁 302。

天地之化的分與合而已。他在〈法象論〉說：「凡天之文，地之義，人之紀，分則得其專，合則得其和。分也者，道之條理也；合也者，道之統會也。」〔註 132〕由天人合德角度觀之，人道之分與合乃是法天道之必然的歸趨。戴震發揮張載之說，認為：

> 是故化，其事也；神，其能也；事能俱無憾，天地之德也。人之血氣本乎化，人之心知配乎神，血氣心知無失，配乎天地之德，無憾無失，夫是之謂理而已矣。由化以知神，由化與神以知德。〔註 133〕

就天道言，戴震用「化」表述生生之多樣性；用「神」表述生生條理之主宰和統一性。據其氣化流行的觀點，「神」不是指超越的實體，而是內在的必然之理，所以理就是必然。他認為作用性的「能」與現象性的「事」，分別代表能產的自然與所產的自然，二者的統一是天之德。能（神）就是所產自然背後的不易之則，持續地運用無窮的創造力實現其能產本質，故戴震將「神」釋為「必然的理」。就人道言，血氣與心知的關係一如事與能、化與神的關係，血氣與心知依循內在必然之理即能和合無間。故他認為從血氣之化即可明瞭心知之神；從心知之神就能體察天地之道。因此「相對價值」與「絕對價值」即一如分與合、化與神的關係，一切統合在天地之德中。而如前文所述，方東美與戴震兩人都主張，天地之德與人之心知皆本於「仁」。故可證方東美繼承了戴震的觀點。

總而言之，如何集宇宙萬物之善臻入廣大和諧境界，就是方東美化相對差別價值為絕對價值的要義，即天人合德也。就戴震言，就是血氣之化與心知之神間的必然關係，即戴震所說：「就天地言之，化，其生生也；神，其主宰也，不可岐而分也。」〔註 134〕在理論基礎方面，方東美發揮「原始要終之道」要義，以乾元之善的本質作為超越一切相對價值的根源，又以天道本質及意向證明善之成乃純然至善。根據其行文脈絡，「原始要終之道」乃是方東美發揮戴震「生生者，化之原；生生而條理者，化之流」要義的論述。所以就其理論之根據而言，也是以戴震《原善》之主張為其思想來源。

〔註 132〕戴震：〈法象論〉。〔清〕戴震：《戴震集》，台北：里仁書局，1980 年，頁 155。

〔註 133〕戴震：《緒言》（卷下）。〔清〕戴震：《戴震集》，台北：里仁書局，1980 年，頁 394。

〔註 134〕戴震：《孟子字義疏證》（卷上），理十五條。〔清〕戴震：《戴震集》，台北：里仁書局，1980 年，頁 284。

第四節 「形成一套價值中心觀之本體論」思想溯源

方東美說：「離掉生命本身的價值，則宇宙即蹈於虛空；撇開生命本身的善性，則人類即趨於誕妄。」〔註 135〕他強調宇宙不僅是人類藉以生存的環境，同時也是普遍生命流行的境界，因此，一個由不存在任何價值之普遍生命所構成的虛空宇宙，將無法提供人類良好的生存環境。同時，方東美認為普遍生命的意義是精神的、價值是向善的，所以生命必須朝向至善理想境界邁進，過程中才不會受魔障錮蔽而趨於誕妄。總而言之，他提出「完成一套價值中心觀的本體論」來定義《易傳》哲學之本體論，就其指稱的本體而言，是指完成自我價值實踐之後的「究極本體」，而不是指僅具有善端潛能之「原始本體」；就其指稱的價值而言，指的是至善之「絕對價值」，而不是分殊的差別價值。此乃方東美《易傳》哲學本體論的精義，方東美對這項要義的闡釋如下：

> 完成一套價值中心之本體論——以個人之創造性為基礎，藉求圓成人性，齊昇宇宙萬般生命，止於至善。經孔子詮表之，形成一部價值總論，肯定性體實有，盎然充滿，彌貫天地，澈上澈下，莫非價值。實乃一套價值中心之本體論也。堪稱代表儒家哲學之最高成就，俱見《易經》。〔註 136〕

方東美不斷強調，人類所面對的宇宙是一個由乾元創造精神所貫注的宇宙，這樣的創造宇宙即是人生的舞台，是人生藉以生存的環境。因此，人類面對不斷創造更新的生存環境，個人也要發揮乾元的創造精神，才能在人生舞台上實現生命的意義與價值。如前述，宇宙與人的本質以及其間之互動關係，始終是方東美《易傳》哲學思想中的核心部分，因此，宇宙與個人的生命價值實踐，只是臻入至善境界的基礎工作，萬有一切生命本體之最終目標，則是努力將宇宙建立成一個天人合德之廣大和諧系統。簡言之，方東美的哲學是以「生命」為核心，但是他關切的焦點並不僅止於個體生命之發展而已，而是以個體生命紛呈之分殊價值為基礎，據以建立一個天人合德之廣大和諧系統。方東美說：

> 儒家強調一切相對價值之不斷轉變超化，成為絕對超越價值，根本

〔註 135〕方東美：《中國人生哲學》，台北：黎明文化，2005 年，頁 87。
〔註 136〕方東美：《中國哲學精神及其發展（上）》，台北：黎明文化，2005 年，頁 216。

毋需乎預設任何超越界之存在。〔註137〕

就「內在形上學」精神觀之，萬有一切生命本體不斷自我超化之結果，就形成了萬象紛呈之「相對價值」，同樣的，至善之「絕對價值」也不是來自於生命本體之外，而是源自於實踐本體自身的內在超越所達致。故他說：「儒家尚有，篤信化育之理，創進不息，生生不已，故倡『人能弘道』，冀以圓成性體實有之大全，是乃肯定於其本體論者也。」〔註138〕也就是說，無論是分殊之差別價值，或者是至善之絕對價值，都是做為實踐主體之生命自身的價值創造成果。綜上可知，方東美的哲學是以生命與價值為中心。因此，方東美提出「價值中心觀之本體論」，就是將「生命本體」與「價值創造」二個主題合而為一。他將萬有一切生命本體置於大宇長宙的創進歷程中，仔細審視生命本體如何透過價值之創造，逐步圓成生命之至善，這即是他對《易傳》哲學要義提出的蓋頂石。

前節論述「價值總論」時，已經建立一套表述「究極本體」之價值應然境界的理論，本節考察方東美提出之實踐「價值總論」的具體方法。也就是以「絕對價值」之價值應然境界作為追求之標準，再進一步完成一套實踐此目標的系統化理論。

一、「完成一套價值中心觀之本體論」之核心要義

如前述，方東美認為《易傳》形上本體論之核心要義即源自於「旁通原理」，就時間角度而言，時刻都在發育創造；就空間角度而言，處處都是旁通統貫。一方面強調在生命創進歷程中實現「原始本體」之生命價值的重要性，另一方面指出萬物一切共同臻入廣大和諧的至善境界，才是天人合德的體現。方東美說：

> 假如世界是渺小的話，那麼這個世界更須我們去擴充；假如世界是廣大的話，那麼這個世界就可以供我們悠遊。總之無論是小是大，都值得我們向外發展。內聖者，在他的人格達於完美時，應取法於天道的無限創生的精神，立刻起而行，去為全人類，甚至全物類安身立命，使他們都能共臻於完美之境。……但只求個人自己成為神，卻並不是快樂的。他絕不以自己內心的滿足為限，他必須使所有的

〔註137〕方東美：《中國哲學精神及其發展（下）》，台北：黎明文化，2005年，頁150。
〔註138〕方東美：《中國哲學精神及其發展（下）》，台北：黎明文化，2005年，頁151。

> 人類都能心安理得地過活，必須使天下的生物都能發展其才能，他的生命才算充實。〔註 139〕

綜上所述，《易傳》哲學形上本體論的核心要義，就在於如何將「價值總論」之至善價值應然境界在真實世界、現實人生中付諸實踐。要言之，如何使「價值總論」得以實踐的系統化理論，即包含了價值實踐主體與價值實踐途徑兩個部分。

首先，就價值實踐主體而言。方東美強調，唯有人格發展已達理想完美境界的聖人，才足以擔當實踐至善「絕對價值」之主體，而孔子的「忠恕一貫之道」，就是聖人之所以能夠擔當實踐重任的憑藉所在，〔註 140〕是「價值總論」得以實踐的關鍵。換言之，聖人的成聖之道即是實踐「價值總論」之憑藉。此外，方東美在「性善論之人性觀」中指出，情理一貫乃是完成偉大人格之基礎，他說：

> 理與情的生活交融互攝，趨於一致，內得與己身，外得於人物，便可長養忠恕慈愛的美德，完成恢宏偉大的人格了。〔註 141〕

他指出「忠恕」乃是人性情理一貫後的自然產物，聖人理想品格之存養則必須踐履「忠恕一貫之道」。要言之，天人合德之實踐必須憑藉聖人去完成，而聖人偉大人格之養成則必須踐履「忠恕一貫之道」，追本溯源，人性中之情理一貫才能長養忠恕美德。也就是說，情理一貫即是聖人之道的核心要義。如前述，方東美指出，「理」的部分要正心盡性，誠意致知；「情」的部分則要存心養性，達情遂欲，唯有情理一貫才能由知進智、化欲成慧。〔註 142〕此外，方東美援引《禮記》：「知忠必知中，知中必知恕」〔註 143〕，進一步闡釋「忠

〔註 139〕方東美：《生生之德．從比較哲學曠觀中國文化裡的人與自然》，台北：黎明文化，2005 年，頁 337～338。

〔註 140〕方東美：「我們不僅僅活著，而且還要培養高妙的本領，以增進生命的價值，使之日趨於善，最後，更求止於至善。這卻如何可能呢？關於此層，孔子、老子、和墨子已經為我們指出了一貫的標準。這便是孔子的忠恕、老子的慈惠、墨子的愛利。」方東美：《中國人生哲學》，台北：黎明文化，2005 年，頁 89。

〔註 141〕方東美：《中國人生哲學》，台北：黎明文化，2005 年，頁 68。

〔註 142〕「人生而有知，知審乎情合乎理，謂之智。……人生而有欲，欲稱乎情切乎理，謂之慧」、「智與慧本非二事，情理一貫故，知與欲俱，欲隨知轉，智貫欲而稱情合理，生大智度；欲隨知而悅理怡情，起大慧解。」方東美：《生生之德．哲學三慧》，台北：黎明文化，2005 年，頁 185～186。

〔註 143〕方東美：《中國人生哲學》，台北：黎明文化，2005 年，頁 90。

恕一貫之道」的要義。因此，就人性中「理」的部分而言，修養之道是「知中」；在「情」的部分則是「知恕」的絜矩之道。他指出「知中」之中與《易・彖》「大中以正，各正性命」之義同；「知恕」之恕則與《大學》「絜矩之道」同。在「情理一貫」的邏輯順序上則是以「知中」為先，「知恕」為後，即知為先、恕為後，能知而後能恕。他說：

> 人要適應那個廣大和諧的宇宙客體，首先，在人性本身上面要了解自己的現實，要發展自己的才能，點化人格上面一切現實使之成為理想。然後再把人的理想同宇宙的理想雙方配合起來互相感應、互相感召。〔註 144〕

人必須先認識自己的本性天賦，並且將天賦發展為自己的「才能」，然後人才能與宇宙萬物感應，以情絜情。故「理性之知」又為「以情絜情」的前提，方能真正的達到天人合德之境。是故，方東美所闡釋的「忠恕一貫之道」要義，即是作為價值實踐主體之聖人的具體存養之道。

其次，就價值實踐途徑而言。方東美認為「原始儒家」基於「時際人」的踐形精神，不會只滿足於精神理想境界的超越而已，更重視生命本體在真實世界、現實人生中所創造的價值。也就是說，方東美並不滿足於純粹理論的討論與建構，他更重視如何將萬物一切具體的價值落實在現實世界之中。他指出：

> 形成一套「價值中心觀」之本體論，以肯定性體實有之大用。……顯然地，作為「時間人」典型代表之儒家，自不免要將一切事物——舉凡自然之生命、個人之發展、社會之演變、價值之體現，乃至「踐形」、「盡性」、「參贊化育」……等等——一律投注於「時間」鑄模之中以貞定之，而呈現其真實存在。〔註 145〕

方東美特別強調「性體實有之大用」的重要性。他認為，天地以生生顯其大用，人為天之所生，故造物者乃藉人性以示現其創造性，並藉人之創造才性，以產生價值之典型。《周易》「旁通原理」的主旨也是強調個體生命止於至善之後，還必須透過具體的價值實踐，進一步在現實世界中參贊天地之化育。因此，他之所以同時肯定荀子與孟子的原因，就在於兩人能夠將「原始儒家」

〔註 144〕方東美：《方東美先生演講集》，台北：黎明文化，2005 年，頁 153～154。

〔註 145〕方東美：《生生之德・中國形上學中之宇宙與個人》，台北：黎明文化，2005 年，頁 355。

成己成物之偉大人格精神，具體地在現實世界中付諸實踐。他說：「雙方論性夐異，但於『人之畢竟偉大』乙旨，則殊途同歸，終無二致也。」〔註 146〕如前述，他認為《易傳》哲學體系之完備，乃成於孟子與荀卿發揮了一套「哲學的人性論」之基本理論之後。他肯定這套「哲學的人性論」所突顯出的「人人皆可以成就偉大之人格」核心精神，故方東美最為推崇《中庸》二十二章對儒家「哲學的人性論」要義之徹底發揮，即《中庸》所云之「惟天下至誠，為能盡其性；能盡其性，則能盡人之性；能盡人之性，則能盡物之性；能盡物之性，則可以贊天地之化育；可以贊天地之化育，則可以與天地參矣」。他認為盡己之性的自我實現也只是階段性的完成，還要具體地在現實世界中盡人性、物性、直至與天地參，才是「至善」人格的展現，也就是必須以具體的價值創造來呈現善。方東美大聲呼籲：「人之所以特貴乎其為人者，為其終能盡己盡性，增進意義，提升價值於人生全界也。」〔註 147〕因此，唯有根據萬有一切生命本體在真實世界中的具體價值實踐成果，方能確認廣大和諧境界之達成，也才是「原始儒家」真正的至善境界之完成。

以上即為「價值中心觀之本體論」的核心要義，可歸納成四個關鍵概念，據以考察其思想淵源。第一、情理一貫論；第二、「知中」的理性之知；第三、「知恕」的絜矩之道；第四、據才質斷人之性善。

二、方東美《易傳》「本體論」思想溯源

（一）情理一貫論

如前述，方東美認為情（包含情與欲）與理（包含意與知）兩者和諧運作，才是聖人存養之道。他的「情理一貫論」具有如下特色。第一，他將「理」視為事理，乃是人對於宇宙客觀秩序的認知功能，「情」則是生命之創造力，二者共同構成生命的全體。簡言之，「意與知」是宇宙萬物客觀的事理與法則，「情與欲」則是生命自然生存欲望的展現。第二，他認為「情」與「理」兩者相輔相成，彼是相因，乃是一情理集團，情、欲與理、知不再是對立的二元，而是共同構成人性之全的必要部分。第三、聖人理想人格的存養之法，即在於達情遂欲與誠意致知之間的和諧運作。生命藉由「情」與「理」（包含欲、情、知）和諧一致的交融互攝才能充分展現其價值，發揮人性中的無窮

〔註 146〕方東美：《中國哲學精神及其發展（上）》，台北：黎明文化，2005 年，頁 225。
〔註 147〕方東美：《中國哲學精神及其發展（上）》，台北：黎明文化，2005 年，頁 227。

創造力。

在中國人性論史上，正面肯定情欲的功能、客觀看待理的作用、強調情理彼是相因的人性論主張，戴震獨具一格的人性論可做為代表。戴震以血氣心知言性；以欲、情、知論性之內容，主張血氣與心知共同構成整全的人性，情、欲、知三者協力運作維持生命的生存與發展，缺一不可。因此，根據方東美提出之情理觀而言，方東美這種將情與理並列、交融的「情理一貫論」，即是淵源自戴震以血氣心知為核心的人性一本論。以下分三個層面論證之。

第一，就「情理一貫」而言。戴震沿承清初經世致用與對宋明理學修正的風潮，重新定義「理」的客觀價值，並且積極肯定「情欲」功能之必要性，將「情」與「理之」價值等而視之。戴震依據氣化流行的觀點論「理」，並且指出「理」乃是內在於事物中的法則，是一種只要透過對事物的明察，即能尋出的法則，據以推翻宋儒對理與天理的定義，戴震說：

> 是故就事物言，非事物之外別有理義也。「有物必有則」，以其則正其物，如是而已矣。就人心言，非別有理以予之而具於心也；心之神明，於事物咸足以知其不易之則，譬有光皆能照，而中理者，乃其光盛，其照不謬也。〔註 148〕

他指出真實的「理」，並不是宋儒所謂之「理」，他指出：

> 理者，察之而幾微必區以別之名也，是故謂之分理；在物之質，曰肌理，曰腠理，曰文理；得其分則有條而不紊，謂之條理。……天下事情，條分縷析，以仁且智當之，豈或爽失幾微哉！……古人所謂理，未有如後儒之所謂理者矣。〔註 149〕

透過「察」的作用，而能將宇宙萬物進行區別的法則稱「分理」。就物質所呈之質稱「文理」，就不同文理間呈現之關係或秩序稱「條理」。「事物之理」〔註 150〕即指宇宙萬物之間的客觀秩序，人類透過仁與智即能徹底掌握，因此，真實的「理」不是宋儒所說之「理」。同時，他認為真正的「天理」也不

〔註 148〕戴震：《孟子字義疏證》（卷上），理八條。〔清〕戴震：《戴震集》，台北：里仁書局，1980 年，頁 272。

〔註 149〕戴震：《孟子字義疏證》（卷上），理一條。〔清〕戴震：《戴震集》，台北：里仁書局，1980 年，頁 265。

〔註 150〕胡適說：「至於怎樣尋求事物的通則，戴震卻有兩種說法：一種是關於人事的理，一種是關於事物的理。前者是從儒家經典裡出來的；後者很少依據，可算是戴氏自己的貢獻。」胡適：《戴東原的哲學》，上海：商務印書館，1928 年，頁 60～61。

是宋儒所說的「天理」，他說：

> 理也者，情之不爽失也，未有情不得而理得者也。凡有所施于人，反躬而靜思之：「人以此施於我，能受之乎？」凡有所責於人，反躬而靜思之：「人以此責於我，能盡之乎？」以我絜之人，則理明。天理云者，言乎自然之分理也；自然之分理，以我之情絜人之情，而無不得其平是也。……古人所謂天理，未有如後儒之所謂天理者矣。〔註151〕

由「情之不爽失」、「以我絜之人」，即可知此處所論「天理」之本質與前述所指「事物之理」不同，而是指「人事之理」。故對於「人事之理」不能僅用「察」而得之，還需要絜之以情，方能無不得其平。「人事之理」即人倫之間的客觀秩序，人類必須以情絜情才能維持人倫之間的和諧秩序。此處，戴震重新界定「理」的不同範疇，進而肯定了「情」在人倫客觀秩序中積極價值。總之，對戴震而言，不管是「事物之理」或「人事之理」的真實意義，不過都是存在於宇宙間的必然條理而已，絕不是宋儒所說「如有物焉，得於天而具於心」之「天理」，而是「有物有則」的普遍客觀之「理」。因此，戴震說：

> 天地、人物、事為，不聞無可言之理者也，《詩》曰「有物有則」是也。物者，指其實體實事之名；則者，稱其純粹中正之名。實體實事，罔非自然，而歸於必然，天地、人物、事為之理得矣。……苟得其理矣，如直者之中懸，平者之中水，圓者之中規，方者之中矩，然後推諸天下萬世而準。《易》稱「先天而天弗違，後天而奉天時。天且弗違，而況於人乎，況於鬼神乎。」〔註152〕

不管是事物之理或人事之理，在戴震看來，宇宙萬物有物就有則，「理」就是內在於事物之中的必然法則而已。以上即是戴震一新六百年來之陳說，重新賦予新定義與價值的情理觀。綜上可證，方東美的情理觀即是源自於戴震。

第二、戴震以血氣心知言性，他說：「性者，分於陰陽五行以為血氣、心知，品物區以別焉。」〔註153〕血氣心知各有其不同的功能，在人性中扮演不

〔註151〕戴震：《孟子字義疏證》（卷上），理二條。〔清〕戴震：《戴震集》，台北：里仁書局，1980年，頁265～266。

〔註152〕戴震：《孟子字義疏證》（卷上），理十三條。〔清〕戴震：《戴震集》，台北：里仁書局，1980年，頁278。

〔註153〕戴震：《孟子字義疏證》（卷中），性二十條。〔清〕戴震：《戴震集》，台北：里仁書局，1980年，頁291。

同的角色，但是皆無法獨立運作，二者必須和合無間才能維繫生命的生存與發展。他說：「味與聲色，在物不在我，接於我之血氣，能辨之而悅之，其悅者，必其尤美者也。理義在事情之條分縷析，接於我之心知，能辨之而悅之，其悅者，必其至是者也。」〔註 154〕又說：「心能使耳目鼻口，不能代耳目鼻口之能，彼其能者各自具也，故不能相為。」〔註 155〕就消極而言，戴震認為不可以將人性分而論之，人性乃是一個完整的有機體，因此他提出天下惟一本的主張，據以反對一切二元對立的人性論：

> 天下惟一本，無所外。有血氣，則有心知；有心知，則學以進於神明，一本然也；有血氣心知，則發乎血氣心知之自然者，明之盡，使無幾微之失，斯無往非仁義，一本然也。苟歧而二之，未有不外其一者。〔註 156〕

就積極而言，戴震認為「情」與「理」、血氣與心知之間密切且和諧的運作，才能將生命天賦的創造力盡性的發揮，參贊天地的化育，因此他不只將情與理並提，同時將「欲」、「情」、「知」規定為性之實質內容，他說：

> 人生而後有欲、有情、有知，三者，血氣心知之自然也。……惟有欲有情而又有知，然後欲得遂也，情得達也。天下之事，使欲之得遂，情之得達，斯已矣。惟人之知，小之能盡美醜之極致，大之能盡是非之極致。〔註 157〕

達情遂欲對於生命而言乃是重要的，而「知」的作用是讓「情」、「欲」得到合理、適當滿足的關鍵前提。此處他把三者平等看待，肯定「情」與「欲」對於生命而言具有普遍客觀的價值。他特別強調「知」乃是人所獨具的能力，具有達情遂欲的輔相功能，故聖人存養之道就首重於「知」，進而以「知」為前提使天下人皆能達情遂欲。綜上所述，方東美情理一貫之觀點，乃是淵源自戴震。

第三、方東美根據人性中不可分割卻又功能各異的理與情，將存養之道

〔註 154〕戴震：《孟子字義疏證》（卷上），理六條。〔清〕戴震：《戴震集》，台北：里仁書局，1980 年，頁 269。

〔註 155〕戴震：《孟子字義疏證》（卷上），理八條。〔清〕戴震：《戴震集》，台北：里仁書局，1980 年，頁 271。

〔註 156〕戴震：《孟子字義疏證》（卷上），理十五條。〔清〕戴震：《戴震集》，台北：里仁書局，1980 年，頁 286。

〔註 157〕戴震：《孟子字義疏證》（卷下），才三十條。〔清〕戴震：《戴震集》，台北：里仁書局，1980 年，頁 308～309。

分為兩部分。「理」的方面是「知中」的理性之知；「情」的方面則是「知恕」的絜矩之道。「知中」即去蔽之知，必須依靠人的理性之知去克服；「知恕」即去偏之情、去私之欲，必須依靠同情的絜矩之道去圓滿。換句話說，「知中」即是探求事物之理：「知恕」即是體察人事之理，兩者都是強調「知」的重要性，故「知」就是情理一貫、忠恕之道的關鍵要素，也就是聖人修養工夫的要素。方東美重「知」的觀點，乃是淵源於戴震，以下詳論之。

首先，戴震於《孟子字義疏證》中，一方面指出程、朱「詳於論敬而略於論學」，另一方面提出其「德性資於學問，進而聖智」的著名主張。〔註 158〕此後，提倡「知」的重要性之重智思想就成了戴震思想的特色之一。余英時曾對戴震「德性資於學問」的重智思想有過詳細地闡述：

> 《疏證》易「心性」為「德性」，以與「學問」對舉，尤可見東原的議論是針對著儒學傳統中「尊德性」與「道問學」的問題而發的。東原謂「德性始乎蒙昧」，必不斷地資於學問而後始能「終於聖智」，這是儒家智識主義發展至成熟階段才會出現的新觀點。這樣的觀點，在以「尊德性」為第一義的宋、明理學中，是難以想像的。〔註 159〕

余英時認為，就思想史的觀點而言，隨著清代考證學之發展，逐漸將儒學由「尊德性」的層次轉入「道問學」的層次，他將此一轉變稱為「儒家智識主義」的興起。〔註 160〕此外，余英時進一步指出：「如果從學術史的觀點來看，東原對學問與知識的態度正是儒家智識主義發展到高峰時代的典型產品。」〔註 161〕綜上可知，戴震的主張，就是此一學術思想發展的代表性成果。據此，理性之知的「道問學」就成為踐形「價值應然境界」於真實世界、現實人生中的基礎。換句話說，戴震認為「道問學」的理性之知，即是成聖之道的存養工夫。就方東美對於「道問學」所持之觀點而言，他的立場與戴震是相同的，他說：

> 就儒家言，道問學，即所以尊德性也。問學功夫，足資提人品，超凡入聖，豈是等閑！安可易之？然就此層而論，陽明及其前輩象山，

〔註 158〕戴震：《孟子字義疏證》（卷上），理十四條。〔清〕戴震：《戴震集》，台北：里仁書局，1980 年，頁 280、281。

〔註 159〕余英時：《論戴震與章學誠》，台北：華世出版社，1980 年，頁 21。

〔註 160〕參余英時：《論戴震與章學誠》，台北：華世出版社，1980 年，頁 17。

〔註 161〕余英時：《論戴震與章學誠》，台北：華世出版社，1980 年，頁 19。

> 均較近於道家精神。蓋兩氏皆同重「修身以道，修道以仁」，而不尚唯聞見之知與繁文縟節之是求。其所欠闕者，正惟一種「旁通統會，一以貫之」之精神，而充份表現於孔、孟博厚高明、充實飽滿之人格生命者也。〔註 162〕

因此，就方東美提出以「知中」與「知恕」為聖人修養功夫的主張觀之，他的思想乃是源自於戴震。

其次，戴震指出聖人的存養之道，就在於針對人性中的「欲」、「情」與「知」三項本質，進行去私、去偏、去蔽之功夫，也就是從「情」與「理」兩方面著手。他說：

> 欲之失為私，私則貪邪隨之矣；情之失為偏，偏則乖戾隨之矣；知之失為蔽，蔽則差謬隨之矣。不私，則其欲皆仁也，皆禮義也；不偏，則其情必和易而平恕也；不蔽，則其知乃所謂聰明聖智也。〔註 163〕

是故，就存養之道觀之，兩人之立場是一致的。綜上而言，方東美對於情理一貫的主張乃淵源自戴震。

（二）「知中」〔註 164〕的理性之知

方東美藉《大戴禮記》，多方引喻「忠」的要義。他認為「中」的具體內容即是〈彖傳〉所云之「大中以正，各正性命」、「剛中而應，大亨以正，天之道也」、「剛中而應，……順天命也」，也就是儒家一致認為的「大公無私的生命精神」，他說「知中」就是「直透天地生物之心的核心。」〔註 165〕方東美在《中國人生哲學概要》指出天地生物之心即是仁心，〔註 166〕所以「知中」最

〔註 162〕方東美：《中國哲學精神及其發展（下）》，台北：黎明文化，2005 年，頁 151。

〔註 163〕戴震：《孟子字義疏證》（卷下），才三十條。〔清〕戴震：《戴震集》，台北：里仁書局，1980 年，頁 309。

〔註 164〕方東美「知中」與「知恕」乃出自《大戴禮記．小辨》。子曰：「忠有九知——知忠必知中，知中必知恕，知恕必知外，知外必知德，知德必知政，知政必知官，知官必知事，知事必知患，知患必知備。若動而無備，患而弗知，死亡而弗知，安與知忠信？內思畢心曰知中，中以應實曰知恕，內恕外度曰知外，外內參意曰知德，德以柔政曰知政，正義辨方曰知官，官治物則曰知事，事戒不虞曰知備，毋患曰樂，樂義曰終。」

〔註 165〕整理自方東美：《中國人生哲學》，台北：黎明文化，2005 年，頁 90。

〔註 166〕方東美說：「由天地生物之仁心以推測人心之純善。」參方東美：《中國人生哲學》，台北：黎明文化，2005 年，頁 71。

終就是要體會天地生物之仁心，也就是乾元的生生之德。故存養之道必須透過理性之知去掌握乾元大生之德，就是乾元無窮的創造力、就是「繼善成性」的善，就是生生之仁、生生條理之禮與義。他對戴震《原善》「生生者化之原，生生而條理者化之流」之詮釋，最能呈現這種精神，他說：「原其始，則見乎天地宇宙無限生命之所自來；要其終，則知乎萬物具體有限生命之所必歸。」〔註 167〕明確闡釋了「知」乃始於乾元貫注於生命的無窮創造力，繼而發為原始要終之道，最終合人道於天道，原始要終皆是「仁」。

對戴震來說，「知中」存養之道，就是要運用心知去探求萬物不易之則，也就是自然之極則，他說：

> 人則能擴充其知至於神明，仁義禮智無不全也。仁義禮智非他，心之明之所止也，知之極其量也。……孟子曰「心之所同然者，謂理也，義也；聖人先得我心之所同然耳。」〔註 168〕

要言之，戴震認為聖人與凡人的差別之處，就在於對宇宙客觀秩序之不易之則存在著不同程度的理解，聖人之知能極於神明之境，因此能超越一己之偏的意見，而深明心之所同然的真理；凡人則以己之意見為真理，並以此待人。戴震指出聖人之德就在於「仁智中和」，他說：

> 是故生生者仁，條理者禮，斷決者義，藏主者智，仁智中和曰聖人；智通禮義，以遂天下之情，備人倫之懿。〔註 169〕

根據前文「價值總論」分析可知，聖人之懿德源自乾元無限的創造力，所以聖人遵循天道之則，合人道於天道，深體乾元大生之德，自然能夠化相對差別價值為絕對價值，實現天人合德的理想。戴震指出人之所以異於禽獸之關鍵，即在於人具有「神明之知」，他說：「故理義非他，所照所察者之不謬也。何以不謬？心之神明也。人之異於禽獸者，雖同有精爽，而人能進於神明也。」〔註 170〕因此，戴震指出，聖人亦人，只不過是盡其「神明之知」於人倫日用之必然而已，他說：

〔註 167〕方東美：《中國哲學精神及其發展（上）》，台北：黎明文化，2005 年，頁 223。

〔註 168〕戴震：《孟子字義疏證》（卷中），性二十一條。〔清〕戴震：《戴震集》，台北：里仁書局，1980 年，頁 295。

〔註 169〕戴震：《原善》（卷上）。〔清〕戴震：《戴震集》，台北：里仁書局，1980 年，頁 331。

〔註 170〕戴震：《孟子字義疏證》（卷上），理六條。〔清〕戴震：《戴震集》，台北：里仁書局，1980 年，頁 270。

> 孟子曰：「規矩，方圓之至也；聖人，人倫之至也。」……聖人亦人也，以盡乎人之理，群共推為聖智。盡乎人之理非他，人倫日用盡乎其必然而已矣。推而極於不可易之為必然，乃語其至非原其本。〔註 171〕

簡言之，聖人即是能夠循存養之道以發揮人的「神明之知」，並且徹底地在真實世界、現實人生中付諸實踐之人。戴震認為存養之道遍在宇宙萬物之條理中，「天地、人物、事為，不聞無可言之理者也。《詩》曰：『有物有則』是也。」〔註 172〕萬物之理都源自乾元，盡人之理即是合天地之理、體人物之常即是合天地之常。他強調凡人只要發揮其理性之知，於天地、人物、事為中，持續地努力求其不可易之理至於纖維無憾之境，即能成為體天地之常的聖人。

綜上所述，方東美與戴震兩人都同樣主張聖人懿德的存養之道，就在於藉由理性之知，求其不易之理，以體天道之常，聖人於是而成。因此就「知中」這一立場而言，方東美與戴震的觀點是一致的，明顯地方東美是發揮自戴震哲學的理論。此外，戴震說：「天地之德，可以一言盡也，仁而已矣；人之心，其亦可以一言盡也，仁而已矣。」〔註 173〕因此方東美所說之「天地生物之仁心」，即是天地之仁德，也是聖人所體之仁心。由上可知兩人對於如何存養人性中理性之知的「知中」功夫上，都是要盡心知之極致，以人道表述天德之仁。方東美曾引用戴震《原善》「氣化之於品物，可以一言盡也，生生之謂歟。」來表述「萬有含生論」之天地生物氣象。透過戴震原文更能體會兩人對於生生之仁一致推崇的立場。戴震說：

> 《易》曰：「天地之大德曰生。」氣化之於品物，可以一言盡也，生生之謂歟！觀於生生，可以知仁；觀於其條理，可以知禮；失條理而能生生者，未之有也，是故可以知義。禮也，義也，胥仁之顯乎！若夫條理得於心，其心淵然而條理，是為智；智也者，其仁之藏乎！生生之呈其條理，顯諸仁也，惟條理，是以生生，藏諸用也。顯也

〔註 171〕戴震：《孟子字義疏證》（卷上），理十三條。〔清〕戴震：《戴震集》，台北：里仁書局，1980 年，頁 278。

〔註 172〕戴震：《孟子字義疏證》（卷上），理十三條。〔清〕戴震：《戴震集》，台北：里仁書局，1980 年，頁 278。

〔註 173〕戴震：《原善》（卷中）。〔清〕戴震：《戴震集》，台北：里仁書局，1980 年，頁 337。

者，化之生於是乎見；藏也者，化之息於是乎見。生者，至動而條理也；息者，至靜而用神也。〔註 174〕

宇宙萬物與人類同稟天道生生之仁，故其心知只要循生生之條理，體天道之極則，便能合自然與必然為一體，臻於心知之極致，合人道於天道。

（三）「知恕」的絜矩之道

首先對於戴震來說，「絜矩之道」是用於求「人事之理」，而不是求「事物之理」。「知恕」或「絜矩之道」乃是針對血氣中之「情」與「欲」的存養功夫，是在掌握了「事物之理」後，再據「事物之理」進一步探求「人事之理」，即求其「心之所同然」、「情之不爽失」、「情至於纖維無憾」是也。胡適指出，戴震經常引用《論語》的「恕」和《大學》的「絜矩之道」以解釋「人事之理」的要義。〔註 175〕如戴震說：

> 理也者，情之不爽失也，未有情不得而理得者也。凡有所施於人，反躬而靜思之：「人以此施於我，能受之乎？」凡有所責於人，反躬而靜思之：「人以此責於我，能盡之乎？」以我絜之人，則理明。天理云者，言乎自然之分理也；自然之分理，以我之情絜人之情，而無不得其平是也。〔註 176〕

> 惟以情絜情，故其於事也，非心出一意見以處之，苟舍情求理，其所謂理，無非意見也。未有任其意見而不禍斯民者。〔註 177〕

由上可知，戴震主張不能離情言理，一旦離情則失去理的普遍客觀性，「未有情不得而理得」、「苟舍情求理，其所謂理，無非意見也」。戴震在明察「事物之理」的不易之則時，並沒有將人之情納入考察範圍，然而在探求「人事之理」的時候，不僅提出情理兼顧的要求，同時他更進一步要求所有的人，不管是根據何種不易之則，在將此理奉為懿德施行之前，都需要以情絜情、反躬自省，設身處地體會自己是當事人的感受，也就是在事理的基礎上予以同情的了解。因為要達致人倫秩序的和諧，其中所牽涉的元素不只是事理，還

〔註 174〕戴震：《原善》（卷上）。〔清〕戴震：《戴震集》，台北：里仁書局，1980 年，頁 333。

〔註 175〕參見胡適：《戴東原的哲學》，上海：商務印書館，1928 年，頁 61。

〔註 176〕戴震：《孟子字義疏證》（卷上），理二條。〔清〕戴震：《戴震集》，台北：里仁書局，1980 年，頁 265～266。

〔註 177〕戴震：《孟子字義疏證》（卷上），理五條。〔清〕戴震：《戴震集》，台北：里仁書局，1980 年，頁 269。

有情理。這也是方東美在〈哲學三慧〉中不斷強調情理一貫的原因，惟有起大智度、生大慧解，方能在人倫秩序上「無不得其平」。因為，「事物之理」是求其是、求其真，而「人事之理」則是求其和、求其善。故兩人處理人與事之理的立場是相同的。

其次，方東美與戴震同時援引《大學》「絜矩之道」「所惡於上，毋以使下；所惡於下，毋以事上；所惡於前，毋以先後；所惡於後，毋以從前；所惡於右，毋以交於左；所惡於左，毋以交於右。」闡述他們對「絜矩之道」的具體觀點。方東美的觀點主要有二，消極地說是「己所不欲，勿施於人」，不可以把自己的快樂建立在別人的幸福上；積極地說是「以人度人、以情度情、以類度類，以道觀盡」〔註 178〕。考之戴震對《大學》此段文句的觀點有二。第一，他主張「理」在付諸施行前，要反躬而靜思之「人以此施於我，能受之乎？人以此責於我，能盡之乎？」戴震援引《大學》為證之動機，主要是為了闡釋孔子回答子貢何為恕之要義，即「其恕乎，己所不欲，勿施於人」，避免把自己的快樂建立在別人的痛苦之上，這種避免損人利己的立場，也就是對於「仁」的消極詮釋。就這一點觀之，方東美與戴震的動機是相同的。第二，戴震對《大學》「絜矩之道」的詮釋方式頗具特色與巧思。他將整段文句依照「上下關係」、「前後關係」與「左右關係」定義出三組不同的人我關係，「上下關係」是以位之尊卑言；「前後關係」是以長於我與我長言；「左右關係」是以等於我言。簡言之，就是面對不同的人際關係時，要轉換至當下的關係中去反躬，這一點就是方東美主張「以人度人、以情度情、以類度類」之要義。故，總而言之，方東美與戴震在「知恕」、「絜矩之道」的立場與觀點是一致的。

（四）據才質斷人之性善

方東美認為，根據「原始儒家」既超越又內在的形上學原理觀之，循「原始要終之道」，藉由具體的價值實踐以展現至善的絕對價值，才能完整地呈現出人性之偉大。方東美以「性體實有之全體大用」做為價值中心的本體論，溯其源，則與戴震《原善》提出之「惟據才質為言，始確然可以斷人之性善。」〔註 179〕的性善說有相近之處。

〔註 178〕方東美：《中國人生哲學》，台北：黎明文化，2005 年，頁 90。

〔註 179〕戴震：《原善》（卷中）。〔清〕戴震：《戴震集》，台北：里仁書局，1980 年，頁 340。

如前述，方東美所謂的「性善」，在「原其始」的生發階段指的是天賦本原「善端」之實然本質，即源自於乾元所具有之無窮創造力的善；而在「要其終」的生成階段指的是在大道生生不息的歷程中，經過自我實現的價值創造之後「善之完成」的應然境界。要言之，「要終」（後得性）是將「原始」（本初性）予以盡善盡美提升之後的至善理想狀態。方東美說：「天地之大美即在普遍生命之流行變化，創造不息。……換句話說，宇宙之美寄於生命，生命之美形於創造。」〔註 180〕因此，所謂盡善盡美的要義，善乃就「性」言，美則以「才」論。方東美對盡善盡美之價值應然境界的定義，就是「性」處於善的和諧狀態、「才」達到美的價值狀態。這種將性的本質與善的境界分論，以及據才質論性善的主張，乃是戴震最具代表性的主張之一。

戴震本於一本論的立場，於《原善》中提出「惟據才質為言，始確然可以斷人之性善」的主張，重新定義了性與才的關係，以此詮釋《孟子》「乃若其情，則可以為善矣，乃所謂善也：若夫為不善，非才之罪也。」之要義。他認為，人性必須藉著才質方能呈現其性，並且必須透過才質始能創造價值。也就是說，才乃是性得以在現實世界中存在的基礎、也是人性之天賦潛能得以創造出具體價值的憑藉。他說：

> 才者，人與百物各如其性以為形質，而知能遂區以別焉。……氣化生人生物，據其限於所分而言謂之命，據其為人物之本始而言謂之性，據其體質而言謂之才。由成性各殊，故才質亦殊。才質者，性之所呈也；舍才質安睹所謂性哉！以人物譬之器，才則其器之質也；分於陰陽五行而成性各殊，則才質因之而殊。……故才之美惡，於性無所增，亦無所損。……孟子所謂性，所謂才，皆言乎氣稟而已矣。其稟受之全，則性也；其體質之全，則才也。稟受之全，無可據以為言，如桃杏之性，全於核中之白，形色臭味，無一弗具，而無可見，及萌芽甲坼，根幹枝葉，桃與杏各殊；由是為華為實，形色臭味無不區以別者，雖性則然，皆據才見之耳。成是性，斯為是才。別而言之，曰命，曰性，曰才；合而言之，是謂天性。……踐形之與盡性，盡其才，其義一也。〔註 181〕

〔註 180〕方東美：《中國人生哲學》，台北：黎明文化，2005 年，頁 100。

〔註 181〕戴震：《孟子字義疏證》（卷下），才二十九條。〔清〕戴震：《戴震集》，台北：里仁書局，1980 年，頁 307。

戴震認為性與才兩者密不可分，就「因才以見性」的角度而言，兩者都具有相同的重要性。他指出才具有形質與知能的功能，才質即是人性本質之具體呈現，唯有透過才質的具體表現才能一窺人性之本質，也就是說必須藉由「才質」的具體價值展現，才能明晰人性之本質內涵，所以他說「故才之美惡，於性無所增，亦無所損。」又說「孟子所謂性，所謂才，皆言乎氣稟而已矣。其稟受之全，則性也；其體質之全，則才也。」萬物一切之「性」與「才」皆源自於乾元之氣稟，依「萬有含生論的新自然觀」與「性善論的人性觀」精神而言，萬物一切個體生命由「原始本體」的實然本質邁向「究極本體」之應然境界，唯有據其才質所展現出來的價值實踐才能得知其境界。這就是方東美所說之「性體實有，盎然充滿，瀰貫天地，澈上澈下，莫非價值」〔註 182〕、「形成一套價值中心觀之本體論，以肯定性體實有之全體大用」〔註 183〕，以及他根據人文主義精神標舉「健行」與「事功」的主張。方東美說：

> 儘管我們分享的才性各不相同，但是我認為在「存有」的全部宇宙資產中，大家應該相輔相成。……中國人應當從形上與道德的層次落實到自然世界的層次，以學習欣賞現代科學的成就。〔註 184〕

萬有一切個體生命所創造出的具體價值，必須在現實世界確實賦予實踐，才是《易傳》哲學「原始要終之道」的核心要義，才是方東美特別以「價值中心觀之本體論」所闡釋的典型的中國本體論精神，而方東美認為孟子與荀子從具體價值實踐角度所發揮的「哲學人性論」主張，完整地展現出原始儒家積健為雄、內聖外王的「時際人」精神。他特別指出，中國人應該將內聖存養所得之美善人格精神，落實到現實世界中去貞定之，此一主張的精神即是源自於戴震「惟據才質為言，始確然可以斷人之性善。」的主張。因此，方東美提出的《易傳》哲學要義，最後是以聖人作為價值實踐主體之代表，將「究極本體」之價值應然境界，在現實世界中透過自我價值創造，具體地展現出萬物一切個體生命的價值。

綜本節所述，根據情理一貫論、「知中」的理性之知、「知恕」的絜矩之

〔註 182〕方東美：《中國哲學精神及其發展（上）》，台北：黎明文化，2005 年，頁 216。

〔註 183〕方東美：《生生之德．中國形上學中之宇宙與個人》，台北：黎明文化，2005 年，頁 355。

〔註 184〕方東美：《生生之德．從宗教、哲學與哲學人性論看「人的疏離」》，台北：黎明文化，2005 年，頁 411～412。

道與據才質斷人之性善四個關鍵概念為核心，考察方東美與戴震兩人思想上的關聯性之後，即可發現兩人幾乎具有十分一致的觀點。因此，可以確認方東美根據《易傳》哲學所提出的「完成一部價值中心觀的本體論」，其思想淵源於戴震。

第六章　結　論

如前述，方東美認為《周易》哲學並非成於一代、一人之手，乃是歷經長期發展而成。原其始，可以遠溯自重卦以「旁通之理」所解釋的歷史發展格式，即畫卦前的世界紀實，以及卦爻辭以象徵手法所闡釋之重卦「旁通之理」。要其終，則是孔子及門弟子們追問卦爻符號中的「旁通之理」後，運用「比興體」象徵手法寓於《十翼》中的一套形上本體論，以及由孔門後學發端，至孟子而圓成的一套「哲學人性論」，闡明聖人之偉大人格境界以及養成方法。他根據這樣的《易》學觀，提出四項《易傳》哲學要義，以闡明「動態歷程之價值中心本體論」奧義，即是將隱含於「旁通之理」的「動態歷程本體論」與「價值總論」整合成一套「原始要終之道」，闡明萬物一切普遍生命，稟乾元無窮的創造力，在處處旁通、時時創進的生命歷程中，透過價值創造以成己成物，一方面盡己性完成自我實現，另一方面盡人之性、物之性、參贊天地，使宇宙臻入廣大和諧之境界。要言之，此套形上本體論之核心精神即是源自方東美以「超越形上學」所闡明的「典型中國本體論」要義。萬物一切共同構成宇宙整體，一方面必須在各自創進不已的生命歷程中，透過盡性以實現各自所有天賦潛能，展現與分享萬物各自不同的分殊價值；另一方面要在旁通統貫的密切互動關係中體會到，唯有結合分殊之善所呈現的差別價值，才是萬物一切生存與生活的無上理境，即廣大和諧的至善境界。此即是方東美以「機體主義」與「歷程哲學」向外國學人闡釋的《周易》哲學要義，透過生生之德的歷程以創造出廣大和諧的至善理境。

根據本文分析，方東美上述思想乃淵源自清儒戴震與焦循。此外，其「原始儒家」的治學立場，與開創清代學術思潮的顧炎武有密切的關係。因此，廣義而言，方東美的《易》學思想受到清代學術思想深刻的影響。方東美反對一切二元對立的主張，強調精神與物質對生命而言具有同樣的重要性；主張萬物一切既要各自盡性全成，也不可忘記彼此間的成己成物。萬物看似差異的分殊價值，並不能、也不會改變萬物之間始終都是構成宇宙之基本事素的一體關係。要言之，「原始要終之道」是創造整體的、共同的、和諧的至善價值，而不是個體的、分殊的、對立的差別價值。上述主張與戴震「氣本體論」的立場有異曲同工之妙。

以下總結方東美《易》學思想之特色、侷限所在，最後對其師承淵源予以貞定。

第一節　方東美《易》學思想之特色

如首章所述，根據方東美學生與前人學者的研究，他的「生生哲學」乃是以《周易》思想作為核心。綜觀方東美各式著作中之論述，即可發現他以廣大和諧、天人合德為特徵之「生生哲學」，乃建立在他根據原始儒家思想所詮釋的《易》學思想之上。因此，掌握其「生生哲學」奧義之關鍵，即在於掌握其《易》學思想之特色。他說：

> 上引各節，將宇宙點化之，呈現於時間之畫幅上。時間創造化育，生生不已，象效天地大生廣生之德，適以表現生命之大化流行，澈上澈下，旁通瀰貫。在全幅時間化育之領域中，宇宙生命廣大無限，寓諸不朽。就代表時際人之儒家心靈眼光看來，宇宙元是一個包羅萬象之大生機，無一刻不發育創造，而生生不已；無一地不流動貫通，而亹亹無窮。〔註1〕

從上述方東美發揮《周易》哲學奧義所提出的「無一刻不發育創造，而生生不已」與「無一地不流動貫通，而亹亹無窮」觀之，即是他在英文著作中藉由「機體主義」或「歷程哲學」等西方讀者熟悉之概念所傳達的中國哲學特色。綜上所述，《周易》哲學即是方東美「生生哲學」之理論根源，掌握其《易》學思想的特色即可掌握其哲學要義。根據本論文之考察，方東美《易》學思想特色可從二個層面加以把握，其一為他研究《周易》的治學方法之所本，其二則是他研究《周易》的為學宗旨之所在。以下依序闡明之。

〔註1〕方東美：《中國哲學精神及其發展（上）》，台北：黎明文化，2005年，頁222。

首先，他的治學方法可以從本文第二章對其《易》學觀的考察中得其要。他堅決主張必須根據原始儒家思想為基礎進行《周易》研究，理由是他認為漢代以後的《周易》思想都已經摻雜了許多不屬於先秦孔孟思想的成份在內，已經失去了《周易》在原始儒家思想中之積健為雄創造精神，他根據這一個標準一一否定歷代《周易》思想的純粹性。換句話說，方東美研究《周易》的治學方法必然與概括中國《易》學發展成果之所謂「兩派六宗」不同，因此他必須親自考證原始儒家思想要義、以及《周易》成書之性質，再據其考證所得對《周易》思想進行創造性詮釋。他說：

> 《周易》這部書，就符號和卦爻辭的系統說，是從遠古到成周時代的歷史產品；後來到春秋時代經過孔子，與弟子加以系統地研究，給這些歷史資料一個哲學的解釋，然後才有真正的哲學。……《周易》的符號系統只是歷史的記載，即使有哲學意義，也只是含藏其中而已。……《周易》這部歷史的書變為哲學的書，代表儒家、代表孔子的精神。〔註2〕

值得注意的是，如何從以卦畫和卦爻辭為記載格式之歷史文獻性質的《周易》之中，挖掘出隱含其中的形上原理，方東美採取的治學方法是分從歷史與文字音韻訓詁入手。他一方面透過歷史考證將《周易》經傳還原為一部歷史文獻，追原重卦所依據的歷史發展格式，指出重卦乃是根據「旁通之理」建構之一套首尾一貫之演繹系統，使得自漢以後歷代附會其上的象數之說皆失去了根據；另一方面他藉由文字聲韻訓詁的方法，以「賦比興」的創作手法解析《周易》卦爻辭的奧義就在於「易之辭指識其卦爻之所之，以分別當位失道也」，使得後代根據卦爻辭所建立的學說也失去本源；最後他將《易傳》視為是以「比興體」為創作手法的作品，其主旨乃是指出「辭也者，各指其所之」的核心要義就在於「此卦之意，繫於彼卦之辭」，即《易傳》之奧義乃是透過「言在於此，意寄於彼」的象徵手法，指出《周易》乃是一套「縱之而通，橫之而通」，無所不通的旁通系統，因此間接否定了「兩派六宗」《易》學思想與先秦原始儒家思想的淵源關係。根據本文第三章之考察可知，方東美「通其象、通其辭、通其理」的《周易》治學方法乃是淵源自焦循。對於焦循來說，《周易》之奧義自伏羲開始即是一套修己治人之道，周公據以施予政事，孔門後學則將其要旨發揮於《論語》、《孟子》；同樣的，方東美以原始儒家思

〔註 2〕方東美：《原始儒家道家哲學》，台北：黎明文化，2005 年，頁 180。

想為研究範疇，認為《周易》的微言大意就在《中庸》第二十二章對儒家「哲學人性論」要義之徹底發揮，即：「惟天下至誠，為能盡其性；能盡其性，則能盡人之性；能盡人之性，則能盡物之性；能盡物之性，則可以贊天地之化育；可以贊天地之化育，則可以與天地參矣」。孟子繼起，他認為盡己之性的自我實現也只是階段性的完成，還要具體地在現實世界中盡人性、物性、直至與天地參，才是「至善」人格的展現，因此提出君子應該秉持乾元創造精神「與天地精神同流」，透過持續不斷的價值創造，將人格精神昇華至聖人之境，即「大而化之之謂聖；聖而不可知之之謂神。」也就是說，方東美《周易》研究的治學方法，乃是透過層層考證做為根據以建立一套形上本體論，再依據原始儒家思想為範疇，將孔子後學們踵事增華所補充的一套哲學人性論也納入其「原始儒家」之《易》學思想中，並且繼焦循之後提出「孟子深於易」的主張。

其次，方東美《周易》研究的為學宗旨，就在於他提出之《易傳》哲學要義中。他指出《易傳》哲學乃是孔子及門弟子們運用「人文的途經」解釋隱含在《周易》符號系統中的「形上學原理」而成，即《易傳》哲學乃是一套「動態歷程之價值中心本體論」。也就是說，方東美研究《周易》的為學宗旨，就在於從《周易》經傳中引申出一套「形上本體論」，再據以作為其「生生哲學」的理論基礎。他自述採用「形上學途徑」與「人文的途徑」進行中國哲學研究，即明確表明了其為學宗旨所在。就「形上學途徑」而言，方東美從中國形上學思想的根源處著手闡釋《易傳》形上本體論之內涵。他藉由「超越形上學」闡明萬物一切生命本體具有得自乾元的創造力，能夠在生命的創進歷程中，透過生命價值的創造，成己成物，臻入至善之理境；又藉由「內在形上學」闡明個體生命的理想境界就存在於現實世界中、憑藉著自我完善的生命力，透過持續不斷地努力實踐，使「原始本體」藉由種種創造之價值臻入「究極本體」之至善境界；再藉由「機體主義觀點」闡明宇宙萬象處處呈現有機之統一，絕非是孤立系統、機械秩序與封閉系統，而是一套「一以貫之」的廣大和諧系統。因此在方東美看來，一切強調復其初的、回歸先驗本性的學說絕非《易傳》哲學之本義；任何否定生命本體價值的立場均不得《易傳》哲學要旨；所有主張二元對立的觀點皆違反其《易傳》哲學之精神。若就「人文的途徑」而言，方東美認為生生不已的宇宙萬有，都是源自於創造賡續、妙用無窮的天道，人類不僅要參與此一創化歷程，同時還要在歷程中取得中樞地位，因此任何輕視人類創生不已生命事蹟的態度、否定人類能經由「健行」與「事功」之價值創造而參贊天地化育的見解，都不符合《易傳》哲學的精神。根據第五章考察可知，方東美《易傳》哲學思想乃淵源自戴震，首先，他一方面闡發《原善》「氣化之於品物，可以一言盡也，生生之謂歟」之要義，以總賅宇宙生化之源與客觀秩序，另一方面將戴震「生生者化之原，生生而條理者化之流」之要義發揮成一套動態歷程的「原始要終之道」，並且將「生生」之仁與「生生而條理」之禮與義定義為善，從價值的根源處說明宇宙的秩序。其次，方東美以「情理一貫」論性，即是源自戴震以「血氣心知」論「性」的「一本論」立場；發揮戴震「語其至非原其本」、「要其後非原其先」之要義而成「人性向善論」；高度讚揚戴震以「理性之知」闡明人性偉大之根源。第三，方東美根據戴震氣化流行的觀點，說明「人物之生，其善則與天地繼承而不隔者」，從仁義禮之價值根源處闡明天人合德與廣大和諧之境界。第四、方東美發揮戴震運用「理性之知」克服知之障蔽及「以情絜情」去除情欲之私，作為聖人之修養功夫。

綜上所論，方東美《易》學思想特色就在於藉由詩三體「賦比興」為詮釋方法、根據原始儒家思想為詮釋內容、以形上本體論為詮釋宗旨，重新詮釋《周易》經傳所得出的見解。以下即從原始儒家思想出發掌握其特色。方東美主張回歸原始儒家思想的立場，最早見於 1931 年發表之〈生命情調與美感〉，〔註 3〕最晚自 1937 年〈哲學三慧〉與《中國人生哲學概要》中即已確立其思想內容。在〈哲學三慧〉中，他詳細闡述自秦漢之後造成中國學術思想衰敗的原因，〔註 4〕簡言之：「中國學術失墜（哲學為尤甚）之原因，乃在

〔註 3〕他說：「降及秦漢，道之妙、儒之理，漸次頹廢，於是陰陽五行之說，雜亂並出，是後言宇宙者，乃遂滯於形跡，卑之無甚高論矣。陰陽之說，具見於儒道哲理之初，然其用極於剛柔之變化，固不若漢儒之執著形跡以為言也，五行之說雖原本於《尚書》，但其意甚鄙，儒道先哲，多棄置弗論，唯漢儒競相傳播耳。」方東美：《生生之德．生命情調與美感》，台北：黎明文化，2005 年，頁 173。

〔註 4〕詳參方東美：《生生之德．哲學三慧》，台北：黎明文化，2005 年，頁 204～206。文中方東美依照歷史順序詳述中國學術衰敗的過程及原因，而關鍵即在秦漢之際。他首論中國古代為貴族封建社會，民族智慧寄託於六藝，然六藝皆帝王經世之道，獨為士大夫階級所專有，庶民不得與焉。學術寄于官府，文化託於少數，雖有智慧，不能普及，雖有創造，難以賡續。其二、諸子百家之言於秦取天下後，仿古代遺制設官掌學，以博士之鮮能寡恥，壟斷學術，上圖取悅暴君於一時，下以誇耀榮利於當世，已失為學術求學術，為真理守真理之要

歷代均以政治統御文化，箝制思想自由，苟有專心致志之思想家，不為利祿所誘惑，便為淫威所懾服」。方東美對歷代學術思想內容之變遷進行詳細分析並歸結出原因，其目的即在於闡明相較於秦漢之後的學術發展而言，原始儒家思想具有之優越性，他說「中國的哲學，在春秋時代達到世界稀有的高潮；但是到了秦漢以後，馬上進入低潮，……一直到民國時代都沒有復興」。〔註 5〕基於此，方東美進一步闡發原始儒家思想之核心價值乃在於：「要把人的精神，從自然界的裡面提昇到達精神的頂點，然後從人類的智能才性上面變做盡善盡美、變做神聖」〔註 6〕，也就是成為〈乾文言傳〉所歌頌的「大人」的境界。〔註 7〕方東美認為《中庸》清楚指明這個大人，不只要完成他自己的生命，同時還要盡人之性、盡物之性，贊天地之化育，最後與天地參。方東美在 1937 年發表之《中國人生哲學概要》中表示：「中國的大人、聖人是與天地合德，與大道周行，與兼愛同施的理想人格。宇宙間的普遍生命有些微隳敗，有些微缺失，有些微殘害，便足阻礙人道之止於至善」〔註 8〕。也就是說，原始儒家思想的核心主題就在於天人關係的合理安排，宇宙和人類之間圓滿關係的完成即是所謂的至善境界，方東美以舞台與背景譬喻宇宙的角色、以演員與戲情譬喻人類的角色，闡明宇宙與人生之間的圓滿和諧才能呈現精采的演出的道理。〔註 9〕因此，他認為原始儒家思想中的天人關係乃是

義，斷絕文化之新生命。第三、漢承秦火之餘，典籍散失，士大夫承學，皆遵口說，於是世守門戶，破碎釋經，滅大慧以小義，隱至理於故籍，只知守成，莫敢創造，亦以讖緯迷惑穿鑿附會，不見真理。第四、漢以後因襲博士官學制度（宋以後科舉制度猶是變相官學），以利祿熏人心，以權威約真理，經世致用，空存美談，釣名漁利，長留穢德。總之，中國學術失墜（哲學為尤甚）之原因，乃在歷代均以政治統御文化，箝制思想自由，苟有專心致志之思想家，不為利祿所誘惑，便為淫威所懾服。第五、哲學智慧之啟迪，原屬天才分內事，但在中國古代，貴族藏守學術，秦漢以後，博士壟斷學術，是以多數民族天才或因失學而昏盲，或因趨利而滅智，不能專心致志，尋求真理。

〔註 5〕方東美：《方東美先生演講集》，台北：黎明文化，2005 年，頁 41～42。

〔註 6〕方東美：《方東美先生演講集》，台北：黎明文化，2005 年，頁 69。

〔註 7〕〈文言傳・乾〉曰：「夫大人者與天地合其德，與日月合其明，與四時合其序，與鬼神合其吉凶。先天而天弗違，後天而奉天時。」

〔註 8〕方東美：《中國人生哲學》，台北：黎明文化，2005 年，頁 82。

〔註 9〕他說：「宇宙是舞臺及其背境；人類即是這舞臺裡面高貴的演員；人性之流露即是些可歌可泣的戲情。戲情如何串演，離不了舞臺，舞臺如何布景，要適合戲情。舞臺上的戲目演來是否精彩，全看這劇情與那舞臺的配合是否圓滿和諧。宇宙與人生的關係，也應該如此解釋，纔覺得體。」方東美：《中國人生哲學》，台北：黎明文化，2005 年，頁 74。

「彼是相因」的交感和諧境界，並且將其根本立論安排在《周易》這一部書上面，他說：

> 周易從大生之德的乾元、廣生之德的坤元：一個是創造的精神符號，一個是孕育的精神符號，這兩個符號把它顯現出來，成為創造的程序、孕育的程序，都是要在時間上面綿延出來。所以儒家，我在這個地方，給他取一個名字，叫做「時際人」(Time-man)。因為真正的儒家發洩他的人的創造精神去吻合天的創造精神與地的孕育精神，要能夠贊天地的化育與天地參。如此，儒家要是不把的生命在時間的過程中展開來創造的程序與孕育的程序，就無以表現儒家的智慧。〔註 10〕

方東美認為就原始儒家思想內容觀之，《易傳》乃一套「動態歷程之價值中心本體論」，其要義在闡明：「宇宙之客觀秩序，乃是成於乾元之充沛創造精神，表現於時間綿絡旁通、變易歷程之中。人類個人所面對者，正是一大創造之宇宙，是故個人亦必須同其富於創造精神，方能德配天地，妙贊化育；否則與之處處乖違悖謬矣。」〔註 11〕而《易傳》形上本體論之要義俱在《中庸》:「天命之謂性，率性之謂道，修道之謂教。」與「唯天下至誠，為能盡其性，……則可以與天地參矣。」之中。孟子繼起，從子思處領受《易傳》精神，將《中庸》之要義發揮為「可欲之謂善，有諸己之謂信，充實之謂美，充實而有光輝之謂大，大而化之之謂聖，聖而不可知之之謂神」的成聖之道以及「所過者化、所存者神，上下與天地同流」的偉大人格境界。方東美據此認為「孟子深於易」。要言之，方東美的《易》學思想特色就展現在他根據原始儒家思想，一方面發揮《易傳》要義為一套形上本體論；另一方面總賅《論語》、《大學》、《中庸》、《孟子》之要義為一套哲學人性論，所建構之《易》學思想之中。以上即為方東美根據原始儒家思想所建立的《易》學思想概要。

第二節　方東美《易》學思想之侷限

如前節所述，他透過創造性詮釋所建立的《易》學思想，比之於《四庫全書總目提要》以「兩派六宗」所歸納的中國《易》學發展之龐大理論體系而

〔註 10〕方東美：《方東美先生演講集》，台北：黎明文化，2005 年，頁 141。
〔註 11〕方東美：《中國哲學精神及其發展（上）》，台北：黎明文化，2005 年，頁 223。

言，可說是具有特色的創見。究其因，此一具特色的《易》學思想，乃是基於方東美《周易》研究所採取的治學方法與為學宗旨所致。然而其《易》學思想之侷限也是由此而生。

就其選擇之治學方法觀之，他以原始儒家思想為研究範疇、以「賦比興」為解讀《周易》文字系統的方法、視《周易》卦畫與卦爻辭符號系統乃是歷史發展格式的展現等，上述每一項觀點即是一項前提，反映出方東美進行《易》學研究時所做的取捨。如他設定以原始儒家思想為範疇，即是選擇了以先秦孔孟荀之思想作為詮釋《周易》哲學奧義之根據；又如方東美運用「賦比興」手法解讀文字系統以區分陳事與說理之不同，即是運用文字訓詁重新詮釋《周易》文字系統之可能象徵意涵；他在〈易之邏輯問題〉中重新演繹重卦系統之邏輯結構，以證立其建構邏輯就是「旁通原理」，即是運用現代邏輯之方法。此外，若就其設定之為學宗旨觀之，他於諸多解釋角度中採用人文主義作為詮釋的觀點、在諸多哲學範疇中選擇形上學的路徑，其目的即是從原始儒家「時際人」的精神出發，以人為總樞紐，據以建立一套動態歷程之價值中心本體論，以解釋生命之自然秩序與道德秩序。因此，其他哲學範疇皆非其《易》學研究所探討的標的。

綜合上述兩點觀之，方東美《易》學思想的侷限有三。第一是研究範圍的侷限，如前節所述，他的研究範圍在他選擇的重重前提之下，排除了漢代以降歷代《易》說之哲學意義，聚焦於先秦原始儒家思想之中，探求《周易》的哲學意義。第二是研究範疇的侷限，他獨採形上學途徑進行研究，也以此作為哲學價值的判準，他在《中國哲學精神及其發展》之〈獻詞〉中對此有詳細的說明，他說：「通中國哲學之道，蓋亦多方矣！然余於是書，則獨採形上學途徑，欲以直探主腦及其真精神之所在。範限既定，余遂得於眾多問題或逕置弗論，或姑及其梗概耳。」〔註 12〕由上可知，此一觀點乃是他經過深思熟慮後，根據其為學宗旨所做選擇。第三則是合理性標準的侷限，如他闡明形上學之具體內容說：「形上學者，究極之本體論，探討有關實在、存在、生命、價值等，而可全部或部分為人類穎悟力所及者。且其說不一，容有種種殊異之詮釋。」〔註 13〕在上文中，他一方面並沒有清楚解釋人類穎悟力能夠理解與不能理解的範疇，如此也就無法替其理論建構提供明確的合理性標

〔註 12〕方東美：《中國哲學精神及其發展（上）》，台北：黎明文化，2005 年，頁 76。
〔註 13〕方東美：《中國哲學精神及其發展（上）》，台北：黎明文化，2005 年，頁 100。

準；另一方面，所謂「容有種種殊異之詮釋」，則賦予他無限的詮釋空間，無論是在建立其理論方面或者是在品評不同立場方面皆然。又如他借用《詩經》「賦比興」之創作手法，用以考察寓於《周易》文字系統之中的形上原理，透過譬喻象徵之妙用以突破有限文字之侷限，雖然可以用象徵性語言描繪豐富的情感，但是在表達深刻複雜的哲學思想方面，如此開放的詮釋方式該如何掌握其詮釋的合理性標準，則是其沒有說明的。

如第三章所述，方東美《易》學觀淵源自焦循，兩人詮釋《周易》經傳的治學方法也有異曲同功之處，簡言之，都是把《周易》經傳的文字系統中的一切文句，視為是一種象徵性的符號，再以原始儒家思想為基礎，深入考察寓於其中的旁通之理。也就是形成上述三個思想侷限之原因。因此，藉由歷來學界對焦循《易》學的評價，也可一窺方東美《易》學思想的侷限所在。

焦氏《易》學問世以來引起學界兩極的評價，或大加讚揚，或完全否定。首先，關於給予肯定者，〔註 14〕如焦循之座師英和於〈江都焦氏雕菰樓易學序〉讚曰：「今觀所學，非列國，非漢，非晉、唐，非宋，發千古未發之蘊，言四聖人所同然之言，是直謂之《周易》可焉。」〔註 15〕簡言之，焦循《易》學研究之獨特之處在於它能夠跳出二千年以來之治《易》框架，不取宋之圖書、漢之象數，直接回歸《周易》經傳之中，以全新的研究方法，發千古未發之蘊，闡發大易旁通之旨。

其次，兼論其得失之處者，如梁啟超一方面引前人讚許之言為證，並親自肯定焦循在考證方面的研究方法和創作力，同時詳述其治《易》方法與解《易》體例；另一方面對焦氏《易》學忽略本象之第一步義理作出批評，他說：

> 阮芸臺說他「石破天驚，處處從實測而得，聖人復起，不易斯言。」王伯申說他：「鑿破混沌，掃除雲霧，可謂精銳之兵。」……里堂之學，不能叫做漢學，因為他並不依附漢人，不惟不依附，而且對於

〔註 14〕肯定讚揚的以英和、阮元、王引之、皮錫瑞、梁啟超、方東美、朱伯崑為代表。否定批判的以朱駿聲、郭嵩燾、李慈銘、尚秉和、熊十力、李鏡池、高亨、黃壽祺為代表。參劉建臻：《焦循學術論略》，北京，社會科學文獻出版社，2012 年，頁 273～287。

〔註 15〕英和：〈江都焦氏雕菰樓易學序〉。收錄於〔清〕焦循著，劉建臻整理：《焦循全集》（卷一），揚州：廣陵書社，2016 年，頁 3。

> 漢人所糾纏不休的什麼「飛伏」「卦氣」「爻辰」「納甲」之類一一辨斥，和黃胡諸人辨斥陳邵易圖同一摧陷廓清之功。里堂精於算理，又精於聲音訓詁，他靠這種學問做幫助，而從本經中貫穴鉤稽，生出妙解。……里堂這幾部書，是否算得易經真解，雖不敢說，但他確能脫出二千年傳注重圍，表現他極大的創作力。他的創作卻又非憑空臆斷，確是用考證家客觀研究的方法得來，所以可貴。他發明幾個重要原則，曰旁通、曰相錯、曰時行、曰當位失道、曰比例，都是從彖象繫辭所說中推勘出來。我細繹里堂所說明，我相信孔子治易確曾用這種方法。我對於里堂有些不滿的，是嫌他太騖於旁象而忽略本象。「旁通」、「相錯」等是各卦各爻相互變化孳衍出來的義理，是第二步義理；本卦本爻各自有其義理，是第一步義理。理堂專講第二步，把第一步幾乎完全拋棄，未免喧賓奪主了。〔註16〕

與焦循同時代的阮元、王引之皆從創新的角度給予高度的讚揚。梁啟超則評論了焦循的治學方法，對他治《易》時之取捨有詳細的介紹與批評。就創新的一面觀之，梁啟超指出，焦循一方面駁斥漢儒象數體例之謬誤，同時否認宋儒圖書之學的價值，回歸先秦《周易》本經，運用算學與訓詁為研究工具，經由縝密的考證功夫，援引《易傳》中之核心概念，創為解《易》體例，跳出「兩派六宗」的治《易》傳統，從卦爻間的變化孳衍中發掘出二千年未發之義理，是焦氏《易》學的特色與貢獻。但是，梁啟超對焦循的《易》學研究也提出一個質疑與一個批評。關於批評方面，他認為焦循將《周易》一切文句都視同代數中的符號，跳過對本卦本爻第一步義理的說明，直接從各卦各爻間之動態對待關係的第二步義理著手的作法，提出批評。此處梁啟超提出的批評，也可用於指出方東美《易》學思想的侷限，即方東美採取了形上學的途徑，以探求《易傳》之形上本體論，而迴避了對各卦各爻的詮釋。關於質疑方面，梁啟超對於焦循運用獨特的治學方法，摒斥歷代《易》說，回歸《周易》本經之中進行「貫穴鉤稽，生出妙解」所成的《易》學三書，是否稱得上是《易經》真解，抱持懷疑的態度。此一質疑也是用於指出方東美的侷限所在，即方東美排除漢代以降之《易》說，以原始儒家思想為範疇，運用「賦比興」手法對《周易》經傳所做的創造性詮釋，是否能稱得上是《易經》正解，尚有待商榷。

〔註16〕梁啟超：《中國近三百年學術史》台北：中華書局，1958年，頁179～180。

第三，在諸多反面批評之觀點中，以批判焦循「以易從例」的附會做法最具代表性。當代學者陳居淵與何澤恆對此有詳細的說明。根據陳居淵指出，清代對焦循提出嚴厲批評的，以朱駿聲及李慈銘的批評觀點最具代表性，其影響及於當代學者，如李鏡池、高亨、尚秉和等，如清代朱駿聲指出：「焦循以《九章》之正負、比例為《易》義，以六書之假借、轉注為《易》詞。其間不無心得，而附會難通者十居八九。」李慈明指責焦循的《易》學：「貌似高簡，故疏者概視為空論耳。」〔註 17〕何澤恆指出焦循對於「字字求著落詮釋」的追求，不免產生「以易從例」的附會情形，而成為學界批評的焦點，他說：「惟求全易無一字能逸出其理論之外，則有時不免乎鑿。……而里堂則謂必明乎六書假借通用，通貫乎全經而得其比例之妙，乃能論定之。蓋若絕此一路，則於「字字求著落詮釋」終有所礙也。郭嵩燾嘗言：『焦氏循易通釋，其辭博辨不窮，而頗病其舍本義而專意於互卦，參伍以變，錯綜其數，未聞錯綜其言也。焦氏之弊，在以易從例。』」〔註 18〕焦循為了「字字求著落詮釋」而大量運用六書之假借轉注以及「比例」之體例以求通其辭，不免造成理據不足的過度附會之例子，而產生「以易從例」的弊病。此一缺失也可用於指出方東美《易》學之侷限所在，即方東美借用詩三體「賦比興」之手法所做的詮釋，也欠缺符合合理化標準的理據，不免有過度詮釋之虞。

第三節　方東美《易》學思想之貞定

生活在二十世紀初期的中國學者們，面對西學思潮對中國人據以安身立命的文化傳統與價值觀的衝擊、中國傳統哲學面臨被淘汰的威脅與再轉型的壓力，尤其在五四運動之後，中國哲學的發展成為學界重視的課題。1924 年方東美自美學成歸國，科學與玄學之論戰方歇，面對中國傳統思想應該如何重新疏理與轉型的挑戰之際，他以其獨特的學思歷程及個人特質，在充分、完整地掌握中西文化傳統的內涵後，展開對中國哲學傳統進行重新定位的工作。〔註 19〕他以《周易》哲學精神代表中國哲學思想，並以之與古希臘、近

〔註 17〕參陳居淵：《焦循儒學思想與易學研究》，濟南：齊魯書社，2000 年，頁 315～316。

〔註 18〕參何澤恆：《焦循研究》，台北：大安出版社，1990 年，頁 70。

〔註 19〕科玄論戰對方東美自美返國後的學術重心有深刻的影響。首先，他返國不久後即在中央大學講授「科學哲學與人生」課程，其次，他以上課講稿加以擴

代歐洲文化特性進行比較，在他的成名之作〈哲學三慧〉中提出三方應該如何透過自助與他助，以濟三方缺失的解藥，他以客觀精闢的論述，不卑不亢態度，成為替中國傳統哲學重新定位的先驅者。

當時著名學者都對《周易》哲學中的形上學思想高度關注，認為是最能代表中國哲學特性的思想。郭齊勇指出：

> 現代新儒家代表人物都十分重視《周易》經、傳，特別是《易傳》，將其作為自己重要的精神資源，予以創造性的詮釋與轉化。大體上，他們是沿著宋代易學家的理路講，又在現代所接受到的西方哲學影響下，從形上學、本體論、宇宙論、價值論、方法論的視域來重新解讀易學，開出了新的生面。〔註 20〕

為了回應時代的挑戰，方東美同其他學者一樣，進行《周易》哲學研究的主要宗旨，並非只是單純的研究狹義的《周易》哲學，〔註 21〕而是替其哲學體系建立理論基礎；他與當代新儒家們不同之處是，他的《周易》研究採取了與眾不同的治學方法與為學宗旨。如前述，他依據先秦原始儒家思想，透過創造性的人文詮釋，從《易傳》中抽繹出一套形上本體論，再總賅子思、孟子學說為一套哲學人性論，將《周易》視為儒家生生不息創造精神之根源，據以建立一套以天人合德之廣大和諧境界為核心的「生生哲學」。因此，經由比較方東美與當代新儒家在詮釋《周易》哲學思想所採取的不同進路，即能發現差異的原因所在。

根據本論文之研究結果可知，方東美之《易》學思想乃淵源自清代哲學，就其《易》學觀與《易傳》哲學思想而言，乃是淵源於戴震、以及私淑戴震的焦循兩人；就其回歸原始儒家思想主張而言，他們三人都是淵源自顧炎武。〔註 22〕

充而成的首部著作《科學哲學與人生》於 1936 年出版，第三，他在 1956 年發表之〈黑格爾哲學之當前難題與歷史背景〉，特別於副標題中闡明「借題發揮，論『系統建立』與黑格爾『系統哲學』，暫使我國數十年來科學與玄學，實徵論與唯心論之論爭告一結束。」參見傅佩榮：〈廣大和諧的哲學境界〉，《哲學與文化》，第三十二卷第十一期，2005 年 11 月，頁 151～165。

〔註 20〕郭齊勇：〈現代新儒家的《易》學思想論綱〉，《周易研究》，2004 年第 4 期，頁 4。

〔註 21〕方東美說：「狹義的周易哲學，專就周易的符號系統如何完成，及常識的文字解釋如何瞭解來說明周易，那是王弼、韓康伯、孔穎達所作的工作。」參方東美：《原始儒家道家哲學》，台北：黎明文化，2005 年，頁 211。

〔註 22〕王茂在《清代哲學》指出：「顧炎武理論、方法與學風，屬於原始儒學一路，不設懸虛，有體有要，表現了大儒風度，應該視為清代原始儒學一派最早的

因此，狹義的說，方東美的《易》學思想乃源自戴震、焦循；廣義的說，則是繼承清代哲學思想，簡言之，方東美《易》學思想乃是淵源於他所稱的「物理派自然主義」新儒家。因此，他異於當代新儒家「接著（宋明儒）講」的哲學思想，與其說是受到西方柏格森、懷德海生命哲學的影響所致，毋寧說是因為他的哲學思想乃是繼承自清代哲學的自然主義氣論之緣故。他的思想不僅異於以熊十力為代表的「心本體論」與以馮友蘭代表的「理本體論」，同時也不是當代學者所稱之「生命本體論」，〔註 23〕而是源自於清代哲學之自然主義的「氣本體論」。這才是方東美的「生生哲學」之所以異於當代新儒家的主因。以下分從三個方面闡明方東美「生生哲學」之特色。

首先，回應當代學者以「生命本體論」定位方東美哲學體系之觀點。李安澤指出方東美的哲學體系乃是一套源自於《易經》的生命本體哲學，他說：

> 方東美是在中西融合的背景下從事哲學思考的。……面對西方文化的挑戰和傳統文化的嚴重危機，他明確地反對任何全盤西化的主張，也不同意「接著（宋明儒）講」的路線，如馮友蘭、牟宗三等現代新儒家人物所主張的，借用西方哲學的一些方法（主要是邏輯分析方法）致力於傳統哲學（主要是宋明理學和心學的哲學體系）的重新詮釋與復興。……他在融會西方柏格森、懷特海生命哲學和中國傳統的易經哲學的基礎上，提出了一套獨特的生命本體哲學。生命本體哲學的建構，是他對中國傳統哲學，尤其是易經哲學創造性詮釋的理論結晶，也是他對西方哲學有選擇地採納利用的結果。〔註 24〕

代表者。」王茂、蔣國保、余秉頤、陶清著：《清代哲學》，合肥：安徽人民出版社，1992 年，頁 235。

〔註 23〕蔣國保說：「從現代新儒學思潮發展的角度看，方東美生命本體論的建立體現了現代新儒家『重建形上學』的努力。……例如梁漱溟和熊十力一樣，提出了自己的『心性論』，馮友蘭創造了『新理學』，唐君毅、牟宗三建立了各自地以『心性』為本體的形上學體系。方東美的『生命本體論』也是現代新儒學思潮形成、發展過程中的產物，是中國現代哲學發展過程中的產物，所不同的是，有別於上述諸位沿著宋明道學的傳統建立『理本體論』或『心本體論』，方東美卻創立了『生命本體論』。」蔣國保、余秉頤：《方東美思想研究》，天津：天津人民出版社，2004 年，頁 114。

〔註 24〕李安澤：《生命理境與形而上學：方東美哲學的闡釋與批評》，北京：中國社會科學出版社，2007 年，頁 2～3。

李安澤對方東美與當代新儒家之間的差異有詳細的闡釋，清楚地點明兩方哲學的特性、差異與思想淵源。他將造成差異的重要因素歸於他基於西方生命哲學所建立的「生命本體論」。經過本論文的論證，差異的主因更多是源自於方東美所繼承的清代哲學傳統，即是「氣本體論」與「心本體論」、「理本體論」之間的差異所致。

其次，就本體論的特色觀之，郭齊勇指出儘管方東美與熊十力兩人都是以《易傳》為基礎所建立的本體論，據以開展他們的哲學體系，但是兩人的立論不同。他說：

> 方東美先生對《易傳》的解釋，認為這是中國獨有的「宇宙－本體論」和「價值中心的本體論」。請注意，方先生的講法與熊先生不同，熊先生講的是「本體－宇宙論」，而方先生是從宇宙論到本體論再到價值論的理路。〔註 25〕

郭齊勇精確的點出兩人之間本體論的不同處，這個不同之處即在於宇宙與本體之間的關係。簡言之，熊十力的本體與宇宙萬物的關係是一種本質與現象的關係，由本體發用之後所形成之具象的有形物本身並無自性，有的只是本體自性不同形式的顯現而已，因此價值就源自於本體，不需外求。而方東美對於本體的看法則與熊十力相反，郭齊勇指出方的特性在於「宇宙－本體論」以區隔熊十力的「本體－宇宙論」，即是方東美說的「動態歷程本體論」，「普遍生命」不只是本體發用的無自性之現象呈現而已，「普遍生命」本身即是具有無窮發展潛力的本體，而價值就必須靠「普遍生命」這個本體在處處與萬物旁通、時時創造化育的生命歷程中，透過自我實現的具體創造而呈現其價值，也就是說價值必須靠生命本體自身的創造來達致。這樣的差別，也就是「氣本體論」與「心本體論」的差別。

第三，就治學方法觀之，在方東美與熊十力於 1938 年間藉由書信往返討論佛學所發生的論辯中，透過雙方的答辯即可看出兩人的爭執乃源自於治學方法之立場差異。以下由方東美回覆熊十力之〈與熊子貞先生論佛學書〉之內容一窺兩人治學立場的差異所在，根據此信所述，熊十力對方東美的批評在於：〔註 26〕

〔註 25〕郭齊勇：〈現代新儒家的《易》學思想論綱〉，《周易研究》第 4 期，2004 年，頁 7。

〔註 26〕方東美：《中國大乘佛學（下）》，台北：黎明文化，2005 年，頁 382。

> 讀書要落實自見真理，隨在儒佛書冊中名言轉來轉去，是真可憐！公於思議功夫既曾做得不少，須更向上才是，若猶不能承此，則是吾應機未善耳。
>
> 此理要在自得，自得要在實下功，纏縛名相，七談八談，吾不知其果何當也。

方東美對熊十力的善意建議，針對「思議」一詞予以回覆說：

> 思議一詞人多輕用，漫無的解。茲請提出數層，略抒鄙見。一、把握重要問題，不避艱難困苦，撇開膚末，直透核心，是思議義。二、認清問題旨趣，決定層次階段，謹嚴分析以袪疑惑，是思議義。三、運用清晰語言，不著文字迷障，精細說理，挈妄歸真，是思議義。四、統貫全體法要，不執邪計邊見，解脫纏縛，如實證真，是思議義。吾人志學以後，必須經歷如是思議境界，乃能安住身心，正見不惑，數數進修，率性時悟道，以達於從心所欲之自在理體。解脫惑障、地地進修，非至究竟圓滿智境不能成佛；學問思辨，新新篤行，非達中和位育聖境不能稱聖。如此為儒，乃真不陋；如此學佛，始可除魔。〔註27〕

簡言之，若就熊十力批評方東美之言觀之，如「讀書要落實自見真理」、「公於思議功夫既曾做得不少」、「纏縛名相，七談八談」等語，可知熊氏乃是根據「心學」傳統而發，其治學方法主張「尊德性」為上的立場。方東美指出熊十力不解「思議」之要義、忽略循序漸進之漸修功夫的重要性、一心「著重體道見性」與「專求內證聖智」之偏，則可知方氏觀點乃是站在自然主義氣論的立場而出，其治學方法主張「道問學」。因此，透過考察兩人因論學而引發爭辯的來龍去脈，可得知兩人在哲學體系上的差異所在，即是根源於清儒與宋明儒之間的差異。

本文透過追溯方東美《易》學思想之師承淵源，企圖釐清歷來對方東美「生生哲學」之定位問題。一直以來學界主張方東美的思想乃是根源自西方之機體主義、歷程哲學所建構的「生命本體哲學」，此一立場固有其理據，但是筆者認為，根據本文考察與論證之結果觀之，以戴震為首的清代自然主義氣本論的哲學體系為入手處，進行方東美「生生哲學」的研究，也有其合理之處。方東美以其獨特的學思歷程，融貫中、西、印的淵博學識，對中國當代

〔註27〕方東美：《中國大乘佛學（下）》，台北：黎明文化，2005年，頁387～388。

哲學之發展，產生深遠之影響。他所建立的「生生哲學」，反對一切二元對立、強調萬物生命旁通統貫、互融互攝，共同構成一廣大和諧的系統，值此價值觀混淆、處處衝突對立的二十一世紀，方東美的「生生哲學」更顯得有其價值。

參考文獻

本參考文獻乃本篇論文所參閱的相關古籍、專書、期刊與學位論文，依類編序，總分四類：先列方東美著作（依照出版社《方東美全集》之書目為序排列）、次列古籍（依作者時代先後排序），再次為近人專書與論文（凡現代著述均依作者姓氏筆畫由少而多排序；同一作者多篇時，則依論著先後為次）。

一、方東美著作

1. 方東美：《中國人生哲學》，台北：黎明文化，2005 年。
2. 方東美：《方東美先生演講集》，台北：黎明文化，2005 年。
3. 方東美：《生生之德》，台北：黎明文化，2005 年。
4. 方東美：《科學哲學與人生》，台北：黎明文化，2005 年。
5. 方東美：《原始儒家道家哲學》，台北：黎明文化，2005 年。
6. 方東美：《新儒家哲學十八講》，台北：黎明文化，2005 年。
7. 方東美：《堅白精舍詩集》，台北：黎明文化，2005 年。
8. 方東美：《華嚴宗哲學（上，下）》，台北：黎明文化，2005 年。
9. 方東美：《中國大乘佛學（上、下）》，台北：黎明文化，2005 年。
10. 方東美：《中國哲學精神及其發展（上、下）》，台北：黎明文化，2005 年。

二、古籍

1. 〔西漢〕戴德撰；〔北周〕盧辯注：《大戴禮記》，北京：中華書局，1985 年。

2. 〔魏〕王弼注、〔晉〕韓康伯注；〔唐〕孔穎達疏：《周易注疏》，北京：中央編譯出版社，2012 年。
3. 〔唐〕李鼎祚撰，王豐先點校：《周易集解》，北京：中華書局，2016 年。
4. 〔宋〕朱熹撰：《四書集註》，台北：世界書局，1973 年。
5. 〔清〕顧炎武：《日知錄》，台北：台灣商務，1978 年。
6. 〔清〕紀昀總纂：《四庫全書總目提要》，臺北：臺灣商務，1968 年。
7. 〔清〕戴震：《戴震集》，台北：里仁書局，1980 年。
8. 〔清〕章學誠撰，葉瑛校注：《文史通義校注》，台北：里仁書局，1984 年。
9. 〔清〕張惠言：《張惠言易學十書》，台北：廣文書局，1970 年。
10. 〔清〕焦循：《雕菰樓易學三書》，台北：廣文書局，1992 年。
11. 〔清〕焦循著，沈文倬點校：《孟子正義（上、下）》，北京：中華書局，1998 年。
12. 〔清〕焦循著，劉建臻整理：《焦循全集》（全 18 冊），揚州：廣陵書社，2016 年。
13. 〔清〕阮元校刻：《十三經注疏》，台北：藝文印書館，1989 年。
14. 〔清〕劉寶楠撰，高流水點校：《論語正義》，北京：中華書局，1990 年。
15. 〔清〕張爾田撰：《史微．內篇八卷》，台北：華世出版社，1975 年。
16. 〔清〕王先謙：《荀子集解》，臺北：世界書局，1966 年。
17. 〔清〕皮錫瑞著，吳仰湘點校：《經學通論》，北京：中華書局，2018 年。
18. 〔清〕皮錫瑞著，周予同注釋：《經學歷史》，北京：中華書局，2018 年。

三、專書

1. 王國維：《觀堂集林》，石家莊：河北教育出版社，2001 年。
2. 王茂、蔣國保、余秉頤、陶清著：《清代哲學》，合肥：安徽人民出版社，1992 年。
3. 牟宗三：《周易的自然哲學與道德函義》，台北：文津出版，1988 年。
4. 朱伯崑：《易學哲學史》，北京：華夏出版，1994 年。
5. 宛小平：《方東美與中西哲學》，合肥：安徽大學出版社，2008 年。
6. 余英時：《論戴震與章學誠》，台北：華世出版，1980 年。

7. 村瀨裕也：《戴震的哲學——唯物主義與道德價值》，濟南：山東人民，1984 年。
8. 何澤恆：《焦循研究》，台北：大安出版社，1990 年。
9. 李鏡池：《周易通義》，北京：中華書局，1981 年。
10. 李賢中：《墨學——理論與方法》，台北：揚智，2004 年。
11. 李安澤：《生命理境與形而上學：方東美哲學的闡釋與批評》，北京：中國社會科學，2007 年。
12. 李暢然：《戴震《原善》表微》，北京：北京大學出版社，2014 年。
13. 汪學群：《清初易學》，北京：商務印書館，2004 年。
14. 汪學群、伍才娃：《清代思想史論》，北京：中國社會科學出版社，2007 年。
15. 汪學群：《清代中期易學》，北京：社會科學文獻出版社，2009 年。
16. 沈清松等著：《馮有蘭、方東美、唐君毅、牟宗三》台北：台灣商務，1999 年。
17. 尚秉和：《周易尚氏學》北京：中華書局，2016 年。
18. 林忠軍：《清代易學史（上、下）》，濟南：齊魯書社，2018 年。
19. 屈萬里：《先秦漢魏易例述評》，台北：學生書局，1975 年。
20. 屈萬里：《讀易三種》，台北：聯經出版，1983 年。
21. 侯外廬：《中國思想通史》第五卷，北京：人民出版社，1960 年。
22. 胡適：《戴東原的哲學》，上海：商務印書館，1928 年。
23. 胡樸安：《周易古史觀》，台北：新文豐出版社，1979 年。
24. 胡偉希：《傳統與人文：對港台新儒家的考察》，北京：中華書局，1992 年。
25. 高懷民：《兩漢易學史》，台北：台灣商務，1970 年。
26. 高懷民：《先秦易學史》，台北：台灣商務，1975 年。
27. 高亨：《周易大傳今注》，濟南：齊魯書社，1987 年。
28. 秦平：《方東美》，昆明：雲南教育，2008 年。
29. 國際方東美哲學研討會執行委員會主編：《方東美先生的哲學》，台北：幼獅文化，1989 年。
30. 梁啟超：《中國近三百年學術史》，台北：中華書局，1958 年。

31. 梁啟超：《清代學術概論》，臺北：台灣商務，1966 年。
32. 許蘇民：《戴震與中國文化》，貴陽：貴州人民，2000 年。
33. 陳居淵：《焦循儒學思想與易學研究》，濟南：齊魯書社，2000 年。
34. 陳居淵：《焦循阮元評傳》，南京：南京大學出版社，2006 年。
35. 郭齊勇：《現當代新儒學思潮研究》，北京：人民出版社，2017 年。
36. 程石泉：《雕菰樓易義》，台北：台灣商務，1968 年。
37. 程石泉：《易辭新詮》，台北：文景書局，1995 年。
38. 曾春海：《中國近當代哲學史》，台北：五南出版，2018 年。
39. 張永儁主編：《中國新文明的探索：當代中國思想家》，台北：正中書局，1991 年。
40. 張麗珠：《清代義理學新貌》，台北：里仁書局，1999 年。
41. 張麗珠：《清代新義理學——傳統與現代的交會》，台北：里仁書局，2003 年。
42. 張麗珠：《清代新義理學轉型》，台北：里仁書局，2006 年。
43. 楊士毅：《方東美先生紀念集》，台北：正中書局，1982 年。
44. 楊華：《由尊德性而道問學》，上海：上海社會科學院，2013 年。
45. 劉師培：《國學發微：外五種》，揚州：廣陵書社，2015 年。
46. 劉師培：《劉師培講經學》，南京：鳳凰出版，2008 年。
47. 劉述先：《現代新儒學之省察論集》，台北：中研院文哲所，2004 年。
48. 劉述先：《儒家哲學的典範重構與詮釋》，台北：萬卷樓，2010 年。
49. 劉又銘：《理在氣中—羅欽順、王廷相、顧炎武、戴震氣本論研究》，台北：五南出版，2000 年。
50. 劉建臻：《焦循評傳》，揚州：廣陵書社，2005 年。
51. 劉建臻：《焦循學術論略》，北京：社會科學文獻出版社，2012 年。
52. 蔣國保、余秉頤：《方東美思想研究》，天津：天津人民出版社，2004 年。
53. 錢穆：《中國近三百年學術史》，台北：台灣商務，1957 年。
54. 賴貴三：《焦循雕菰樓易學研究》，臺北：里仁書局，1994 年。
55. 賴貴三：《易學思想與時代易學論文集》，台北：文津出版，2007 年。
56. 賴貴三：《台海兩岸焦循文獻考察與學術研究》，台北：文津出版，2008 年。

57. 戴君仁：《談易》，台北：台灣開明書店，1974 年。

58. 戴璉璋：《易傳之形成及其思想》，台北：文津出版，1989 年。

四、期刊論文

1. 王彬：〈論方東美「回旋變異」的《周易》時間觀〉，《周易研究》，2016 年第 4 期，頁 32～37。

2. 李志鵬：〈論方東美對《周易》與原始儒家關係的闡釋〉，《周易研究》，2019 年第 2 期，頁 57～64。

3. 郭齊勇：〈現代新儒家的《易》學思想論綱〉，《周易研究》，2004 年第 4 期，頁 3～14。

4. 郭繼民：〈以旁通融攝生命：方東美易學思想鉤沉〉，《周易研究》，2013 年第 1 期，頁 40～48。

5. 傅佩榮：〈廣大和諧的哲學境界〉，《哲學與文化》第三十二卷第十一期，2005 年 11 月，頁 151～165。

6. 曾春海：〈方東美的易學〉，《哲學與文化》第四十二卷第十二期，2015 年 12 月，頁 3～18。

7. 葉海煙：〈中國哲學的歷程觀——以方東美的觀點為例〉，《哲學與文化》第三十卷第六期，2007 年 6 月，頁 103～115。

8. 葉海煙：〈方東美的新儒家哲學〉，《鵝湖月刊》第二十六卷第九期，頁 21～28。

五、學位論文

1. 呂奐忱：〈方東美《周易》思想研究〉，雲林：雲林科技大學漢學資料整理研究所碩士論文班，2009 年。

2. 宋依陽：〈論方東美哲學的儒道會通：以「機體主義」為進路〉，台南：成功大學中國文學研究所碩士論文，2016 年。

3. 李佳臻：〈方東美對天台宗思想之詮釋〉，台中：逢甲大學中國文學研究所碩士論文，2014 年。

4. 林修德：〈從方東美的「機體主義」論《莊子》「道」之兩重意涵〉，台北：東吳大學哲學研究所碩士論文，2008 年。

5. 張訓義：〈方東美藍圖機體思想研究〉，台北：中國文化大學哲學研究所博士論文，2005 年。

6. 張淑玲：〈方東美的生命觀與西方創化思想〉，台北：輔仁大學宗教學研究所碩士論文，2007 年。
7. 黃欣怡：〈生生之德——方東美易學思想研究〉，彰化：彰化師範大學國文研究所碩士論文，2014 年。
8. 鄭登允：〈方東美華嚴思想研究——以「法界觀」分析與融攝中西思維模式〉，台北：臺灣師範大學東亞研究所碩士論文，2017 年。